教育経営の理論と実際

新井郁男

Arai Ikuo

教育出版

まえがき

教育を行う中心的な組織として発展してきた学校は、古今東西を問わず、いまさまざまな課題を抱えている。教育経営は、そうしたさまざまな課題を解決し、さらなる発展を促進していくための営為である。それは単に校長などの管理職だけの課題であるのではなく、すべての教員の課題である。

本書は、そうした広い観点にたってまとめられたものである。まず理論ありきではなく、筆者自身がこれまでに学校への訪問などを通じて見聞した実情なども念頭に置いたうえでの提起である。放送大学大学院の授業科目「教育経営論」の印刷教材として作成したものであるが、その内容は近年の教育改革、学校改革の動向を考えると、ますます教育経営の課題が重要度を増していると考え、あらためて出版することにしたものである。

教育経営については、細かくいうならばいろいろな捉え方があるが、基本的には、教育の目的を効果的に達成するために、教育に関する組織・運営の主体と教育活動機能を総体的にとらえ、それらの計画・実施・改善などを図る実践の全体であり、教育経営学はそれを科学的、体系的に考究し解明することを目的としている。教育に関する組織・運営の主体は多岐にわたっているが、教育をもっとも計画的、組織的に行う主体は学校であったことから、教育経営学は学校経営、それも初等・中等教育学校の経営学として研究されてきている。しかし、学校教育とならんで、わが国においては、社会教育が固有の領域を構成し、実践と研究の両活動が活発であり、近年は、生涯教育、生涯学習という学校教育をも包括する広領域の教育・学習概念が登場するなかで、家庭教育、学校教育、社会教育、企業内教育、その他、社会のあらゆる教育的営為を全体的にとらえ、また、幼児教育から青少年教育、成人教育、高齢者教育に至る全過程を視野に入れた教育経営が重要になってきている。教育学も従来は、子どもの教育の学（ペダゴジー＝pedagogy）が中心であったが、近年は、成人教育学（アンドラゴジー＝andragogy）や老年教育学（educational eldergogy）が研究されるようになっている。

本書は学校教育経営を中心に考えているが、教育全体を視野に入れた私論、試論でもある。教育経営に関する研究文献は数多くあるが、それらとも関連させて本書も研究者、実践者など教育に関わる方々に広く読んでいただき、さらに発展させていただければ幸いである。

なお、本書の出版にあたっては、教育出版の小林一光社長、直接編集をご担当いただいた阪口建吾氏に多大なご配慮をいただいた。また、（一財）教育調査研究所の保川昌弘常務理事にもお世話いただいた。感謝申し上げる次第である。

２０１６年９月

新井　郁男

教育経営の理論と実際

目次

第一章

教育経営の原理１――計画性

第１節　計画性の導入

人間の形成作用は無意図的なものと意図的なものに分けることができるが、教育は本来意図的な人間形成の作用を指している。したがって、教育においては意図が効果的に達成されるような配慮がなされることが当然のこととして前提とされているといってよいであろう。この配慮がすなわち「計画性」である。つまり教育を意図的な人間形成の作用と理解するかぎり、それは本来的に「計画性」を内包しているのである。

さて、このような意図的な人間形成の作用は、学級・学年・学校・地方教育行政当局・中央教育行政当局など、さまざまなレベルにおいて行われている。そしてその作用の対象や内容はレベルによって異なっている。学級・学年・学校においてはその作用は児童・生徒を直接的な対象としているのに対して、行政当局のばあいにはその作用は児童・生徒に対しては間接的である。前者は児童・生徒による知識の修得を直接的に達成しようとするのに対して、後者は、この直接的な作用を可能にするためのさまざまな条件を整えたり、基準を定めたりする。このように作用の対象や内容はレベルによって異なっている。しかし、作用の対象や内容を問わず、「計画性」が要請されている。教育に関する作用はすべて「計画性」を前提としている。この意味で「計画性」は社会体制を超えた、教育の内在的要請なのである。しかし、現実に在る教育は必ずしも「計画性」をもっているとはいえない。教育に「計画性」をもたせることは、現代における教育の重要な課題の一つとなっているのである。

しからば「計画性」とは一体何か。教育に「計画性」をもたせるという課題を達成するためには、まず「計画性」とは何かを明らかにしなければならないであろう。

1. 目的と手段との意図的結合

教育における計画性の第一の重要な要素は、目的と手段との意図的結合ということである。ここで教育の目的といっているのは、教育的行為が志向している、幅の広い、長期的な、価値志向的理念とそこから派生するより具体的な目的である。この価値志向的理念としての目的をいかに定めるかは、国により、また時代によって異なっているが、一般には、法体系の中で実体として規定されている。行政機関や学校はこのような法体系の中で定められた目的を実現するために、政策目標あるいは教育目標を設定するのである。したがって、これらの目標は、価値志向的理念としての目的を達成するための手段の系列に属するものである。つまり、政策目標あるいは学校教育目標を、目的実現のための手段として位置づけることが、教育における計画性を確保するための条件である。

例をあげてみよう。多くの都道府県における教育計画においては、大学進学率の引き上げ（たとえば全国水準に引き上げる）が目標の一つに掲げられているが、教育計画が真に計画の名に値するためには、いかなる目的を達成するためにその目標が設定されたのかが明らかにされていなくてはならないであろう。また、各学校は、学習指導要領に示された目標を基準として、学校が置かれた地域や学校自体の実態、児童・生徒の心身の発達や特性に即して教育課程の編成を行うべきこととされているが、これは各学校が法体系の中で規定している目的や右のような目標を各学校に固有の条件によって修正したり、あるいは別の目的や目標を設定すべきだということを意味しているのではない。各学校は、目的・目標を実現するための手段としての目標の設定を、さまざまの条件を考慮して行うべきだとされているのである。教育基本法に示されている「教育の目的」や「教育の方針」は、特定の学校段階や学年に関するものではなく、教育一般についての目的であり、方針であるという意味において、goal（ゴール）ということができる。また、学校教育法に示された学校段階別の目的と目標や、学習指導要領に示された教科別、学年別の目標は aims（エイム）ということができる。それに対して、各学校が設定すべき教育目標は objectives（オブジェクティブ）と呼ぶことができる。このように教育の目的・目標は、ゴール――エイム――オブジェクティブという系列によって構造化されているのであるが、これは目的――手段の系列として位置づけられていなくてはならない。つまり、下位の目標は上位の目標あるいは目的を実現するための手段として位置づけられていなくてはならないのである。

2. 目的間の優先順位の決定

教育における計画性の第二の重要な要素は、目的間の優先順位の決定ということである。

改めて述べるまでもなく教育の目的は一つではなく、多様である。そして、その多様な目的は価値において優劣はない。いずれも重要性において平等である。しかし、現実の教育政策あるいは教育実践においては、多様な目的に優先順位（プライオリティ）をつけなくてはならない。たとえば目的に対する手段が明らかにされていたとしても、多様な目的――手段の系列が単に総花的に並べられているだけでは「教育における計画性」が確保されているとはいいがたい。

それでは何ゆえに優先順位をつけなくてはならないのだろうか。それは目的の実現に必要な資源には限りがあるからである。資源という言葉は、『広辞苑』によると「広義では技術の発展に伴って生産に役立つもの、狭義では特に自然によって与えられるものだけを指す」と定義されているが、ここで資源に制約があるといったときには、それはきわめて広い意味においてである。教育活動もよく生産活動とのアナロジーにおいてとらえられることがあるが、教育という生産活動に必要なものすべてを資源と呼んだものである。教育行政や教育経営においてはよく3Mとか4Mという言葉が出てくる。3MというのはMan(人)、Material(物)、Money(金)のことであり、4MというのはそれにManagement（経営・管理）を付け加えたものである。このような言葉は教育に必要な要素を示したものである。しかし、教育に必要な要素はこのほかにもある。なかでも特に重要だと考えられるのは時間と空間である。教育活動に携わる者は一般にこの二つの要素を教育活動に必要な資源であると意識してはいないであろう。それはこの二つがいわば空気のような存在であるからである。しかし、この二つ、特に時間は教育活動にとってきわめて重要な要素なのである。また、このほかにも忘れてはならない重要な要素がある。それは情報である。教育活動を支える理論は、なかでも特に重要な情報である。ここで留意しておきたいことは、教育活動にとって情報はきわめて重要であるが、その情報を生み出すためにも教育活動にとってと同じような資源が必要であるということである。また、情報を得るための活動にも、時間、金その他さまざまの資源が必要である。しかし、以上のようなさまざまの資源は無限ではなく、有限なのである。目的間に優先順位をつける必要があるのは、このような資源の有限性によるのである。

3. オルタナティブ（代替手段）の選択

目的と手段とを意図的に結合することが教育における計画性の第一の重要な要素であることはすでに述べたとおりであるが、その場合、目的を達成することができればどのような手段であってもかまわないのではない。一つの目的を達成することのできる手段は数多く考えることができるであろう。Aという目的にaという一つの手段が普遍的に存在しているわけではない。たとえば、東京から大阪に行くということが目的であるとした場合、その目的を実現するためには、徒歩・自動車・列車・飛行機・船などのさまざまの手段がある。しかし、どの手段が最もよいかを一般論として決めることはできない。他の手段の利用可能性、費用、時間、快適さなどさまざまの要因を考慮したうえで手段が選択されるのである。飛行機に乗りたいと思っても、満員であればあきらめざるを得ないし、また、飛行機が開発されていない時代であれば、飛行機による旅行は不可能である。飛行機が開発されるまで待つことはできないであろう。また、飛行機の料金があまり高ければ、多少時間がかかっても列車で行くほうに決めるかもしれない。しかし、料金などは問題にしないくらい経済的に豊かな人であれば、また、飛行機によって節約できた時間に、高い料金を補うことのできる、あるいは料金の犠牲を上回る仕事ができる人は、たとえ料金が高くても飛行機を利用するであろう。このようにわれわれの日常のさまざまの行動は、さまざまの条件を考慮して選択されているといってよいであろう。この選択は無意識的に行われている場合も多いであろうが、それを意識的、意図的に行えば行うほど、行動は合理的なものとなる。

右に述べたことは、教育についても同様である。教育の目的を達成するためのさまざまの手段を、さまざまの条件——財政的、時間的、人的、空間的、政治的など——を考慮して評価し、最善な手段を選択することが重要なのである。さまざまの手段のことは、一般にオルタナティブ＝alternatives（代替手段）などと呼ばれるが、それを諸条件の考慮に基づいて選択することが、教育における計画性の第三の重要な要素である。考慮する条件が多くなれば多くなるほど、また、個々の条件についての考慮が深ければ深いほど、計画性は高まるであろう。

４．予　測

右に述べたように、目的を達成するための手段はさまざまの条件を考慮に入れて選択されなければならないが、考慮するのは単に過去や現在の条件だけであってはならない。未来（ごく近い未来も遠い未来も含めて）の条件や状況について考慮されなければならないのである。この未来の条件や状況を考えるという行為、すなわち予測が教育における計画性の第四の重要な要素である。しかも、これまでに述べた計画性の三つの要素の質を規定する最も基底的な要素である。目的と手段との意図的結合も、目的間の優先順位の決定も、また、オルタナティブの選択も、未来社会がどうなるか、その未来社会にとっていかなる目的を設定することがふさわしいか、選択された手段は他に対してどのような波及効果を及ぼすか、などについての予測を欠いたのでは、真の計画性の名に値しないであろう。

たとえば、ある教育政策を実施しようとするばあいには、それが他の教育政策に対して、また、教育以外の政策にいかなるインパクトを与えるか、また、子どもや親や教師の態度や行動にどのような変化が生じるかが予測されなくてはならないであろう。教室の中での学習指導においても、教師は児童・生徒がどのような反応を示すか、また、どのような人間に成長していくのかについて常に予測を行っていることが必要であろう。予測能力の高い教師・学校ほど優れた教師・学校であるといえるであろう。また、予測能力の高い行政機関ほど優れた行政機関といえるであろう。

5. フィードバック

予測が計画性における最も重要な要素であることは右に述べたとおりであるが、予測はあくまでも予測であって、現実が予測どおりに進行するとはかぎらない。むしろ予測と現実との間には大きな相違が生まれるのが普通である。重要なことは、予測と現実とのギャップについてなぜそれが生まれたのかを分析することである。予測が現実と異なったからといって予測が無意味なのではない。予測が行われたからこそ、ギャップの分析が可能となるのである。そしてその分析結果を次の予測行為にフィードバックすることによって、次の予測の精度を高めることこそが重要なのである。つまり、教育における計画性における第五の重要な要素はフィードバックである。これを別の言葉で表現するならば「過程」(プロセス)ということである。つまり、計画性というのは、単に一回かぎりの行為の中にあるのではなく、その行為の結果を次の行為に生かすことの中にあるのである。

ＰＤＳ、すなわち Plan（計画）、Do（実施）、See（評価）は、教育経営学上の基本概念の一つとしてしばしば提示されるが、これは一回かぎりの流れではなく、評価の結果を次の計画にフィードバックする循環過程（サイクル）でなければならない。その意味で、ＰＤＳというよりは、最初に評価ありきで、ＳＰＤというべきであろう。

図１－１　PDSのサイクル

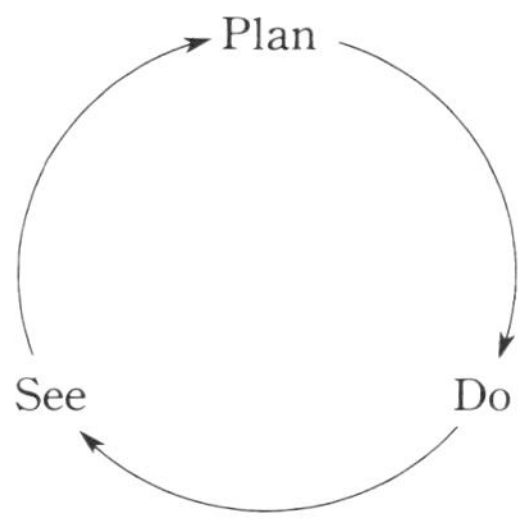

第２節　学校教育計画の難しさ

Planning Without Facts と題する書物がある。直訳すると『事実のない計画化』ということになる。これはウォルフガング・ストプラー（Wolfgang Stopler ミシガン大学の経済開発研究センター長）が、一九六〇年から一九六二年までの二年間にわたるナイジェリアでの経済計画部門の長としての経験を基にまとめた開発途上国のための計画理論書である。

普通、計画はさまざまの数量的なデータを基にして立てられる。経済計画のばあいであれば、まず第一にＧＮＰ（国民総生産）のような指標が不可欠である。しかし、いわゆる開発途上国のばあいには、先進諸国においては整備されているようなデータが一般に欠如している。そこでどうしてもデータがない状況の中で計画を策定しなくてはならない。データの整備は短日月で行えるものではない。したがって、データが整備されるのを待って計画策定をするわけにはいかない。これは経済計画に限ったことではない。筆者も一九六〇年代に、タイの首都バンコクにあるユネスコの地域教育事務所において、アジア諸国の教育計画策定に必要とされる統計的資料を収集・整備する仕事にたずさわった経験があるが、一般的にいって、開発途上国のばあいには、データの不足が教育の計画化のうえで大きな隘路《あいろ》であったのである。しかし、経済計画におけるのと同様に、データが十分にそろってから計画を立てるのでは、緊急の課題にこたえることはできない。データがなければないなりに計画を立てる工夫をこらす必要があるわけである。

さて、右に述べたことは国家レベルの経済計画と教育計画のことであるが、個別の学校における教育計画のばあいはどうであろうか。

国家レベルの教育計画は、行政計画であるから、主として計画の目標は、施設・設備や教員のような、比較的数量化が容易な要素である。また、そのような目標を達成するためには、どのくらいの資金や物的資源が必要であり、それをどのように配分したらよいかを確定することは比較的容易である。もちろん、これも相対的に、ということであり、施設計画でも、目標を達成することは決して容易ではないであろうし、教員の養成計画でも、養成制度や採用方法、教育以外の人材需要の状況などによって、計画における不確定性の程度は異なってくるであろう。

しかし、そうはいってもその困難さは政治過程に属する困難さであり、個別の学校における計画の難しさとは基本的に性格を異にしている。

まず第一に、個別学校の教育計画（以下学校教育計画と呼ぶことにする）の到達目標は、生徒数、教員数のように簡単に数量で表すことができる要素ではなく、あくまでも生徒のパフォーマンスである。パフォーマンスの中には数量化の容易なものもあるが、全体を数量化することは、少なくとも現在の研究の段階では不可能といってよいであろう。企業のばあいであれば、目標は生産物の数量として表すことができる。しかし、教育のばあいには、簡単に数量では表すことのできない目標が多い。しかも、数量で表すことのできないもののほうが、数量で表せるものよりも重要性が高いことが多い。ここに、学校教育計画の第一の難しさがあるといえよう。

第二に、教育の成果は、教育過程の終了の時点でだけ測るべきものではないという点で、経済のばあいと基本的に異なっている。企業のばあいであれば、目標とする生産物は、生産過程の終了の時点において完成されていなくてはならない。生産過程の終了の時点では未完成品であったものが、消費者の手にわたるまでの流通過程の中で完成品になったり、改善されたりするということはない。ところが、教育のばあいには、卒業の時点では、目標を達成していなかったのに、社会に出てから、あるいは上級の学校に進学してから、目標に到達するということが起こることが多い。逆に、卒業の時点においては目標に到達していたのに、後になって駄目になってしまうというケースも多い。ここに学校教育計画の第二の難しさがあるといえる。

学校教育計画の第三の難しさは、第一および第二の難しさと関連して、教育のばあいには手段や方法と目標との関係が不確定だということである。経済のばあいであれば、どのくらいの原料を投入して、どのような生産方法で加工すれば、どのくらいの生産物が生み出せるかを知ることは比較的容易であろう。しかし、教育においては、どのくらいの時間をかけ、どのような方法で教育を行ったら、生徒の学力がどのくらい向上するか、ということを知ることはきわめて難しい。

教育学研究の歴史は学校の歴史とともに古いが、学校教育計画の以上のような難しさは少しも軽減されてはいない。そのことから教育の現在からは教育学の不毛性を訴える声もある。それが高じて教育学への不信もある。また、それを背景として、学校の中には学校が研究者によって研究調査の対象とされることに対する拒否反応がみられるばあいもある。

さて、ここで問題としたいことは、学校教育計画に関する以上に指摘したような難しさを、単に教育学研究の不毛性の責任に帰してしまってよいか、ということである。

第3節　現場の問題

教育学が不毛であるという声には、教育の研究に従事する者は謙虚に耳を傾けなくてはならないであろう。しかし、問題は、教育学は不毛であると考える現場の側にもあるのではないだろうか。

問題は二つある。

一つは、研究はいわゆる研究者の仕事であって、現場はその果実の受け手であるとする態度である。実践に役に立つような研究を行うためには、現場教師も研究に従事することが要請されるのである。といっても授業とは別に、独立して研究活動を行うべきだというのではない。もちろんそれがいけないというのではない。余裕があればそのような研究活動をすることはむしろ推奨すべきであろう。しかし、現場教師に特に要請される研究は授業の外にあるのではない。授業そのものなのである。授業そのものが研究でなくてはならないという意味である。

他の一つは、現場には研究の成果を積極的に利用しようとする姿勢が弱いということである。現場の側からの論理としては、利用できるような研究の成果がないので利用しないのだ、ということになろう。しかし、研究の成果が実践に役に立つかどうかということ、つまり研究成果の価値は研究成果自体の中にあるのではなく、研究の成果を利用しようとする者の意識・態度・能力の中にあるということもあるのである。路傍にころがっている何の変哲のない石ころや木片が、芸術家には価値ある素材となるのと同じように、一般には役に立たないものとして見捨てられてしまうようなデータでも、問題意識の明確な実践者によって貴重な資料として活用されることがあるであろう。いかなる研究でも、資料を生きたものにするには、いかなる資料が必要であるかということについての問題意識が明確でなければならない。教育学が不毛であると批判するということは（それが全く的はずれであるというのではないが）、裏を返していうならば、利用者の側に問題意識が稀薄であるということを意味している。

それから研究というものは、利用されることによって、また、利用しようという志向性が強くなることによって役に立つものに高められていくという側面をもっている。最初は不十分、不完全なものであっても、その限界をふまえて活用を図り、その結果を次の研究にフィードバックすることによって研究は発展していくものである。このことは生産者と消費者の関係をアナロジーとして考えてみればよくわかるであろう。生産者によって生産された商品も、はじめはさまざまの欠陥をもっているであろうが、消費者によって利用され、その欠陥が具体的に明らかにされることによって、商品は改良されていくのである。

以上に述べたように、学校としてはたとえ不完全であっても利用し実践に生かそうとする積極的な姿勢をもつ必要がある。これは一人ひとりの教師の問題であるだけでなく、学校全体の問題、すなわち教育経営の問題である。

しかし、現実には個々の教師にとって、さまざまの研究の成果を渉猟し、実践に役に立つデータを発見することは、時間のうえでも、また経験の浅い教師のばあいには、能力の点でも、なかなか困難なことであろう。ここに管理職の重要な役割がある。一般には、管理職にとっての管理の対象は、教職員、施設、財政、つまりいわゆる３Ｍ（人＝Man、物＝Material、金＝Money）とされるが、研究結果についての情報も管理の重要な対象でなければならないであろう。

某県の教育センターに講演に赴いたおり、研修担当の指導主事の方に、かねてより注目していたそのセンターの研究報告書について言及したところ、いくらよい資料をつくっても、学校では全くといってよいほど読んでくれないのだということを聞かされたことがある。校長のところでストップしてしまい、教師たちには知らされずに書棚の中にすぐにしまい込まれてしまうというのである。目を通す校長もいるが、それは学校の中で活かすためというより、校長が外で講師として話をするときの資料を得るのが目的であることが多いともいわれる。

しかし、最後に強調しておきたいことは、教育経営は管理職だけの課題ではないということである。Teacher as a researcher という言葉が最近欧米諸国の教育経営論に登場する。これは、先述したように、教師も研究者でなければならないということを表しているが、その研究の中心は、計画、実施についての評価をし、それを次の経営過程にフィードバックすることでなければならないであろう。

《補論》　教育経営における計画性

1.「最適化」概念の検討

教育経営の最適化という言葉は昭和四十年代中ごろかなり盛んに使われた。昭和四十五年以降三か年にわたり、文部省は大学・研究機関の学識経験者、教育行政機関の学識経験者、教育行政機関の関係職員および小・中学校の教職員によって編成された調査研究協力者会議を設置して、「小学校および中学校における教育経営の最適化に関する調査研究」を行った。筆者はその協力者会議のメンバーとして調査研究に参加する機会を得た。この調査研究以降、最適化という言葉が教育関係の誌上に盛んに登場するようになった。しかし、筆者のみる限り、この言葉は少しも最適には使われてはいなかった。教育経営の最適化といっても、その概念が正しく把握されていないならば、教育経営が最適化されることを期待することなどは無理というものであろう。

それでは「最適化」とは、一体いかなる概念を表す言葉として使うべきなのであろうか。

「最適」という言葉はもともとは経済学の用語である。経済学ではよく最適生産量という言葉が使われる。この最適生産量というのは、利潤を極大にするような生産費を意味している。そして完全競争と呼ばれるような状態の下では、企業者にとって、その生産費を極小にするように一定量の生産を行うことが、利潤を極大にする唯一の方法である。これは生産費の法則と呼ばれている。「教育の最適化」という言葉を使うのは教育という営みを右のような生産活動とのアナロジーでとらえているからである。したがって、「教育の最適化」概念を理解するには、まず、利潤の極大とか生産費の極小という概念についてまず把握することが必要である。

まず、生産費の極小という問題から考えてみる。

生産費は一般に不変費用と可変費用とに分けられる。不変費用というのは、生産費の大小に関係なく、ほぼその支出が一定（つまり不変）である費用のことで、工場・事務所といった建設資本の減価償却費などがそれである。教育のばあいであれば、さしずめ学校の校舎などの減価償却費がそれに当たると考えてよい。これに対して、可変費用というのは、生産量に応じて変動する費用のことで、原材料費や賃金のようなものである。ここでまず考えるべき重要なことは、可変費用が生産量に応じてどのように変動するか、ということである。一般に、可変費用は、生産量が増加するにつれて、はじめのうちは急速に増加するけれども、やがて大量生産の利益によってその増加速度は低下する。そして生産量がある限界を越えると、いわゆる収穫逓減の法則が作用し始めて、可変費用の増加速度は生産量のそれよりも大きくなる。収穫逓減の法則とは、ある財貨が二種類以上の生産要素によって生産されるばあいに、その中の特定の生産要素を固定しておいて、それと結合される他の生産要素を増加するときにその財貨の生産量は増加するけれども、その速度は次第に小さくなる、というものである。

それでは生産とのアナロジーでとらえる教育のばあいにはそのような法則は働くであ

ろうか。個々の学校を単位として考えてみよう。個々の学校では、教師、教材・教具など二種類以上の要素によって生産＝教育が行われているが、たとえば、教材・教具という要素を固定しておいて、教師という要素を一人から二人、二人から三人というように次第に増加させていくと、教育の成果も高まってくる。しかし、その高まり方は直線的（リニア）ではない。つまり、教師の数に比例して教育の成果が高まっていくわけではない。教師を一人から二人に増やしたときに得られる成果と、教師を二人から三人に増やしたときの成果とはちがうであろう。おそらく、教師の数が一定の数に達するまでには、一人から二人に増やしたときに得られる成果よりも、二人から三人に増やしたときに得られる成果のほうが大きくなる、というように教師一人の追加によって得られる成果は増大していくであろう。つまり、成果は逓増していくであろう。しかし、教師の数がある数を超えると逆に逓減を始めるにちがいない。たとえば、そのある一定の数というのを三〇人と仮定したばあい——もちろん生徒の数は固定しておいての話である——、教師の数を三〇人から三一人に増やしたときに期待できる教育の成果よりも三一人から三二人に増やしたときに期待できる教育の成果のほうが小さくなるであろう。このように考えれば、教育についても収穫逓減の法則が働くと仮定してもよいことになる。

次に指摘すべきことは、生産費には平均費用と限界費用とがあるということである。平均費用というのは、総費用（不変費用と可変費用とを合計したもの）を生産総量で割ったものである。それに対して、限界費用というのは、総費用の増加分を生産量の増加分で割って得られる値である。つまり、限界費用というのは、生産量を一単位増加させるために必要な総費用の増加分を意味している。

ここで重要なことは、この平均費用と限界費用との関係である。平均費用は、生産量が少ないうちは次第に減少し、やがて底をついて再び上昇に転ずる。これは生産量の増加に従がって大量生産の利益が現れ、やがて収穫逓減の法則が働き始めるからである。このことは限界費用についても同様である。つまり、限界費用もはじめのうちは次第に減少するが、ある点まで低下するとやがて上昇し始める。しかし、底をつく、つまり極小点に達するのは平均費用よりも限界費用のほうが早いのである。平均費用は不変費用と可変費用を合計した総費用を総生産量で割ったものであるから、不変費用の効果が作用するのに対して、限界費用のばあいにはそのような効果がないために、直ちに可変費用に関する収穫逓減の法則に影響されるからである。

ところで、最適生産量というのは、この限界費用と生産物の価格とが一致する点で決定される。ちょっと考えると、平均費用が極小になる点が最適生産量であるかのようにみえる。しかし、企業者は、収穫逓減の法則が作用して、その生産物がもし高く売れるならば、つまり有利な機会が存在すれば生産量を増やすであろう。限界費用と価格との一致点というのはそのような有利性が失われる点なのである。

2. 教育経営における最適化の意義

それでは「限界費用と生産物の価格との一致」という最適化原理は、教育経営のばあいにはどのような意味をもつのであろうか。

限界費用というのは、生産量を一単位増加するために必要な総費用の増加分のことであるが、学校といったような教育機関のばあいには、生産量というのは、卒業者の数とか在籍者の数など教育サービスを受けた者の量として考えることもできるであろう。また、卒業者や在籍者の量は変えないで、その全体としての、あるいは特定の在籍者または在籍集団の学習量を生産量と考えることもできるであろう。一単位というのは、卒業者数や在籍者のばあいであれば、一人であるばあいもあれば、一学級という集団であるばあいもあるであろう。また、学習量のばあいであれば、テストの一点とか一〇点を一単位とすることもできるし、満点取得者の比率一%とか一〇%を一単位とすることもできるであろう。また、テストによっては測定が困難な学習や行動であっても、何らかの形で計量化することによって、その変化を知ることができる。

次に注目すべきことは、右のような意味での生産量の一単位増加をもたらすためには、従来よりもより多くの資源をつぎこむ必要がある。経済的な生産活動であれば、資源というのは原料とか労働力などであるが、教育活動のばあいであれば、それは教材・教具とか教員などである。要するに、物的な要素とか人的な要素をより多く投下することによって、より多くの生徒の収容や学習量の増大が可能になる、と一応考えることができるが、その物的な要素や人的な要素のより多くの投下には、そのための費用がかかる。つまり、卒業者や学習量を一単位増加するためには、総費用の増加が必要である。この総費用の増加分が限界費用である。

さて、「最適化」原理によるとすれば、最適生産量、つまり最適卒業者数、最適在籍者数、最適学習量は、右のような限界費用と生産物つまり「卒業者」や「学習」の価格が一致する点で決まるというわけであるが、「卒業者」や「学習」の価格というのは具体的にはどのように考えたらよいのであろうか。価格というのは「財の一単位と交換される貨幣の単位数」のことであるが、卒業者は全員が貨幣＝所得と交換されるわけではない。所得を得ることのできる職業についた者（つまりgainful employment）は、貨幣と交換されたと考えられるが、就職しなかった者は貨幣と交換されたとは厳密にはいえない。しかし、もし就職したら（あるいは、就職できたら）という仮定法で価格を考えることもできる（機会費用の考え方）。学習量のばあいも同様の論理で考えられる。

もし、就職がコネなどに関係なく、卒業者が体化している学習量（行動も含めた広義における学習）だけに基づく完全競争の下で決定されるとすれば、追加的に増加した就職者の所得が学習の価格だといえるであろう。

以上をまとめると、経済的生産活動とのアナロジーでとらえた教育経営の最適化というのは、人的・物的要素の投下を、それによってもたらされる総費用の増加と生産物＝卒業者、学習量などの価格とが同じになるまで継続して増やしていくことだといえる。

しかし、これはあくまでも教育経営という活動を経済的生産活動とのアナロジーにおいてとらえた、という前提に立った原理であり、実際には教育経営活動と経済的生産活動とは完全に同じなのではないことはもちろんである。第一に、最も基本的なちがいは、以上の原理が利潤の極大化のための原理であったのに対して、公教育としての経営活動は利潤の追求を目的とはしていない、という点である。第二に、経済的生産活動においては、同一の原料から均質の製品をつくるが、教育活動においては、原料＝生徒も均質ではなく、また、製品＝卒業者も均質ではない。むしろ、卒業者が均質であることは望ましいことではないとさえ考えられている。教育の個性化という理念がそれである。第三に、教育活動のばあいには、経済的生産活動のように、費用と生産量との対応関係が明らかではない、ということである。第四に、教育活動の成果は、貨幣によって交換されるものだけではない、ということである。したがって、限界費用と生産物の価格との一致点で最適生産量が得られるという原理は、それを教育経営の最適化に適用するためには、以上に指摘したような相違に対応して修正されなくてはならないであろう。

3．教育システムの統一的・全体的・相互関連的把握

教育活動は以上に指摘したごとく、経済的生産活動に比べて、きわめて複雑な要素のからみあいのなかで展開される。したがって、それの計画化に当たっては、教育活動の統一的・全体的・相互関連的把握が基礎になければならないであろう。しからば、何を統一的・全体的・相互関連的に把握しようとするのであろうか。

第一に、教授・学習のさまざまの目標が、バラバラにではなく、統一的・全体的・相互関連的にとらえられなくてはならない。教育の諸目標は、相互補完的なもの、相矛盾しあうもの、他の目標を達成するための手段的性格をもつものなど、さまざまの関連をもっているが、第一にその関連が全体的・統一的に構造化されなくてはならない。

第二に、教授・学習の過程が統一的・全体的・相互関連的にとらえられなくてはならない。教授・学習過程は、教授者と学習者との間の情報の流れとしてとらえるならば、目標設定、内容選択、指導計画、教授・学習活動、評価などを構成要素としており、したがって、これらの諸要素が一つのサイクルとして統一的・全体的・相互関連的にとらえられる必要がある。

また、教授・学習課程はその目標との関連においてみるならば、陶冶過程と訓育過程

（あるいは教科指導過程と生活指導過程）とに分けることができるが、両者は統一的・相互関連的に位置づけられなくてはならない。すなわち、陶冶と訓育とは相互に基礎となり、条件となりつつ制約しあうものとしてとらえられるべきであろう。その他目標と関連において統一的・全体的・相互関連的に把握すべきものとしては、

○　諸教科の内容の系列や組織である顕在的カリキュラムと、それぞれの学校がもつ環境的特性としてのいわゆる潜在的カリキュラム
○　教育内容の論理的構造と学習者の心理的条件、発達条件、社会・経済的条件
○　学習者の既有の知識と伝達すべき新しい知識
○　認識過程と技能の訓練・練習過程（観察の方法の学習など）

第三に、教授・学習のさまざまの形態が統一的・全体的・相互関連的にとらえられるのでなくてはならない。つまり、伝統的な一斉教授、テレビを中心とした視聴覚教育、ティーチング・マシン、ＯＨＰ、スライド、コンセプトフィルム映写機、ＶＴＲ、反応分析装置、ＣＡＩなどの教育機器を利用した教育形態、集団学習、自習などさまざまの教授・学習形態が各学校の固有の物的・人的・財政的条件との関連において、統一的・相互関連的にとらえられることが重要である。

最後に、教授・学習の目標、過程、形態が統一的・全体的・相互関連的に構造化されなくてはならない。

要するに、教授の最適化という概念は、教授・学習のシステム化を意味しているのである。

教授・学習のシステム化という考え方や実践に対しては次のようなさまざまの批判が

出された。

(ア) 複雑な構成要素からなり、一義的に目標や価値を固定することが困難である教授・学習をシステム化しようとすると、システム化が自己目的化し、教育実践の形式化、定型化を招く危険がある。

(イ) 国レベル、学校レベル、授業レベルをトータルにとらえようとすることから、教育行政、教育政策の支配の水準として機能する可能性が強い。

(ウ) 教師集団の分化をもたらす。

以上の批判は、結局、教師や学校の教育実践における創造性がシステム化によりそこなわれる危険性があることを指摘しているといってよい。しかし、本来、システム化というのは教授・学習にかかわる諸要素を全体的・統一的・相互関連的にとらえようとするものであるがゆえに、学校や教師の創造性を高める枠組を提供するものである。なぜならば、各学校、学年、学級、児童・生徒にかかわる固有の諸条件との関連において教授・学習の在り方を追求する過程は創造的であるはずだからである。

４．教育目標の設定

以上に述べてきたことからも明らかなように、学校教育の計画化において最も重要な行為の一つは「教育目標の設定」であるが、各学校において実際に設定されている教育目標をみるとき、そこには多くの問題があることを発見する。

まず具体例をあげてみる。

A ①よく考える子ども、②進んでやる子ども、③美しい心と強いからだをもつ子ども、

④協力する子ども

B　①明るく・正しく・強く生きよう、②よく考える、③積極的に行動する、④たくましい身体をつくる

C　①明るく元気な子ども、②よく考える子ども、③ねばり強い子ども

D　新しい校風づくりを目ざし、心身ともに健康で個性豊かな生徒に育てる、①もっと考える生徒にしよう、②もっと努力する生徒にしよう、③もっと助け合う生徒にしよう、④もっと健やかな生徒にしよう

E　①真理と正義を愛し、健全な批判力を養う、②勤労をたっとび、責任を重んじ、自主的精神を養う、③自他の敬愛と協調の精神を養う、④個性を伸ばし、社会の有為の形成者として必要な資質を養う

さて、右に列挙した五つの学校の教育目標をみて、それぞれの学校が、どのような学校であるのか、つまり、どのような地域の学校か、その学校の子どもはどのような子どもであるのか、といったようなことを推察することができるであろうか。

Dのばあいには、「生徒」という言葉が使われているので、中学校か高校の教育目標だろうということはわかる。また、Eは難しい単語がたくさん列挙されているので、おそらく高等学校の教育目標にちがいない、ということも想像できるであろう。しかし、中学校といってもどのような地域の学校であるのか、また、高等学校といってもどのような校種の学校であるのか、ということは皆目、見当がつきかねる。

実をいうと、Aは島の小学校、BはAと同じ島の中学校、Cは都心の小学校、Dは東京都に隣接するある県のへき地の中学校、EはA、Bと同じ島の高等学校の教育目標な

のである。言葉づかいや単語が多少ちがうとはいえ、あまりにも類似していることにあらためて驚いてしまう。果たしてこれでよいのか。

もちろん、「よく考える子ども」や「進んでやる子ども」を育てることが悪いというのではない。学校のレベルにおける教育目標というのはもっと具体的なものでなくてはならないのではないか、ということを言いたいのである。右に掲げたような、どういう学校の教育目標かわからないようなものは、子どもの目にも、学校訪問者向けの看板としか映っていないことが多い。

たしかに全国をマクロ的にみるならば、地域によって教育目標の設定のしかたにちがいがみられるかもしれない。上滝孝治郎、山村賢明、藤枝静正によって行われた「現代日本の学校における教育目標の分析」によると、一般に民力の高い地域においては、特定の価値に特に重点が置かれているのに対して、民力水準の低いところではさまざまの価値が比較的まんべんなく列挙される傾向があるという。このことは、「高民力水準型」地域では、「一般に承認されている一定の価値基準、一定の志向性が明確であり、それだけに目標をしぼりやすい状況にある」のに対して、多くの過疎地域が含まれている「低民力水準型」地域においては、「教育目標の重点をどこに置くか、さらにいえば、どういう人間を育てていくのかについて、必ずしも一定の支配的基準」がなく、学校の教育目標をしぼりにくい状況にあることを示している。

このように、地域の状況によって教育目標の内容に多少の相違がみられる。しかし、それが各学校の子どもの実態とかけはなれた抽象的なものであることには変わりがない。個々の学校が、憲法——教育基本法——学校教育法——学習指導要領という系列において示されている教育の目的や目標などに基づきながら、当該学校の児童・生徒の実態や地域の実情をふまえて、独自の教育目標を設定すべきことは、学習指導要領の性格や法的拘束性に若干の推移があったとはいえ、たえず期待されてきた。学校がより多くの自律性を与えられるべきことは学校の側からもたえず主張されてきた。それにもかかわらず、現実にみる各学校の教育目標設定はスローガン的、お題目的目標設定のレベルにとどまっているのである。「ゆとりと充実」という理念の下に、各学校の創意工夫が従来にもまして求められている今日、各学校は抽象的・画一的教育目標の設定の段階から、一歩進めて具体的・個性的目標の設定にとり組むことが必要であろう。これは各学校の課題であると同時に、学校教育計画についての研究の重要な視点でもある。

それでは教育目標を具体的なものとして設定するためには、どのようにしたらよいであろうか。

結論的にいうならば、教育目標を具体的ならしめるためには、教育にかかわるさまざまの要因を、抽象的にではなく、具体的に把握することが必要である。

そのような要因として、まず第一にあげなければならないのは、教育指導の対象——というより学習の主体——であるところの「児童•生徒」である。たとえば、「派手」(浪費する、物を粗末にする)、「怠ける」(勤労意欲に乏しいなど)、「とっつきにくい」(協調性が乏しい、閉鎖的、社会性に乏しいなど)、「くじけやすい」(努力しない、根気が不足など)、「消極的」(競争心が乏しいなど)、「無礼」(粗野など)、「話下手」(表現力が劣る)、「模倣的」(自主性が乏しい)——といったような、児童・生徒の特性を具体的に把握し、それを目標設定の中に生かす必要があるであろう。われわれが行った調査によると、「自信と自己受容性」「達成動機」「外的評価への依存性」「向上的意志・努力」といったような、自己成長性の諸側面についての子どもの発達状況には学校や地域によってかなり大きなちがいがみられる。

学校教育目標の設定において、具体的に把握すべき第二の要因は、教育指導を行う「教師」要因である。「児童・生徒」が能力・適性・興味・関心において多様であるのと同じように「教師」も種々の側面で多様である。いずれの教師も、教師として得意、不得意があるであろう。もちろん教師は研鑽を積むことによって不得意な部分を減らすべく職能成長を図らなければならない。

しかし、そこにはおのずから限界がある。むしろ個々の教師のもっている特性を積極的に生かすことによって、学校全体としての教育機能を高めていくことこそ重要であろう。したがって、そうした個々の教師の特性を生かすことができるような目標が設定されてしかるべきである。目標は固定したものであってはならず、教員構成が変われば、それを教育目標の設定にフィードバックして、目標に修正を加える必要も生ずるであろう。

学校教育目標設定で、具体的に考慮すべき第三の要因は、学校の施設・設備といった、いわば物的な条件である。本来であれば、教育の目標を設定してから、それを実現するのに必要な形態や構造をそなえた施設・設備をつくる、というのが望ましいに決まっている。長期的には、教育目標の実現を図ることができるように施設・設備の改善・充実が行われるべきであろう。しかし、現実的には、既有の条件をふまえて教育目標の設定が行われなければならない。

以上のように、学校教育目標の設定に当たっては、「児童・生徒」「教師」「施設・設備」などの要因を、抽象的、量的にではなく、具体的、質的に把握しなくてはならないのであるが、「教師」と「施設・設備」に関しては、さらに付言しておかなくてはならない。

まず、「教師」に関しては、単に、学校の教師のみでなく、地域社会における、特定の領域について優れた指導力や知識・技術をもった人をも視野に入れることが重要であることを強調したい。もちろん学校の中における教育を責任をもって行うのは、専門職としての教師であることに変わりはないが、学校の教師の教育的機能は地域社会の中に見い出される人材の活用によって拡大することが可能である。その意味において、学校教育目標の設定に当たっては、地域社会の中における人的要因についても基本的に把握することが必要である。

同様のことは、「施設・設備」などの物的条件についてもいえる。学校は学校独自の施設・設備だけでなく、地域社会の中にある図書館、美術館、体育施設などさまざまの物的資源を活用することによって、学校の教育機能の拡大を図るべきである。したがって、学校教育目標の設定には、右のような地域社会の中にある物的資源の利用可能性も反映させられなければならないであろう。

また、以上のような諸要因を具体的に把握するためには、さまざまの方法がとられなくてはならないが、学校独自の自己診断と同時に、他者による診断調査も必要であろう。

5．地域教育計画への一提案

学校とは何か。教師の役割は何か。これは今わが国においてのみならず、世界各国において問われている現代的な教育問題である。

原始的な社会であろうと、高度に文明の発達した社会であろうと、すべての社会は、その構成員を社会化する手段、つまり構成員にその社会の一員として認められるのに必要な知識・価値・態度・技術を与えるための手段をもっている。前近代的な社会においては、この社会化の過程は主として家族や親族集団や地域社会の機能であった。それはフォーマルなものではなく、インフォーマルなものであった。しかし、社会構造の規模や複雑さが増すにつれて、社会化機能の多くは次第によりフォーマルな機関に譲りわたされていった。公的な事業として組織化された学校システムは、そのフォーマルな機関の最新の形態として存在している。しかし、このように教育の機能が地域を離れて学校の中に囲い込まれることによって、学校は地域から孤立する傾向を強めてきた。そこで学校を地域に開かれたものにし、教育を地域的なひろがりの中で考え直すべき必要性が高まってきたのである。教育の地域的再編成は教育の最適化を考える重要な視角の一つでなくてはならない。つまり、第二次大戦後にみられたカリキュラム運動としての地域教育計画ではなく、以上のような意味における新しい視点に立った地域教育計画が構想されなくてはならない。このような芽は各地にみられないわけではないが、それを支える研究が今後一層推進されなくてはならない。

個別の学校を越えた地域レベルの教育的再編成を目的とした地域教育計画を提唱したい（この問題は第八章～第十章で考える）。

第二章

教育経営の原理2——多様な教育観の調整

教育経営において第二に重要なことは、学校組織を構成するメンバーである教職員や児童・生徒などや学校がさまざまな関係を結ばなければならない学校外の人々の多様な教育観を調整することであろう。

第1節　教育観の構造と統合ストラテジー

1．教育観の構造

教育観というのは教育についての観念である。観念というのは元来は、ギリシア哲学の基本概念であるイデア（idéa）に始まり、それから派生した一群の類似語（ヨーロッパの思想体系を形づくる重要な概念）に対する訳語である。しかし、一般的には、ある事物をわれわれが意識したとき、われわれの意識の中に形成される意識内容、イメージのことである。[1] 事物には非常に具体的・個別的なものから、きわめて抽象的・一般的なものまである。したがって、観念も具体的・個別的なものに対するそれと、抽象的・一般的なものに対するものまでさまざまのものが考えられる。

それでは教育経営という観点からみたとき、教育に対する教師の観念、すなわち教師の教育観はどのような事物に対する意識としてとらえたらよいであろうか。教育において第一に重要な「事物」は教育の目標である。(2)第二に重要な「事物」は教育の内容・方法である。また右の二つとかかわって、教育の対象である「子ども」が重要な「事物」である。「子ども」こそ最も重要な「事物」であるというべきであろう。さらに第一の教育目標は教育基本法、学校教育法、学習指導要領などに示された、いわば「抽象目標」と各学校において実現すべき「具体目標」とに分けることができる。また第二の教育内容・方法についても「一般的」なものと「具体的」なものに分けることができるであろう。以上をまとめると表2－1のようになる。

教育観は学校経営の観点からみるとき、このような構造をもつものとしてとらえられる。したがって、教育観の多様化が学校経営にとっていかなる意味をもつかは、多様化が種々の教育観のうちどの教育観であるかによって異なるであろう。

まず第一に、「抽象目標」についての教育観が多様であること、すなわち教育法規や指導要領や教委の方針という形で上からおろされてくる抽象的教育目標についての教師の考え方が多様であるばあいには、組織体としての学校は分裂を招く危険性がある。抽象目標についての教育観の相違はイデオロギーの対立として現れるのが普通だからである。このようなばあいには説得とか拘束（ひろい用語でいえば社会統制）が必要となる。しかし、これは学校の経営機能の範囲をこえたすぐれて政治的な問題として考えるべきである。同じことは一般的な教育内容・方法についての教師の考え方が多様であるばあいにもいえるであろう。

表2－1　教育観の多様性

- 教育観
  - 教育目標観
    - 抽象目標観
    - 具体目標観
  - 教育内容・方法観
    - 一般的教育内容・方法観
    - 具体的教育内容・方法観
  - 児童観

2. 教育観の多様性

学校経営の視角から問題にすべきは、具体目標、具体的教育内容・方法、被教育者についての教育観の多様性である。

まず第一に具体目標についての教育観が多様であるということは、抽象目標についてのコンセンサスはあるが、地域・学校・子どもなどにかかわる具体状況に即した具体目標についての考え方が多様であるということである。このような教育観の多様性はどのように考えたらよいであろうか。個々の学校は、その学校の子ども、父母、地域の教育的要求や諸条件を教師の専門性において把握し、学校としての共通の具体目標を設定する必要がある。子どもや父母の側に学校や教師を選択する自由がない現代公教育体制の下においては、学校の具体目標は、子ども、親、地域のニードや条件を教師の専門性の鏡に照らして、抽象目標から解析しなくてはならず、したがって、具体目標についての教師の教育観の多様性は、右の観点から統合されなくてはならない。しかし、この統合の過程は決して強制によるものであってはならない。教育の具体目標が「教師たちの主体的な参画とじゅうぶんな納得のもとに決定[3]」されなくては自主的・積極的な教育実践が組織的に推進されることはないであろう。

それでは教育の具体目標の設定過程における右のような「民主化」原則の要請をみたすためにはどうしたらよいであろうか。重要なことは、現実の目標は固定した問題性のない所与ではないこと、すなわち目標の仮説性を個々の教師に認識させることであろう。具体目標というのは教育実践活動を通じて検証さるべき仮説でなくてはならない。実践の真の意味はこの仮説にみあう現実を主体的に創造することにある。目標は教育実践の継続的な評価に基づいてフィードバックされる情報に照らして継続的に修正されなくてはならない。目標のこの仮説性を忘れるとき、われわれはドグマにおちいるであろう。教育観の多様性といってもそれはドグマの多様性なのかもしれない。「倫理的、論理的に教師は偏見が最も少なかるべき職業でありながら、現実的には偏見が最も侵入しやすい職業(4)」であるからである。

ここで考えるべき重要なことは、多様な教育観は共通の具体目標に統合されるべきであるのならば、教育観は多様でなく、最初から画一的であるほうが好ましいのか否かということである。答えは否である。目標設定に効率性を求めるならば、教育観の多様化はマイナス要因となる。しかし、子ども、親、地域の多様なニード、条件に応えるためには、教師集団の教育観は均質でないほうがよい。真の統合は多様性を深めることによってのみ達成されるべきものである。

3．具体的教育内容・方法についての教育観の統合――人テクノロジー

具体目標についての教育観の多様性が、「民主化」の原則の下に、目標の仮説性の認識によって統合されるべきであるのと同じように、具体的教育内容・方法についての教育観の多様性も、仮説性の認識によって統合される必要がある。具体的教育内容・方法は、具体目標を実現するためのいわば手段である。したがって、具体目標が仮説であるならば、具体的教育内容・方法も仮説である。この二種類の仮説は実践を通じて相互にフィードバックしあうことによって修正されていかなくてはならない。

教育方法を例にとって考えてみよう。最近は学習指導過程への教育機器の導入が盛んである。一方、教育への機器の導入に反対する者も多い。また無関心なものも多い。すなわち教育機器についての教師の教育観は多様である。このような多様性を統合するにはどうしたらよいであろうか。

導入派は単に「物テクノロジー」(thing technology)だけに熱心であるだけでなく、「人テクノロジー」(people technology)にも留意しなくてはならない。すなわち、教育システムの変革は、それによって影響を受ける人々の中に抵抗や不安感やモラールへの脅威、さまざまの葛藤、個人的コミュニケーションの破壊などを生むこと

であろう。したがって、変革推進者は物テクノロジーの変革にのみ専念するのではなく、人間の行動科学にかかわる「人テクノロジー」に意を注がなくてはならない。[5] Ｅ・グーバは右の人テクノロジーを普及ストラテジー（diffusion strategy）としてとらえ、[6] 次のような七つのストラテジーをあげている。

(1) 価値的ストラテジー（a value strategy）
(2) 合理的ストラテジー（a rational strategy）
(3) 教訓的ストラテジー（a didactic strategy）
(4) 心理的ストラテジー（a psychological strategy）
(5) 経済的ストラテジー（a economic strategy）
(6) 政治的ストラテジー（a political strategy）
(7) 権威的ストラテジー（a authority strategy）

価値的ストラテジーというのは、相手の価値観、たとえば「子どもにとって最善のものは何か」といったことについての考え方を変えることである。一九三〇年代におけるアメリカの進歩主義運動は、この価値的ストラテジーによって成功した好例であるとグーバはいっている。したがって、このストラテジーは児童観と密接な関係をもっている。最近、創造性の育成とか創造的人間の教育が盛んに強調される。これを具体目標の一つとして掲げている学校も多い。このような目標を達成するためにはそのための具体的教育内容・方法を選択、決定しなくてはならない。しかし、この具体的教育内容・方法の選択・決定に当たって最も重要な役割を果たすと思われるものが、教師の児童観、生徒観であろう。

アメリカにおける創造性教育の権威として知られるＥ・Ｐ・トランスによると、アメリカの教師たちのえがく生徒の理想像のベスト・テンは、①思いやり、②思考の独立性、③決断、④勤勉、⑤ユーモアの感覚、⑥好奇心、⑦まじめさ、⑧行儀のよさ、⑨仕事を時間にまにあわせる、⑩健康、であるが、このうち学問的観点から評価された生産的創造的人間の最も大切な性格のベスト・テンに含まれるのは好奇心と独立的思考の二つだけだという。(7) このことを考えただけでも、創造的人間の育成を具体目標として設定するかぎり、右のようなアメリカの教師の教育観は変えられなくてはならないことになる。すなわち教師が望ましいと考える生徒像と学問的に望ましいと考えられる生徒像との間にはかなりの距離があるのが一般的であるので、価値的ストラテジーが重要になるのである。

合理的ストラテジーというのは、イノベーション（革新）の効用について、科学的根拠と論理的議論に基づいて相手に確信を抱かせるストラテジーである。たとえば教育機器の導入に反対ではないが、その効用について懐疑的な者についてこの種のストラテジーが必要となるであろう。

教訓的ストラテジーというのは、価値観やモチベーションなどは最適化テクノロジーを志向していても、必要な知識や技術をもっていない者に対して教育や訓練を与えるというストラテジーである。

心理的ストラテジーというのは、当面する問題を解決するには、物テクノロジーを受容し、それに参加することが必要であることを説得するというストラテジーである。

経済的ストラテジーというのは、物テクノロジーの採用に対して経済的補償を与えるというストラテジーである。

政治的ストラテジーというのは、物テクノロジーの研究団体あるいは研究グループを認可するというように、間接的に影響を及ぼそうとするストラテジーである。

最後の権威的ストラテジーというのは、官僚的ハイアラーキーを通じて、物テクノロジーの採用を強制するというストラテジーである。

右のような普及ストラテジーには、実際の適用に当たって数多くの問題があるが、強調したかったことは、最適な教育システムの設計のために、教師の多様な教育観を統合するためには、「物テクノロジー」だけでなく、

「人テクノロジー」の研究が重要であるということである。(8)

組織体としての学校の経営は、次の二つのものが同時に極大になるばあいに成功し、双方がアンバランスになるか、同時に極小になるばあいには挫折するといえるであろう。

I　具体目標の達成

II　教師の諸要求の満足（参加の満足、目標達成への貢献に対する報償、達成による満足）

右の原則は、目標の達成が高くても、教師の諸要求の満足度が低ければ（このようなことは現実には起こらないであろう）、その組織は不成功であることを意味している。また、参加への満足度が高まっても、目標達成度が低ければ(このようなことは現実に多いと思われる)、教育を目的とする学校の経営が成功したとはみなされないことを意味しているのである。

第2節　「教育」観の基本的転換

第1節で述べたように、教育経営における重要な課題の一つは学校組織内外の人々の多様な教育観を調整するということであるが、調整というのは足して2で割ったり、単純に多数決で決めるべきものではない。そこで重要なことは、「教育」を転換していく基本的な方向をどうおさえるかということであろう。その意味で、次に、「教育」のとらえかたについて述べることにする。

1．教育観の大転換

いま、学校は大きな転換を迫られている。それに対応して、教師も大きく変わることが求められている。

学校はどのような大転換を迫られているのであろうか。学校は教育を行うところとして発展してきた。学校は教育を行うところだということを疑う人は教師も含めて少ないであろう。このことは自明のこととされてきたのではないだろうか。しかし、いま迫られているのは、まさにこの点である。中央教育審議会（第十五期）では教育の大改革についてもろもろの提言を行っているが、それをせんじ詰めるならば、学校は多くのことを教えることに一生懸命になるなということになるであろう。答申には、ホワイトヘッドという哲学者の「あまりに多くのことを教えるなかれ」という言葉が引用されているが、これが中教審の提言全体を貫く基本的精神だといえるように思われる（ホワイトヘッドの真意は知識をあまり細分化して教えるな、ということであるが……）。(9)

学校ではいま、子どものいじめ・暴力・不登校、教師のバーンアウト（burnout、燃え尽き現象）などさまざまの深刻な問題が発生しているが、その根源は学校は教えるところという強固な観念の中にあるように思われる。かつて社会学の祖ともいわれるフランスのエミール・デュルケム（Émile Durkheim）は、教育とは「成人世代が若い世代に対して行う方法的社会化である」と定義した。「方法的」というのは、計画的、組織的といった意味である。また、「社会化」というのは社会において望ましいと考えられている価値、知識、行動様式などを個人の中に内面化するという意味である。デュルケムは、この「社会化」を大人が子どもを対象にして方法的に行う行為が教育だと考えたわけである。

教育という言葉には、語源的には、個人の中に潜在的に備わっている可能性を引き出すといった意味もある。また、教育は子どもの発達を保障することだというとらえ方もある。しかし、限られた時代の限られた数の学校においては、このような理念の実現を目指した教育が行われていたかもしれないし、また、現在でも、そのような教育を念頭において教育活動に取り組んでいる学校があるとしても、大勢においては、これまでの学校は、教育をもって方法的社会化というようにとらえてきたのではないだろうか。さまざまの問題が学校で噴出しているのは、このような教育観の中に原因があると思われる。

方法的社会化的教育観のもとでは、社会が、より直接的には、教育を行う教師が、望ましいと考える価値・知識・態度などを身に付けていない者、すなわち社会化されていない者に逸脱者というレッテルを貼ってしまう。遅れているとスロー・ラーナー（遅い学習者）だとか先に進み過ぎるとオーバー・アチーバー（過剰達成者）などといったように、子どもを、社会化の観点から公的に設定された規準、あるいは、教師の中に意識化された基準に照らして決めつけてしまうのである。

社会化過剰的人間観＝Oversocialized conception of man という言葉がある。これはアメリカの社会学者ロング（Wrong, D. H.）が提起した概念で、社会学においては、人間を社会化という観点からとらえることを大前提にしている点を批判しようとする概念である。「人間は社会的存在だが社会化し尽くされはしない」というフロイト的観点に立って批判しているのである。精神分析の創始者であるオーストリアのS・フロイトはリビドーといった心的エネルギーが人間に生得的なエネルギーとしてあり、発達とともに成熟すると仮定したことで有名であるが、人間にはそういう内的エネルギーがあるので、一方的に人間を外的に社会化しようとしても、し尽くすことは不可能だというのがロングの言わんとするところである。社会学では、社会化を社会規範の内面化ととらえ、規範への同調者を正常視してきたが、ロングはこれをまちがいだと批判したのである。

社会化過剰的人間観の背後には、人間は他者を受容する存在であるとか、社会的地位を求める存在だということを自明視する考え方がある。しかし、心的エネルギーといった内的なものは、自動的に他者を受け入れない側面があるということであろう。

しかし、デュルケム的教育観が問題なのは、フロイト的観点からだけではない。社会学的にも問題である。最近注目されている社会学理論に象徴的相互作用論（symbolic interactionism）という理論がある。これは簡単にいうと、人間は意味によって行動する、その意味は社会的な相互作用の過程において、人間による解釈によって生まれるというものである。教育のばあいに当てはめてみると、教師がある知識を子どもに教えようとしても、すなわち社会化しようとしても、教えようとしている教師を子どもが嫌いだと思ったり、教師が教えようとしている知識は重要ではないと考えるならば（たとえば、試験には出そうもないとか、自分の将来にとっては無意味だなどと考えること）、その子どもは教師の思惑どおりに社会化はされないであろう。このような意味においても、教育を方法的社会化だととらえてしまうことには問題があるのである。〝一寸の虫にも五分の魂〟ということである。

もちろん教育においては社会化という側面を無視してはならないであろう。それがなくては、社会の存続が危うくなる。人間としての生き方などは一人ひとりちがってよいであろうが、各人が自分勝手に行動しては社会全体が混乱してしまうであろう。社会のルールが守られないと社会は維持できないであろう。その意味で社会規範を尊重する態度を養うことは重要である。

しかし、以上のような理由から、期待通りに社会化されないからといって、一刀両断に逸脱者扱いをしてしまうことには大きな問題がある。いま、教育改革においては子どもの個性を尊重しなければならないとか、個性を育てるといったことや、また、知識修得型の学力観を転換して、「生きる力」をはぐくまなくてはならない。そのためには体験が重要であるということが叫ばれているが、このような転換を図るには、まず第一に、以上に述べたようなデュルケム的教育観から脱出することが必要であろう。

2. 子どもを包括的に観る

第二に重視したいのは、子どもを全体として包括的に観るということ、すなわち、ホリスティックに観るということである。これは、全体は部分の単なる合計以上であるという考え方である。

ある一人の人間について、どんなに部分を細かく説明しても、その人間の全体を把握することはできないであろう。たとえば、頭髪の本数、鼻の高さ、目の形や色、身長、体重、皮膚の色、などをいかに説明しても、その人がどういう人であるかの全体像をつかむことはできないということである。

ところが、これまで教育においては、このような部分的な人間把握をしてきたのではないだろうか。数学への関心・意欲・態度はどうか、数学的な考え方はどうか、数学的な表現・処理はどうか、などといったように学力をまず各教科に分断し、各教科をさらに細かい観点に分断して子どもを診断し、それらを総合して全体を評価しようとしてきたのである。

これは自然科学的なやり方である。自然科学においては、研究の対象を、肉眼では観ることのできないミクロな世界にまで分断して、それを機械によって観察し、その結果を総合して対象を理解しようとしてきた。自然科学の応用分野である医学のばあいで考えてみると、脈拍、血圧、体重、眼圧など、部分的なデータを測定し、それらを総合して全体の診断が下されることは、だれもが経験しているであろう。これは機械論的な人間観を土台として、病気を肉体の部分的故障とみなす西洋医学である。

いまわれわれが反省しなくてはならないことは、このような機械論的な人間観である。医学においても、また、教育の分野においても、すでにこのような反省が強まっている。ホリスティック医学とかホリスティック教育というのは、そういう反省にたって、新しい医学や教育学をつくろうという運動である。もちろん、部分を評価してはならない、ということではない。部分の評価を行うことは必要であろうが、重要なことは、そのような部分の評価を積み重ねて全体を把握しようとする評価観を転換しなくてはならない、ということなのである。

包括的な評価観を示す一つの象徴的なエピソードを紹介しよう。ある校長先生の話である。その学校には普段から問題視されていた生徒がいた。部分、部分に欠陥があったということであろう。ところがその生徒が運動会において、他の生徒たちの下敷きとなって頑張っている姿を校長が見い出し、それをすかさず写真に撮り、

「男の顔」という題をつけて廊下にかかげたところ、その生徒に見ちがえるような変容が生まれたというのである。

生徒の姿を写真に撮るというのが「包括的に観る」ということである。顔は身体全体の部分ではあるが、校長は生徒の顔自体を評価しようとしたのではない。顔という部分を通して、人間全体を直観的に理解しようとしたのである。部分と部分とを総合して全体を把握しようとしたのではなく、一つの部分を観ることによって全体を観ようとしたのである。さらに、ここで注目したいのは、そのように包括的に観られた生徒に変容が生まれてきたということである。変容といっても、急に算数の学力が向上したということではないであろう。すなわち、部分が変容したというわけではない。やはり全体が変わってきたということであろう。よって注目すべきは、包括的把握のもつこのような教育的な力である。

これからの教師に求められるのは、子どもの全体を自分の目や心で包括的・直観的に観る態度である。

3．自分の専門教科に固執しない

第三に望みたいことは、自分の専門教科に固執しないという態度である。教師はだれしも「自分は数学が専門だ」とか「物理が専門だ」というように専門について誇りのようなものをもっているであろう。それはアイデンティティといってもよい。それはそれで重要であるが、これからの教育においては、知識をいかに総合するかということが求められている。教育課程審議会において、中央教育審議会の答申に基づき、「総合的な学習の時間」の導入を決定したことは、そのことを示す重要な一つの動きである。

しかし、教師が自分の専門とする教科を他の教科・科目とは独立した閉じられた知識の体系であると考えてしまっては、せっかく「総合的な学習の時間」が教育課程の中に位置づけられても、教師の教科エゴがあるかぎり、それは形骸化していくことであろう。教科エゴの払拭が求められるのは、「総合的な学習の時間」についてだけではない。「各教科」における授業の中でも、それぞれの教師に他の教科と関連づけるような努力が求められるのである。小学校のばあいは、一人の教師がほとんどの教科を教えるが、それでも心の中には教科という意識の壁が存在しているであろう。

　われわれがあらためて認識すべきことは、教科は知識の一つの分類方法にすぎないということである。「各教科には各教科に固有の論理がある」という言い方があるが、生活の中では知識は教科別に使われるわけではない。「生きる力」をはぐくもうというのであれば、各教科の授業においても、総合的な生活知の観点を忘れてはならない。筆者は教育課程審議会と並行して行われた「高等学校教育の改善充実に関する調査研究協力者会議」の座長をつとめたが、そこでは教科を従来とはちがった形で分類することが検討された。たとえば、言語的な能力の育成という観点から、国語と数学とを同じカテゴリー（部類）でくるという案も出された。

●引用文献

(1) 吉村融「観念」『現代思想事典』一〇七ページ。
(2) 目的と目標は区別すべき用語であるが、ここでは目的をも含めた言葉として「目標」を使っておく。
(3) 河野重男『教育経営』第一法規、五四ページ。
(4) 新堀通也『教師の権威』帝国地方行政学会、一三〇ページ。
(5) テクノロジーを「物テクノロジー」と「人テクノロジー」に分類しているのは、Robert Chin で次の論文においてである。"Designing Education for the Future," an Eight State Project, Denver, Colorado, *Research Report and Technological Notes*, #94, Boston University, 1967.
(6) Egon Guba, *The Basis for Educational Improvement*, Bloomingdale, Indiana : The National Institute for the Study of Educational Change, 1967.
(7) E・P・トランス著、野津良夫訳『才能教育の心理学』九六六、三〇～三七ページ（原文は Gifted

Children in the Classroom)。トランスの主な著書にはこのほか“Guiding Creative Talent”（佐藤三郎訳『創造性の教育』）がある。

(8) 拙稿「学校経営からみた指導システムの最適化」（『教職研究』一九七二年・一一月号）や森・新井編著『教育経営と教育工学』（帝国地方行政学会）などを参照されたい。

(9) ホワイトヘッド（Alfred North Whitehead）は、*The Aims of Education*（1929）において、次のように述べている。

We enunciate two educational commandments, ‘Do not teach too many subjects’, and again, ‘What you teach, teach thoroughly.’

The result of teaching small parts of a large number of subjects is the passive reception of disconnected ideas, not illimined with any spark of vitality. Let the main ideas which are introduced into a child’s education be few and important, and let them be thrown into every combination possible. The child should make them his own, and should understand their application here and there in the circumstances of his actual life.

第三章

教育経営の原理3——柔軟な教育課程経営

教育経営には第一章で述べたように計画性が求められる。しかし、これからの教育においての計画性というのは、決められたゴールに向かって一つの道を設定して、その道をひたすら走って、少しでも早くゴールに到達することではない。教育課程の英語にあたるカリキュラム＝curriculumは、もともと競走路を意味したが、近代化の名のもとに発達してきた現代の学校教育の経営は、このような意味での教育課程を経営することであった。いま二十一世紀を迎えて教育経営に求められていることは、このようないわば硬い教育課程経営ではなく、柔軟な教育課程経営である。それはなぜか。また、柔軟な教育課程経営とは何か。本章ではこうしたことについて考えてみよう。

第1節　現代の学校における基本原理

現代の学校における基本的な原理は、限られた資源の中で、最大限の効果をあげるという意味での「効率」(efficiency)であるといってよいであろう。教育機会の均等化という理念を実現するために発展してきた現代の学校は、現実はともかくとしても、国民に教育機会を平等に保障するということを建て前として発展してきた。しかも、それは「国民」という均質の人間を形成するという課題を背負っていた。

「効率」という原理は、そのような建て前と課題の当然の帰結であった。すなわち、大量の人間を同時に教育するという課題のもとでは、限られた時間、空間、その他の諸資源の枠の中で達成することが要請された。たとえば、現代の学校においては、教育の時間は決められている。その決められた枠の中で所定の成果があがらないと、教育は不成功と判定されてしまう。まず、学校教育の年限が決まっている。その年限の中で、決められた知識を修得させることができなければ、すなわち、一定の学力の向上がみられなければ、その教育は失敗であり、生徒は落ちこぼれと評価されてしまう。

現代の学校では、決められたことを決められた時間内に学習したものが「よい子」である。この問題は、「いじめ」がなぜ生まれるのか、という問題を考えることによってみえてくるところが大きい。教育の過程においては、発達の病理といわれるさまざまな現象がみられるが、なぜそのような機能が生まれるのだろうか。「いじめ」は児童・生徒の間の行為であり、「教師暴力」は教師の生徒に対する行為であるから、その主体は異なっている。しかし、問題の根は同じところにあるように思われる。いじめたり暴力を振るったりする者が、相手を問題だと思っているという点において共通している。問題だと思う理由は、さまざまであろう。しかし、理由はどうであれ、加害者が自分自身の心の中にある基準に基づいて、相手を評価していることに変わりはない。表向きは学校の規則であったり、社会規範であったりするばあいでも、それを理由にするかどうかは、行為者の心である。いじめたり、暴力を振るったりするのは、自分の心の中にある基準に照らして逸脱していると考えるからである。

このように「いじめ」や「暴力」の問題をとらえるならば、これが今日生じているさまざまな教育問題と根が同じであることが理解されるのではないだろうか。

「落ちこぼれ」や「登校拒否」も教育の問題となっているが、これもそれを問題とする者の側の基準から逸脱していると考えられるからである。「落ちこぼれ」のばあいは、到達すべきだと考えられている学力水準に、到達すべきだと考えられている一定の時間の中で到達していない者に対する烙印であり、「登校拒否」は、教育は学校においてのみ行われるべきで、学校に通って教育を受けることが正常であるという社会通念に従って与えられる烙印である。

以上に述べたことで重要な点は、問題とされる行為が客観的に存在するから、あるいは客観的に存在するだけで、問題が生まれるわけではなく、相手の行為を問題と考え問題とするからだということである。これは社会の問題がマスコミで報道されるから社会問題が生まれるのと同じである。大きな事件があっても、マスコミがそれをニュースとして取り上げなければ、それは社会問題化しないであろう。逆に、小さな事件でもマスコミが大きく取り上げれば大きな社会問題となるということもあるであろう。たとえば、「学級崩壊」という言葉で、教室で生じている子どもの多様な行動を問題として報道するがために、大きな「学級崩壊」という社会問題がつくられているのはその一例である。

第2節　ラベリング理論と社会統制

社会学にラベリング理論（labelling theory）という理論がある。先述した言葉を使うならば烙印理論とも呼べるものであるが、これは非行や犯罪などの存在を、その行為者と直接・間接にかかわる他の人びとの認知・評価によって説明しようとする立場である。非行や犯罪は、そのような行為を行う者が非行者とか犯罪者というレッテル（烙印）を貼られたために非行者とか犯罪者になるという点に注目した理論である。実は、以上に述べてきたことも、同様の考え方に立っているのであるが、同じことは「よい子」や「優秀児」にもいえる。つまり、誰かが「よい子」あるいは「優秀」と考えるから、「よい子」や「優秀児」が存在するのである。いいかえれば、いずれも、ある教育的あるいは社会的な基準に照らしてつくられるということである。

したがって、われわれが問題にしなくてはならないことは、「問題児」や「よい子」自体ではなく、それを生み出しているおおもとの基準そのものである。問題としなくてはならないのは客観的基準だけでなく主観的基準である。

従来、逸脱についての研究は、逸脱を行動自体の性質・内容によって判断し、その原因を、行動者自身の条件——たとえば、パーソナリティや家庭の背景——によって説明しようとしてきた。しかし、近年、逸脱を行動者自体の性質ではなく、他者によって、規制と制裁がその行為者にレッテルとして適用された結果であるととらえるラベリング理論が注目されているのである。逸脱しているか逸脱していないかは、他者による定義づけ（きめつけ）によって決めることであり、このような定義づけは、逸脱者として定義づけられた個人が属している集団の統制作用であるという考え方である。この点を少し敷衍して考えてみよう。

子どもたちは、ある単一の基準に基づいて評価され、選別されている。それは、人間のごく一部の能力についての評価であるにすぎないにもかかわらず、それによって子どもたちは、「よい子」「わるい子」「普通の子」といった評価を下されていることが多い。親や教師によるこのようなステレオタイプ化した人間評価は、さまざまな場面における親や教師の子どもに対する態度の中に、微妙な形で反映しているにちがいない。

子どもの行動がまったく同じであっても、「よい子」のそれは許し、「わるい子」のそれには制裁を加える、ということがあるのは、その一例である。これは教育の名のもとにおける「いじめ」であるともいえる。

ここで社会統制（social control）ということについてふれておくことにする。

社会統制というのは、社会やその内部の集団が秩序を維持するために、内部で発生する逸脱や緊張などを事前に防いだり、事後的にそれに対処して、均衡を回復すること、また、その過程を指している。それは国家、最近では、国家を越えたグローバルなレベルにおいて行われるだけでなく、家庭、学校など社会における多様な組織や多様なメディアがそれを担っている。

社会統制の手段のことを制裁（サンクション）というが、社会学においては、これは同調（集団内の他の人々と同じ意見・態度をとることで、適応とほぼ重なる概念である）を促す正のサンクションと逸脱を阻止する負のサンクションとに大別される。そしてそれぞれが事前的なものと事後的なものに分けられる。

正のサンクションは、事前的に奨励、事後的には褒章の形が、また、負のサンクションは、事前的には禁止、事後的には懲罰という手段がとられる。社会統制の手段は以上のように分類できるが、いずれも制度化されたものだけでなく、慣習化されたものも含んでいる。たとえば、正のサンクションには、叙勲のような制度化されたものだけでなく、親切な行為に感謝状を出すといった慣習化されたものも含まれる。また、負のサンクションは、法律や規則で禁止したり処分したりする方法だけでなく、口頭での威嚇、仲間はずれ（たとえば、むかしは火事と葬式の二分を除く一切の生活を村ぐるみで絶交する村八分）、ボイコット、嘲笑、非難などの非制度的なものも含んでいるのである。

さて、ここで再び、「よい子」の問題を考えてみよう。「よい子」は「わるい子」と同じように親や教師などの他者によって定義づけられた結果として生み出される存在であるが、なぜそのような定義づけが行われるのだろうか。サンクションには、事前の正のサンクションとしての奨励、事前の負のサンクションとしての禁止、事後の正のサンクションとしての褒章、事後の負のサンクションとしての懲罰という四つがあるが、「よい子」もこれに対応させて四つのばあいがあると考えることができる。

親が定義づけを行うばあいを想定してみよう。「よい子だから○○さんのお宅にいったら、きちんと挨拶するんですよ」というのは事前の正のサンクションとしての奨励である。言葉だけでなく、子どものほしいものをあらかじめ買ってやるばあいも同じであろう。「よい子だったから、ごほうびに何かほしいものを買ってあげましょう」というのは、事後の正のサンクションとしての褒章に当たる。「よい子はそんなことするものではありませんよ」というのは事前の負のサンクションとしての禁止である。

最後の、懲罰は、以上の三つのサンクションとは異なっている。奨励、褒章、禁止は実際に与えられるものであるが、懲罰はさしひかえられたり、割り引いて考えたりされるものである。たとえば、「よい子」と普段から思っていると、何か問題を起こしたばあいも、「あんなよい子がそんなことするわけがない」と思って、懲罰に手心を加えたりするというのがそれに当たる。「よい子」と思っていないと、たいしたことでもないのに重い懲罰を加えるというのは、その裏返しのサンクションといってよいであろう。

社会では、犯罪者が前科の有無によって事後の負のサンクションの程度が異なったり、善行があっても、前科があると事後の正のサンクションとしての褒章が取り止めになったりするのと同じで、家庭においては、子どもが大人になったばあいに立派な社会人に育ってくれるようにと願って、親は「よい子」という切り札を掲げて、「しつけ」という社会的統制を行っているということになる。

社会学の祖エミール・デュルケム（Émile Durkheim, 1858~1917）は、教育を「成人世代が社会生活に未熟な世代に対して行う方法的社会化」と定義した。教育の目的は、子どもが将来参加するであろうところの社会や集団などの要求する一定の身体的・知的・道徳的状態を子どもの中に出現させ、かつ発達させることにあるというわけであるが、このような教育観は、以上に述べた社会統制という観点に立ったものである。

第3節 「効率」原理の支配を超える

問題にしたいのは、右のような教育観である。以上においては、「よい子」とか「わるい子」が、子どもの客観的事実ではなく、子どもに対する大人の側の主観によってつくられていくという側面に注目してきた。方法的社会化という教育のとらえ方も、同じ考え方にたっている。子どもに内面化しようとする身体的・知的・道徳的状態は、親・教師が望ましいと考えるそれである。しかし、ここには成人世代として反省すべき点がある。相手が社会的に未熟な世代であるばあいには、方法的社会化という教育観は重要である。「よい子」を育てるべく、「よい子」を持ち出してほめたり、しかったりすることは重要である。

しかし、教育の本質は社会統制の手段としての方法的社会化というとらえ方だけでは不十分である。教育は大人から子どもへの一方的な価値付与作用なのではなく、教える者と教えられる者との間の相互作用によって機能していくものである。その相互作用は、親・教師と子どもによって一様ではない。お互いの定義づけ・承認の仕方や役割期待の内容は、決して一般的ではなく、個々の大人対子どもという関係である。教師は同一であっても、ある生徒はその教師を尊敬し、ある生徒は軽蔑するということがあることを想起すれば、そのことが理解されるであろう。

教育が右に述べたごとく、相互的な価値付与作用であるということを、「よい子」のばあいについて考えてみよう。

親は、お客さんの前できちんと挨拶できる子、よい学校に進学してくれる子、家業をついでくれる子を「よい子」であると価値付与をしても、子どもはその価値をすなおに受け取るとはかぎらない。学校では、教室の秩序を乱さない生徒は「よい子」であり、学級を崩壊させるような子は「わるい子」である。しかし、生徒の側には生徒なりの正当化があるであろう。

たとえば、英国の社会学者P・ウィリス（Paul Willis）は、中等学校の生徒を参考観察により調べた研究の成果をまとめた社会学の名著『ハマータウンの野郎ども』[1]において、生徒を「耳穴っ子」（ear 'oles＝ear holes）と「野郎ども」（lads）とに分類しているが、前者は教師のいうことをすなおに耳に入れる「よい子」であり、後者は、自分たちが卒業後入っていく労働者の世界の価値を重要視し、教師が価値をおいている知識・態度などには耳をかさない「わるい子」である。

教師で重要なことは、親や教師が一方的に自分たちの「よい子」という言い分を押しつけようとするのではなく、「わるい子」の抱いている価値にも耳をかすことであろう。「わるい子」の言い分を手放しで肯定せよというのではないが、彼らの付与している価値にも親・教師は耳をかす必要がある。先に述べたラベリング理論は、わるいレッテルを貼るとレッテルどおりの人間が育つという論であるが、これはレッテルがそれを貼られた人間にとって自己破壊的予言として働くからであろうが、逆に、よいレッテル（たとえば、お前は将来偉くなるにちがいない、といったレッテル）は、それを貼られた人間には自己成就的予言(self-fulfilling prophecy)として作用し、実際に偉くなるということがあるであろう。

ここで重視すべきだと思うことは、よいレッテルをある人に貼るということは、他の人には「よくない」というレッテルを貼っていることにもなるという点である。たとえば、お兄さんがほめられたために、弟がひがんでしまうというのは、その一例である。

以上のような問題の重要な根源の一つは、学校が「効率」という原理に支配されていることによるといってよい。いま、学校の求められているのは、このような「効率学校」をいかに超克するかということであろう。ポストモダンなどということは、要するに「効率」原理の超えるところに、二十一世紀の学校の新しい地平がみえてくるものと思われる。これからの教育経営は、このような問題意識に立って行うことが重要である。

第4節　機能的評価による目標管理

前節で指摘したように、これからの教育経営においては「効率」原理の支配を脱して、柔軟な教育課程の経営が重要な課題となるが、その中で、特に強調したい点は教育目標をどのように管理するかということであろう。そういう意味で、次に、目標管理をどう考えたらよいかについて述べることにする。

1．教育目標の手段性

原始的な社会であろうと、高度に文明の発達した社会であろうと、すべての社会はその構成員を社会化するための手段、すなわち構成員にその社会の一員として認められるのに必要な知識・価値・態度・技術を与えるための手段をもっている。前近代的な社会においては、この社会化の過程は主として家族や親族集団や地域社会の機能であった。それは、フォーマルなものではなく、インフォーマルなものであった。しかし、社会構造の規模が拡大し複雑さが増すにつれて、社会化機能の多くは次第によりフォーマルな機関に譲りわたされていった。公的な性格をもつ事業として組織された学校システムはその最終的な形態であるといえよう。

フォーマルということは、特定の目的とそれを達成するための組織が備わっているということである。つまり、合目的的であるということである。目的（ゴール）と手段とが意図的に結合されることである。この目的と手段との意図的結合の過程が計画＝プランニングであることについては、すでに第一章で述べたところである。

ここで教育の目的（ゴール）といっているのは、教育的行為が志向している。幅の広い、長期的な、価値志向的理念とそこから派生するより具体的な目的である。この目的をいかに定めるかは、国によって、また時代によって異なっているが、現在のわが国においては、それは日本国憲法—教育基本法—学校教育法—学習指導要領という法体系の中で実体として規定されている。各学校はこのような法体系の中で定められた目的を実現するために、教育目標を設定し、カリキュラムを編成するのである。したがって、各学校が設定する教育目標は、右のような法体系の中で定められた目的を達成するための手段の系列に属するものといってよい。各学校は、学習指導要領に示された目標を基準として、学校が置かれた地域や学校自体の実態、児童・生徒の心身の発達段階や特性に即して教育課程の編成を行うべきこととされているが、これは各学校が右のような目的や目標を各学校に固有の条件によって修正したり、あるいは別の目的を設定すべきだということを意味しているのではない。各学校は、目的・目標を実現するための手段としての目標の設定を、さまざまの条件を考慮して行うべきだとされているのである。教育基本法に示されている「教育の目的」(第一条)や「教育の方針」(第二条)は、特定の学校段階や学年に関するものではなく、教育一般についての目的であり、方針であるという意味で、goal(ゴール)ということができる。また、学校教育法に示された学校段階別の目的と目標(小学校は第一七、一八条、中学校は第三五、三六条、高等学校は第四一、四二条、大学は第五二条など)や、学習指導要領に示された、教科別、学年別の目標はaims(エイム)ということができる。それに対して各学校が設定すべき教育目標はobjectivees(オブジェクティブ)と呼ぶことができる。このように教育の目的・目標はゴール-エイム-オブジェクティブという系列によって構造化されているのであるが、これを目的—手段の系列としてみるならば、ゴールとエイムは「目的」に、また、オブジェクティブは「手段」に位置づけられる。

各学校の教育目標は右に述べたように、目的—手段系列における手段に位置づけられるべきものである。しかし、現実にみられる各学校の教育目標は、一般にこの「手段」という性格を欠いている。

「手段」の評価は目的をどの程度達成できたかによって行われるが、有効な手段は、目的から一義的に決まってくるのではない。つまり、Aという目的にAという一つの手段が普遍的に存在しているわけではない。Aという目的を達成するための手段は複数存在している。しかし、どの手段が最もよいかを一般論として決めることはできない。他の手段の利用可能性、費用、時間、快適さなどさまざまの要因を考慮したうえで手段が選択されるのである。ところが各学校の設定している教育目標は、目的を達成するための手段の体系でなければならないにもかかわらず、実際には目的として設定されているようである。各学校の具体的な教育目標は、地域や児童・生徒の実情や実態とどのような有機的連関のもとに設定されているのか不明であることが多い。また、それが学校の現実の人物・物的・財政的条件の中で果たして達成することができるのかどうかも疑問に思われることも多い。

そこで次に、個々の学校における教育目標の設定に当たって考慮すべき基本的な要因を考えてみよう。

2．教育目標の設定に当たって考慮すべき基本的要因

(1) 環境要因

教育的環境　第一に学校の教育活動は、学校の中において行われるだけでなく、学校が置かれている地域に存在するさまざまの教育的施設も利用されなくてはならない。また、児童・生徒の学習活動は、学校以外の教育的機関においても行われている。したがって、教育目標の設定に当たっては、学校のまわりにある教育施設の設置状況や、児童・生徒による利用状況などが明らかにされなくてはならないであろう。

非教育的環境　第二に、教育上適切でない環境の状況についても、おさえられていなくてはならない。単に学校のまわりについてだけでなく、児童・生徒の家庭、通学途上、行動地域などにおける環境が調べられなくてはならないであろう。

子どもの生活環境　第三に、子どもの生活環境が、適切な教材選択の観点からおさえられる必要がある。たとえば、家の近くに八百屋があり、普段それを親が利用しているためによく知っている子どもと、近くに八百屋がなくて、それについて知らない子どもに、八百屋についての指導を同じように行っても意味がないであろう。

(2) 児童・生徒の生活時間構造

環境要因と密接な関係があるが、児童・生徒の生活時間構造をおさえておくことも、目標をどう設定するかを考えるために重要である。ＮＨＫ総合放送文化研究所が行った調査によると、子どもの生活時間構造は、学年、性、知能の高さ、居住地域などよって異なっている。

長崎県の離島にある中学校を訪ねたとき、そこの校長さんが「今回の教育課程の改訂は困ったものだ」というので、その理由をたずねたところ、今回の改訂では「ゆとり」がメダマになっているが、島の子どもにはもともとゆとりがいっぱいある、というのである。つまり、都市のように塾もない島の子どもの生活の立場からみると、「ゆとり」を中心とした今回の改訂は逆コースだというわけであろう。もちろん、今度の改訂についてのこのような評価は、正しい理解に基づいたものとはいえないかもしれない。ここで重要なことは、教育課程の編成が子どもの全生活構造との関連において行われなくてはならない、ということである。各学校は教育目標の設定に当たって、子どもの生活を全体として把握する必要がある。

(3) 学校の内部要因

教職員構成　学校レベルの具体的な教育目標の設定に当たっては教職員の構成も深い関連をもっている。たとえば、水泳に優れた教師がいる学校であれば、水泳の上達を教育目標としてかかげることが重要であろう。したがって、構成は単に性別、年齢別、保有免許状の種類などについてだけでなく、得意とする指導領域や指導方法などについても明らかにされる必要があるであろう。

施設・設備　体育施設のないところで体育を教えることはできないし、また、理科教育の設備のないところでは十分な理科教育を行うことはできない。したがって、自校に固有の教育目標を設定するに当たっては、自校の施設・設備のインベントリーを常に整理して、それを学習指導の領域や方法と有機的に関連させておく必要がある。

児童・生徒　児童・生徒については、すでに述べたような生活時間構造のほかに、学習の到達度がおさえられていなくてはならない。到達度は数値化した平均点とか、学年あるいは学級における相対的な順位などによって示されたものではなく、具体的なものでなくてはならない。たとえば、漢字学習であれば、点数は同じであっても、書くことのできない字は子どもにより異なるわけであるから、どのような字が書けないか、といった具体的なレベルで整理されているのでなくてはならない。数字による段階的評価や平均点は、ばあいによっては、教師の学習指導にマイナスの影響を及ぼすことも多い。なぜならば、右のような単純な評価は、児童・生徒の次の段階において期待される学習到達度についての教師の観念を固定させ、そのことによって、児童・生徒の学習の伸びを制約してしまうという効果をもつことが多いからである。一般的には、教師の児童・生徒に関する情報は多いほど好ましいと考えられるが、しかし、学習指導にマイナスに働く情報もあることを知るべきであろう。

学校運営費　学校運営費は、教育効果を支える諸条件の中でも、きわめて重要な位置を占めている。したがって、具体的な教育目標はこの学校運営費を考慮して設定することが必要であろう。

以上に示唆したように、個々の学校は、その学校の子ども、父母、地域の教育的要求や諸条件、学校の内部の諸条件を、教師の専門性において把握し、学校としての教育目標を設定する必要があるが、ここで再び想起すべき重要なことは、目標は目的達成のための手段であるということである。このことは教育実践活動は、目標が達成されたかどうかというレベルだけで評価されてはならない、ということを意味している。つねに目的との関連性が考慮されなくてはならないのである。

もう少し具体的に考えてみよう。Ａという目的を達成するために、ある学校はａという目標を設定したとする。そしてａを実現すべく行われた教育実践活動の成果として子どもの中にａが達成されていれば、もちろんその教育実践は成功である。しかし、ａでなくｂが達成されていたら不成功であったと簡単に結論づけることはできない。Ａという目的を達成するうえでａのほかｂも適切であるかもしれないのである。あるいはａよりｂのほうが適切かもしれない。また、ａは不適切でｂが適切かもしれない。しかし、もし、目標が目的を達成するための手段であることを忘れ、目標との関連だけで子どものパフォーマンスが評価されるならば、ｂは切り捨てられることになってしまう。したがって、教育実践の成果としての子どものパフォーマンスは、トータルに評価されるのでなくてはならない。つまり、目標が現実に果たした機能をトータルに評価する必要がある。そのことによって、はじめて「手段性」を基本的性格とする教育目標の修正も可能になるといえよう。これを「機能的評価による目標管理」と呼ぶことにしたい。

第5節　教育課程観の拡大——潜在的カリキュラムを視野に入れる

1. カリキュラムという概念について

柔軟な教育課程経営というばあい、教育課程自体をどうとらえるかということが重要である。教育課程は英語ではカリキュラムというが、まずこのカリキュラムという概念について考えてみよう。

カリキュラムという言葉は、先述したように語源的にはラテン語で、競走馬のレースコースを意味しているが、教育学においては、元来、児童・生徒・学生が学校で履修する特定の学習プログラム(the particular program of studies)を指す言葉として使われてきた。しかし、一九四〇年代ごろから、カリキュラム概念は「学校の方針に従って生起する子どもの学習活動または経験のすべて」というように、その意味が拡大してとらえられるようになった。つまり、伝統的には、social studies curriculum とか physical education curriculum、つまり「社会科カリキュラム」とか「体育カリキュラム」というように、各教科または科目ごとの学習プログラムについてカリキュラムという用語が使われたのであるが、次第に、特定の教科、科目ではなく、すべての教科、科目を含めたものとして使われるようになり、さらに教科、科目のみでなく、それ以外の活動で、学校によって組織されているものを含めてカリキュラムと呼ばれるようになってきた。これは世界的な傾向であり、わが国においても同様であった。第二次大戦前においては、カリキュラムに相当する日本語として、教育課程と教科課程という二つの言葉があり、また、第二次大戦後においても、しばらくの間は、教育課程と教科課程という言葉が不統一のまま用いられていたが、次第に教科課程という言葉は使われなくなり、教育課程のみが使用されるにいたった。このような変化は、教科以外の諸活動についても学校は計画的、組織的に取り組まなくてはならないという考え方が強まってきたことによる。アメリカにおいても、かつては教科外の活動を extra-curricular activities つまりカリキュラムの外にある活動と呼んでいたものが、次第に co-curricular activities などの用語に変化してきているのは、同様の思潮によるものである。

それではこのような概念の拡大、考え方の変化は、いかなる理由によるものであろうか。

それは子どもの成長・発達が、単なる頭脳が働く過程（mental process）というよりは、総合的な過程（the total process）として理解されるようになってきたこと、そしてそのような成長・発達は、教室の中の活動だけではなく、学校の中で行われる活動全体（the whole school program）によってこそ可能になるものであるという認識が高まったことによるものといえよう。また、学習は教科内容の単なる受動的受容によってよりは、積極的な参加によって成立するものだという認識に基づいている。

しかし、カリキュラム概念は、最近さらに拡大しつつある。つまり、単に、教科、科目その他学校によって、組織された教育活動だけをカリキュラムとしてとらえるのではなく、学校における知識の提供や学習経験のすべてをカリキュラムであるとするのである。イギリスにおける教育社会学者であり、カリキュラムについての研究者として最近注目されているエグレストン（John Eggleston）も、その著『学校カリキュラムの社会学』において、右のような拡大されたカリキュラム概念に基づいてカリキュラムを論じている。[(2)] このようなカリキュラム概念に従うならば、カリキュラムの中には、学校教育計画として明示されたものだけでなく、それ以外の要素も多く含まれることになる。教師は基本的には学校教育計画に基づいて教育指導を展開する。しかし、実際に展開する教育指導の姿は、個々の教師によって異なっている。同一学年の同一の教科の同じ単元の指導のばあいでも、それを誰が教えるかによって指導の具体的な姿はきわめて大きく異なってくる。同じ人間が同じ単元を異なる学級で教えるばあいでも、全く同じ授業が展開されるということはまずもってないであろう。学校では一般に、各年度のはじめに年間教育計画（名称はさまざまであるが）が設定され、それに基づいて学年ごと、あるいは教科ごとに指導の進度などについて打ち合わせが行われる。しかし、これはいわばフォーマルなカリキュラム（formal curriculum）などと呼ばれるものであって、個々の教師はこのフォーマル・カリキュラムの枠内において、それぞれ創意工夫をこらしながら授業を行っている。これはそれぞれの教師にとっては計画的なものであろうが、学校・学年・教科ごとに定めた公式のものではない。その意味で、これはインフォーマル・カリキュラム（informal curriculum）などと呼ばれている。

さて、ここでもわれわれが考えてみなければならない重要な問題は、右のようにカリキュラムを単にフォーマルなものだけでなく、インフォーマルなものをも含むものとしてとらえることにはいかなる意味があるのか、ということである。

答えを端的にいうならば、カリキュラムをそれを組織する側ではなく、子どもの側に立ってとらえる、ということであろう。言葉を変えていうならば、カリキュラムを機能的概念としてとらえよう、ということなのである。つまり、何を教えるか（教えたか）という観点からではなく（伝統的なカリキュラムはこの観点に立っていた）、子どもが何を学習をしたか、という観点に立ってカリキュラムをとらえようというのである。

たとえフォーマル・カリキュラムは同じであっても、教室の中における実際の授業の展開が異なったものとなるのは、子どもの実態が学級によって異なっていることによるところが大きい。もちろんそれだけではなく、教師の指導力、教育観、過去の経験などさまざまの要因も深い関係があろう。しかし、タテマエとしていうならば、インフォーマル・カリキュラムが学級によって異なってくるのは、各学級の子どもの実態が同じではないことによると考えるべきであろう。

このように、カリキュラムを機能的にとらえるならば、たとえ教師の側に指導という行為があっても、子どもが学習をしていなければ、それは機能的にはカリキュラムであるとはいえないことになる。しかし、現実には、子どもの側に学習が全くない、ということはないであろう。子どもは教師が教えようと思ったことは学ばなくても、それ以外のことを学んでいることが多いはずである。いずれにしても、子どもが教師の教えようと意図したことがら（フォーマル・カリキュラム）を、意図どおりに学んでいることはきわめて少ないように思われる。このことはテストの結果をみればよくわかる。大学においても、学生のレポートを読みながらつねづね感じさせられることは、自分の話したことがらがいかに不十分に、ばあいによっては不正確に、また、まちがって理解されているか、ということである。これは教師の責任でもある。しかし、満点に近い点をとる者もいるのであるから、学生の側にも要因がある。しかし責任の所在はともかくとして、学習の深さや内容は、学生によってまちまちである。全く答案の内容が同じであれば、それは学生同士の麗しい協力関係の所産であるにすぎないのであって、同一の答案を書いた学生がみな同一の学習をしたことを意味するものではない。とにかく、学習は十人十色である。したがって、機能的立場に立つならば、カリキュラムは学生の数だけ存在することになる。

さて、以上のように、カリキュラムというものを、教育の客体である児童や生徒や学生が学習をしたかどうか、また、何を学習したか、という観点に立つならば、当然のことながら、教育の客体の学習に寄与するすべての要素が考慮されなくてはならないということになる。つまり、学校の教師によって意図的に組織され計画された知識や経験以外のもので、児童・生徒たちの学習を規定するものをもカリキュラムとして位置づけていくことが必要となる。前者、つまり学校や教師によって意図的に組織された知識や経験の体系は顕在的カリキュラム、後者、つまり顕在的カリキュラム以外のもので学習を規定する要因を潜在的カリキュラムと呼ぶことにする。これはマートンの顕在、潜在という概念に基づいて名づけたものである。(3)

R・マートンによれば一般に「機能」の中に「顕在的機能」だけでなく「潜在的機能」という概念を導入することには「一見非合理的な社会型式の分析を明らかにする」という意義があるという。つまり、「現存する多くの社会慣行について、たとえその顕在的目的が明らかに達成されていないばあいでも、それらを社会学的に解釈する助けとなる」ということである。マートンはこのことを説明するための事例としてホピ族と呼ばれる未開民族の雨乞いの儀式をあげている。この儀式の顕在的目的はあくまでも雨を降らすことである。しかし雨乞いによって雨が降ることはない(偶然に降ることはあるかもしれないが)。マートンがいわんとしているのは、雨乞いが期待どおりに（顕在的目的どおりに）効果を生まないからといって、雨乞いは単なる迷信的な慣行にすぎない、つまり機能的ではない、と結論づけるべきではないということである。気象学者であればそのように結論づけてもかまわない。しかし、社会学者としては「雨乞いの儀式に参加するホピ族の個々のパーソナリティに影響を及ぼす結果や包括的集団の存続と持続に影響を及ぼす結果」に注目しなくてはならない。儀式は「儀式に際して、各地に散在する集団の成員が集合して共同活動に参加する定期的な機会が与えられるので、儀式は、集団的同一性を強化するという潜在的機能を果たしているといえる」のである。集団的同一性の強化は、ホピ族にとっては意図した結果ではない。したがってそれは潜在的機能である。

以上のことを教育のばあいについて考えてみよう。

教育という営みは、雨乞いのように簡単に合理的であるか非合理的であるかを判断することはきわめて難しい。雨乞いをしても雨は降らないことは科学的にも明らかなことである。教育という意図的な人間形成作用が、その意図を実現するかどうかは、雨乞いの儀式のばあいとは異なり、自明ではない。しかし、教育的行為のばあいにも、意図したとおりの結果が生まれることはむしろまれであるとさえいえるかもしれない。その意味では、教育的行為は雨乞いの儀式としての性格を強くもっているといってよい。

さらにわれわれが注目しなくてはならないことは、雨乞いのばあいには、集団的同一性の強化という「潜在的順機能」があるだけなのに対して、教育的行為のばあいには「潜在的逆機能」を随伴していることが多いという事実である。

それにもかかわらず、われわれは教育的行為の評価を顕在的機能という観点からのみ行っていることがあまりにも多いのではないだろうか。「落ちこぼれ」とか「授業についていけない子ども」といった問題認識は、教育的行為を顕在的機能という観点からだけ評価して得られたものである。つまり、あらかじめ設定しておいた教育目標（＝教育の意図）が達成されない者が「落ちこぼれ」とか「授業についていけない子」として問題視されているのである。しかし、あらかじめ設定しておいた教育目標は達成されていなくても、別の結果が生まれているかもしれないのに、そのような側面は無視されてしまっていることが多いのである。

教育経営においては、教育活動を単に顕在的機能という観点からのみではなく、潜在的機能という面からも評価すべきであろう。そのことによって、潜在的機能は、次の段階における教育活動の顕在的機能に転化することが必要である。また、潜在的逆機能を随伴するようなばあいにはいかに顕在的機能が大きくても、その教育活動を再検討しなくてはならないであろう。

しかし、現実の教育においてはつねに目の前に子どもがおり、一定の結果が出るのを待ってからその段階の在り方を決めるのでは手おくれであるばあいが多いであろう。したがって、教育経営においては、可能なかぎり、教育活動の機能を総合的にあらかじめ予測することが求められることになる。

2．潜在的カリキュラムの経営

学習指導要領の総則には、「学校においては、法令及びこの章如何に示すところに従い、生徒（児童）の人間として調和のとれた育成を目指し、地域や学校の実態及び生徒の心身の発達段階と特性を十分考慮して、適切な教育課程を編成するものとする」と述べられている。つまり、教育課程の編成は各学校の課題とされているわけであるが、ここにいう教育課程は顕在的カリキュラムである。

しかし、いかに立派な顕在的カリキュラムを編成しても、それが機能しなければ「絵に画いた餅」と何ら異なるところはない。顕在的カリキュラムが機能するかどうかは、潜在的カリキュラムがどうなっているかによる部分がきわめて大きいのである。

すでに述べたところからもわかるように、潜在的カリキュラムを構成する要素はきわめて多様であるが、以下においては、教育経営にかかわると思われる若干の潜在的カリキュラムについて考察することにする。

教育課程、すなわち顕在的カリキュラムは各教師、道徳および特別活動（小・中学校のばあい）などから構成されることになっており、それぞれの目標や内容は学習指導要領に提示されている。各学校が教育課程を編成する際には、この学習指導要領に提示されている目標や内容に従わなくてはならないが、それだけでは十分ではない。「法令及びこの章以下に示すところに従い……」と述べられているように、法令に従うことも求められているのである。したがって、各学校が教育課程の編成に当たってまず第一に念頭に置かなくてはならないのは、教育の最も基本的な目的や方針などを定めた教育基本法であろう。各学校において展開される教育活動の目標は、教育基本法や学校教育法に定められている諸原理を実現するための手段である。

教育基本法には、第一条に「教育は、人格の完成をめざし、平和的な国家及び社会の形成者として、真理と正義を愛し、個人の価値をたっとび、勤労と責任を重んじ、自主的精神に充ちた心身ともに健康な国民の育成を期して行われなければならない」と教育の目的を規定している。これは各学校が教育課程を編成するばあいの大前提であることはいうまでもないが、それだけでなく、学校の内部的な組織を構造化する際の基本的原理でもなければならない。

一般に、学校の内部組織は教授組織と学校運営組織の二重構造になっているが、いずれの組織も、顕在的カリキュラムとしての教育課程を実施し、所期の成果をあげるという観点から考えられる必要がある。

それではどのように考えたらよいか。

まず第一に重要な点は、組織を静的にとらえるのではなく、動的にとらえるべきだ、ということであろう。言葉を変えていうならば、つくられたものとして、あるいはできあがったものとしてではなく、つくりあげていくものとしてとらえるべきだということである。さらにいえば、組織としてとらえるのではなく、組織化過程としてとらえるべきだということである。

このことは、組織が生きて機能するか否かは、組織がどのようになっているかではなく、どのようなプロセスを経てつくられたか、たとえば教師たちの主体的な参加によってつくられたかどうか、ということにかかっているということを意味している。組織の形態が一見いかに民主的になっていたとしても、それが非民主的過程によってつくられたものであれば、その組織は機能することはないであろう。

ただ、そのばあいに、基本的な大前提がある。それは民主的な人間を育成するということが教育の目標になっているならば、ということである。もし、非民主的な人間を育てることが目標であるならば、組織のほうも非民主的につくられるほうが機能的だということになる。組織ではなく、組織化過程が重要だというのはこのような意味においてである。

それでは組織化過程はいかなるものでなければならないか。

それは右にすでに指摘したことからもわかるように、組織を構成する者——教師やばあいによっては児童・生徒も——が責任をもって、自主的に、一人ひとりの価値をたっとんでつくっていくというものでなければならないが、これは「個人の価値をたっとび、勤労と責任を重んじ、自主的精神に充ちた心身ともに健康な国民の育成」が教育の基本的な目的になっているからである。

学校経営において組織化過程が重要視されるべきことは、ここで強調するまでもなく、すでに多くの人によって指摘されていることであり、そのことは教育経営にかかわる者は十分に認識していることかもしれない。

しかし、なぜにそれが重要であるかについては理解されているとは思われない。一般的には、組織が教師や生徒の主体的参加によってつくられることの効果は、そのことによって各人のモラールや学習への意欲などが高まる、というレベルでおさえられている。しかし、組織化過程の重要性はそれだけにとどまらない。教師のモラールの向上は、それ自体が目的である面もあるが、基本的には、子どもの教育指導に対する積極的な態度を生み、そのことによって子どもの学習成果を高めるというように、教育課程の効果を引き上げるための手段である。組織化過程におけるこの手段的側面も確かに重要であるにはちがいない。しかし、ここでわれわれが注目しなくてはならないのは、組織化過程はそれ自体が潜在的なカリキュラムとして機能するということである。たとえば、教師や生徒の自主的参加が組織化過程の特色となっているならば、その組織化過程は教育基本法に定められている「自主的精神に充ちた」国民を育成するためのカリキュラムとして機能するであろう。もちろん反面教師があるように、反面組織というのも考えられる。もし、官僚的組織化過程の下に置かれた子どもが全員非官僚的で自主的な人間になるとするならば、官僚的組織化過程が民主的組織化過程に優ると結論づけることができるであろう。しかし、軍隊生活を経験した者が全員反戦的になったということがいまだかつてなかったことから考えても、右のような極端なばあいは一般には考えられないことである。したがって、「自主的精神に充ちた」国民を育成することを目的とするならば、顕在的カリキュラムとしての教育課程をそのように編成するだけでなく、その教育課程を編成したり、実施したりするいわば環境のほうも、教師や生徒の自主的参加による組織化でなければならないであろう。

鶴見俊輔氏は、昭和五十六年五月三十日に千日谷会堂で行われた吉野源三郎さんの葬儀における弔辞の中で、吉野さんから聞いたという芦田恵之助についての小学生のころの思い出話を紹介している(4)(吉野さんは芦田の教え子であった)。

それは「かけっこで、すごくふとった生徒がビリになってもなげずに走りつづけ、ついにゴールに入った時、芦田先生が旗をもって走りよって、この子の肩をだくようにして、ふたりで笑いあったという話」である。先生が笑ったのは「軽蔑のわらいではなく、そのことがよくわかって同君も笑い、やがて運動会全体に笑いがひろがったということ」であり、「その中には、自分についた点数などは仮のものに見えてきて、もはや点数などにへだてられない、ともにそだつ場としての学校全体が（先生、生徒ともどもに）あらわれていました」というのである。

この「ともにそだつ場としての学校」は、どのようにして組織化されたのであろうか。それについては語られていない。しかし、おそらくその学校の組織は、教授組織も管理運営組織もともに、「ともにそだつ場」にふさわしいプロセスを経てつくられたにちがいない。

いかに素晴らしい教育課程を編成しようとも、潜在的カリキュラムがそれと有機的に結びついておらず遊離しているならば、仏つくって魂入れずである。

学校の内部的な組織構造を右のような視点より見直すことは、教育経営の重要な課題の一つといえよう。

●引用文献

(1) 熊沢誠・山田潤訳、筑摩書房、一九八五年。原題は *Learning to Labour*, 1977.
(2) Eggleston, John, *The Sociology of the School Curriculum*, Routledge & Kegan Paul, 1977.
(3) マートン著、森東吾訳『社会理論と機能分析』青木書店、一九六九年。
(4) 鶴見俊輔「ともにそだつ場としての学校そして社会」『図書』岩波書店、昭和五十六年七月、六二～三ページ。

第四章

学校の創造性

第1節　なぜ学校の創造性か

いま各学校は新しい学校の在り方の模索に積極的に取り組むことが要請されている。言葉を変えていうならば、学校に創造性が求められているということである。これは単にわが国においてだけではない。先進自由主義諸国の国際機関であるＯＥＣＤ（経済協力開発機構）の中に設けられているＣＥＲＩ（教育研究革新センター、セリと通称されている）においては、「学校の創造性」というテーマの共同研究プロジェクトが取り上げられた。セリのいう学校の創造性（creativity of the school）というのは、「学校がイノベーション（教育の革新）を採用（adopt）、修正（adapt）、生成（generate）あるいは拒否（reject）する能力（capacity）」のことである。

右のように、セリのような国際機関において、学校の創造性ということが研究課題に取り上げられたということは、いま多くの欧米諸国において、学校の創造性を高めるにはどうしたらよいかということが重要な課題となっているということを意味している。

それでは、なぜ学校の創造性がいま問われているのであろうか。さまざまな理由が考えられるが、なにより も指摘すべきことは、世界各国において、教育の革新（イノベーション）が一種の流行現象のように開発されながら実践の中に生かされていないということである。

イノベーションは、その伝播の研究者として知られるロジャース(Rogers, E. M.)によれば、「その採用に関連する単位によって新しいと認知されるアイデア、技術(practice)または事物(object)」のことを意味するが、具体的には、CAI(computer-assisted instruction)、VTR(video tape recorder)、OHP(overhead projecter)などといった新しい教育機器(つまり、事物)や、ティーム・ティーチング、無学年制(つまり、技術)などがイノベーションとしてあげられている。

ところで、これらのイノベーションが真の学校改革をもたらすかどうかは別として、わが国も含めた各国の実情をみてみると、イノベーションについての論議や教育機器の購入は盛んに行われているのにもかかわらず、個々の学校レベルにおいてはたいした変革が実現していない。

失敗には次のような三つのケースがあるといわれている。

(ア) いったんは望ましい方向に動きだしたものが、種々の阻害要因が発生して、挫折してしまったケース。

(イ) 新しい実践が、その効果や機能を十分に診断しないで採用されたケース。

(ウ) 個人の教師のレベルで行われていたイノベーションが、学校全体の中で制度化されなかったケース。

右のような失敗事例は、実践の新方式が学校外で始められたものにしろ、学校内で生み出されたものであるにせよ、そのまま受容するのか拒否するのか、あるいは修正して受容するかどうか、もし修正するとすればどのように修正するか、というさまざまの意思決定に問題があった事例である。つまりセリの創造性の定義に使われている用語を使うならば、学校が、イノベーションを採用、修正、生成、拒否する能力を欠いていたために失敗した事例である。

セリが学校の創造性の問題を取り上げるに至ったのは、右のような情況を背景としている。したがって、学校の創造性の問題は、学校にイノベーションの採用、修正、生成、拒否の能力をつけるためにはどうしたらよいかという問題に帰着する。

第2節　学校の創造性とは

学校の創造性という言葉は最近になって使われるようになったものである。ごく最近までは、子どもの創造性については多くの学者、特に心理学者によって盛んに研究され、論じられてきた。しかし、学校の創造性ということはほとんど問題にされてこなかった。

それでは一体、学校の創造性という新しい言葉は、いかなる概念を表しているのであろうか。

学校の創造性という言葉を耳にしたとき、われわれがまず第一に考えることは、教育の全体的なシステムの中で学校が果たすことができる、あるいは果たすべき、あるいは果たすことが期待されている機能であろう。

最近、現代社会における、というより未来社会における教育の新しい理念、あるいは実践方式として「生涯学習」（ライフ・ロング・ラーニング）とか。リカレント・エデュケーションが問題になっている。この二つは厳密には異なった意味をもっているが、いずれも、技術革新、職種の変化、情報化、都市化、国際化などの社会・経済の急激な変化、生産・所得の増大による国民の生活水準の向上、自由時間の増大、社会的正義の実現、国民の教育要求の増大などのさまざまの要請を背景にして生まれてきたという点で、共通の現代的意義をもっている。

このような生涯学習に対する多くの要請を、従来の教育活動の中心的な場であった学校だけが受けとめることができるかどうかが今日問われている。従来の学校は、一定の年齢的な時期のみを対象にしており、制度的に整備されている反面、柔軟性を欠いているなどの理由から、現代の社会的情況には必ずしも的確に適応できないのではないかという疑問が今日提起されている。したがって、学校の創造性という言葉を聞くと、右のような問いや疑問に対する一種のアンチ・テーゼであろうとわれわれは考える。これは個々の学校の役割や機能の問題ではなく、学校の全体システムのそれである。

学校の創造性という言葉を耳にしたとき、われわれはまた、個々の学校が果たすことができる、あるいは果たすべき、あるいは果たすことが期待されている機能のことを考えるであろう。現代の公教育体制の中では、学校教育の基本的な在り方は、国によってその程度や範囲は異なるにしても、国家的あるいは国民的なレベルにおいて決定される。国が教育の内容などについて何らの決定をしないばあいでも、試験制度が個々の学校の教育実践を規定している。

このような公教育体制の下において、個々の学校や教師の役割や機能が今日問われている。より基本的には個々の学校は、国のレベルで決定されたことがらを忠実に実施する単なる受動的な存在であるべきなのか、あるいは国のレベルなどで決定された一定のワクの中で主体性を発揮すべき能動的な存在であるべきなのか、あるいは全く独立にすべての意思決定を行う自律的な存在であるべきなのかということを考えることが、教育における重要な現代的課題の一つになっている。わが国において問題になっている〝学習指導要領の拘束性〟とか〝教育課程の自主編成〟は右の課題に深い関係をもっている。

学校の創造性という言葉からは以上のようにさまざまの問題や課題を引き出すことができるが、それは相互に関連し合っている。個々の学校の創造性を高めようとすることは、結局学校の全体シンテムの機能を高めることにつながっていくからである。そこで以下においては、学校の創造性を個々の学校の創造性の観点から考えてみようと思う。

ＯＥＣＤ（経済協力開発機構）は先進国家群の経済協力のための組織であるが、教育問題にも本腰を入れて取り組んでいることはよく知られている。ＣＥＲＩ（セリ）と略称されている教育研究と教育革新（イノベーション）のためのセンターが設けられていることからもそのことはよくわかる。このセリが、学校の創造性というプロジェクトに取り組んだ。このことは学校の創造性ということが各国において課題となっていることを示している。その理由は前節で述べたところである。

第3節　学校の創造性の規定要因

従来は個々の教師が革新過程における重要な要因であると考えられるのが一般的であった。したがって、個々の教師の行動を変容させれば、それに伴って他の教師の行動の変容も生じるであろうということから、教師を集団としてではなく、個別的に開発することに主な関心が注がれてきた。しかし、個々の教師の問題解決能力というものは、教師が機能するところの組織的枠組、つまり学校によって強く条件づけられているため、個々の教師の役割にのみ近視眼的に注意を注ぐべきではないということが最近認識されるようになってきたのである。

また、イノベーションの多くは、学校全体として実践されるべきであるということ、あるいは少なくとも学校全体に影響を与えるものであるということが認識されるようになってきた。たとえば、フレクシブル・スケジューリング（柔軟な時間割編成）だとかティーム・ティーチングのようなイノベーションは、一人の教師のレベルでは行えない。一人の教師の次元を超えた問題である。このようなイノベーションは学校内における社会的関係や権限配分の構造に大きな影響を及ぼす。

創造的な個人は、教育課題の解決に影響を及ぼすことができるが、個人としての教師の役割にだけ焦点を当ててしまうと、学校を組織体として考えることを忘れてしまい、学校内の社会関係とか、学校の財政的裁量権のような、個々の教師以外の要素の重要性が無視されてしまう傾向が現実に生まれてきた。ここに、学校が単位となって問題の解決に当たるべきだという考え方が導入されなくてはならない基本的理由がある。

右のような組織体としての学校の創造性、あるいは問題解決能力というOECDの考え方は、M・B・マイルズの「組織の健全性」(organizational health)という概念の影響を受けているようであるが、学校の創造性に影響を及ぼすものとして次のように一五の要因があげられている。

① 学校に対する財政的資源の配分
② 教員・校長・行政官の養成
③ 教員・校長・行政官の現職教育
④ 教職員の勤務条件(昇進・転任)
⑤ 教育技術
⑥ 教職員の任命と評定
⑦ 資本財の提供
⑧ 学校に対する専門的サポートの提供
⑨ 教材の提供(教材の作成者との関係――教材の選定・購入)
⑩ 学校と行政当局との関係
⑪ 学校と非行政団体や個人との関係
⑫ イノベーションに関する教職員の態度や技術
⑬ 学校内における社会的組織
⑭ 学校内における権限関係や意思決定過程
⑮ 個々の親・雇用者・市民からの期待

以上のような諸要因をどのように構造化するかということは、特定の条件との関係で行うべきものであるということから、OECDは具体的な構造化モデルを示すことはしていないが、加盟国の自由参加によって、次のような五つのテーマのサブ・プロジェクトを、学校の創造性プロジェクトの一環として行った（日本は第五のサブ・プロジェクトに参加しており、筆者は一九七四年五月にオランダのバーグで開かれた会議に出席した）。

①　学校内における内部組織と諸関係

②　教員に対する報酬システム

③　財政資源の配分とパブリック・アカウンタビリティ

④　視学や指導主事の役割

⑤　学校に対する地域の専門的サポート機構

第一のサブ・プロジェクトは、現存のさまざまの内部組織の形態――たとえば独裁型、諮問型、参加型など――を検討することによって、学校の創造性を高めるのに最も適した内部組織の在り方を見出すことを目的としている。適切な内部組織の形態は、抽象的にではなく、学校規模、教職員の構成、児童・生徒・親の属性、教授・学習過程の特性などとの関連において考えられようとしている。

第二のサブ・プロジェクトは、望ましい変革を行うためには教師のモチベーションが基本的に重要であるが、教師のモチベーションを高める主要な要因は報酬システム（reward system）であるという考え方から取り上げられた。ただしこういう報酬システムというのは、単に経済的報酬だけを意味しているのではない。きわめて広い摂念として使われている。具体的には、経済的報酬のほか、地位(status)、勤務条件(working condition)、職務構造（career structure)、本質的満足（intrinsic satisfactions)、の四つの領域が示されている。

地位というのは教師が意思決定できる範囲の増大、学校全体の意思決定過程に参加できる度合いの増大、外部の諸機関（研究機関など）とかかわることができる余地の増大、教師の創造的な実践を公にするチャネルの提供などを意味している。勤務条件の中には学級規模の縮小、授業の準備のための十分な時間の確保なども含まれている。職務構造というのは、学校内に地位が高く経済的報酬の大きなポストを設けたり、増やしたりすること、また、学校の外のポスト——行政的なポスト、教員養成機関の教師——に就く機会を増やすことを意味している。本質的満足というのは、教師が自己の課題をうまく達成できたことから得る満足のことで、そのための方法としては、たとえば教師の自律性を高めることによる自己に対する信頼感の増大、課題達成を期待する雰囲気の醸成などが指摘されている。

第三のサブ・プロジェクトは、学校の創造性を高めるためには、さまざまの代替的な方法が実験あるいは検討できるような財政資源の配分がなされなくてはならない（柔軟性 flexibility の問題）が、一方、学校はその資源を支出してくれた主体（たとえば政府・国民・親など）に対して責任または結果に対する説明義務をもっている（public accountability の問題）という考え方から取り上げられたものである。つまり、「財政的資源を使う学校のフレクシビリティを高めるようなアカウンタビリティ」という概念を追求するという問題が提起されているのである。これは自律性と公共性の問題であるといい換えることもできるであろう。

第四のサブ・プロジェクトは、視学や指導主事の統制機能（control）と助言機能（advisory）との関係についての問題である。学校の創造性を高めるためには、助言機能の強化が重要であるという考え方が基本になっている。助言機能との関係において次のようなことがらについての分析が考えられている。

① 学校との関係（たとえば、学校への訪問は学校側の要請（invitation）によるのか、権限（right）なのか、またその関与（involvement）の性格は何かなどの問題）

② 視学や指導主事の養成や再教育

③ 行政、専門的な組織、教員養成機関、教員研修機関との関係

第五のサブ・プロジェクトは、地域レベルにおけるサポート機関の機能・形態、学校との関係などを明らかにすることを主な目的としている。これは地域（regional または local）レベルに、学校に対するサポート機構をつくることが学校の創造性を高めるうえで重要であるという認識に基づいている。これは政策決定の地方分

権化（decentralization）または地方分散化（deconcentration）という一般的な傾向と密接な関連をもっているであろう。

以上、学校の創造性は「学校がイノベーションを採用、修正、生成あるいは拒否する能力」としてとらえられていることはすでに述べたが、そのような能力を高める方策として、学校の内部組織・諸関係、教員の報酬、財政配分、視学、専門的サポート機構などの設置・拡充・改善・改革が、今日、世界各国における研究課題となっているが、右の課題に取り組むに当たって最も肝心なことは、イノベーションとは何かをまず明らかにすることであろう。イノベーションというのは新しいアイディア・方法などをばく然と意味する言葉として使われることが多いが、学校の創造性という観点からみたとき、最も重要なイノベーションはカリキュラム観、あるいはカリキュラム概念の転換だろうと思う。

第4節　学校の創造性向上のためのストラテジー

従来は個々の教師が革新過程における重要な要因であると考えられるのが一般的であった。したがって、個々の教師の行動を変容させれば、それに伴って他の教師の行動の変容も生じるであろうということから、教師を集団としてではなく、個別的に開発することに主な関心が注がれてきた。しかし、個々の教師の問題解決能力というものは、教師が機能するところの組織的枠組、つまり学校によって強く条件づけられているため、個々の教師の役割にのみ近視眼的に注意を注ぐべきではない、ということが最近認識されるようになってきたのである。

また、イノベーションは、個々の教室の中だけで、自給自足的に行われるべきものではなく、その多くは学校全体として実践されるべきであるということ、あるいは少なくとも学校全体に影響を及ぼすものであるということが認識されるようになってきた。たとえば、フレクシブル・スケジューリング（柔軟な時間割編成）だとかティーム・ティーチングのようなイノベーションは、一人の教師のレベルでは行えない。一人の教師の次元を超えた問題である。このようなイノベーションは学校内における社会関係や権限配分の措置に大きな影響を及ぼす。

　創造的な個人は、教育課題の解決に影響を及ぼすことができるが、個人としての教師の役割にだけ焦点を当ててしまうと、学校を組織体として考えることを忘れてしまい、学校内の社会関係とか、学校の財政的裁量権のような、個々の教師以外の要素の重要性が無視されてしまう傾向が生まれてきた。学校が単位となって問題の解決に当たるべきだという考え方が導入されなくてはならない基本的理由はここにある。

　イノベーションとは「その採用に関連する単位によって新しいと認知されるアイデア、技術または事物」のことだともいわれるが、ここで注目すべき点は「新しいと認知される」というところである。

　一般に「新しさ」には二種類ある。一つは客観的な「新しさ」であり、もう一つは主観的な「新しさ」である。客観的な「新しさ」というのは、誰がみても「新しい」と認知するような「新しさ」である。それに対して主観的な「新しさ」というのは、特定の個人、集団あるいは組織が「新しい」と認知する「新しさ」である。客観的な「新しさ」は一般に時間的な尺度あるいは形式的な姿によって測定されるのに対し――つまり、十年前に開発されたものよりも五年前に開発されたものが、また、従来みたこともない形をしているものが「新しい」と認知される――、主観的「新しさ」のほうは、あくまでもそれを認知する主体の主観によって測定される。

　しかし、このことは測定が恣意的に行われるということを意味するものでは決してない。あくまでも主体がその固有の諸条件に照らして判断された「楽しさ」が主観的「楽しさ」である。判断の基準は、イノベーションが開発された時期や形態ではなく、主体のもつ具体的な条件である。このことは別の面からいえば、予想される結果が判断基準だということになる。つまり、従来みられない「新しい」プラスの効果を生むか否か、あるいはいままでのようなマイナスの結果をもたらさないかどうか、といった観点から「新しさ」が評価されることになる。同一のイノベーションでも、それが適用される場の条件が異なれば、結果は異なってくるであろう。Aという主体が「新しい」と認知したイノベーションが、Bという主体によっては「新しい」と認知されない、ということも起こるのである。したがって、このような「新しさ」は機能的「新しさ」と呼ぶこともできる。

以上のように、イノベーションの「新しさ」は客観的「新しさ」と機能的「新しさ」に分類することができるが、学校の創造性を向上させるために求められている「新しさ」は、後者の機能的「新しさ」である。そこで管理職に求められる力量の第一は、そのような機能的「新しさ」を認知する能力ということになる。

具体的には、それはどのような能力であろうか。それは学校の置かれている人的、物的、財政的などの諸条件を機能的にとらえる能力だといえるのではないだろうか。人的条件の中には児童・生徒に関連する条件、教師にかかわる条件、親や地域の人的資源にかかわる条件が含まれる。教育の作用はこれらの諸条件の組み合わせの中で行われるのである。したがって、機能的「新しさ」はこれらの諸条件の組み合わせ方を換えることによってつくり出される。

学校の創造性という観点から管理職に求められる第二の力量は、第二章で述べたような人テクノロジーの能力である。管理職が機能的「新しさ」を認知したとしても、それがただちに実施されるとはかぎらない。

一般に、教育システムの変革は、それによって影響を受ける人々の中に抵抗や不安感やモラールの脅威、さまざまの葛藤、個人的コミュニケーションの破壊などを生むことであろう。したがって、革新（経済の分野では新機軸といわれることも多い）を志向する管理職は、物テクノロジー（thing technology）の革新のみに専念するのではなく、人間の行動科学にかかわる「人テクノロジー（people technology）に意を注がなくてはならない。

どのようなストラテジーをとるかは、自校の教師の実態によって異なる。したがって、適切なストラテジーをとることができるためには、機能的「新しさ」を認知する能力が前提となる。しかし、教師の実態は、人事異動や教師自身の職能成長などによって変動するものである。したがって、実態に応じて、いずれのストラテジーでもとれるだけの力量が管理職に要請されるのである。

イノベーションの「新しさ」は教育経営にかかわる者（スクール・リーダー）によってまず認知されていなくてはならないが、それは以上に述べたように、決して強圧的に導入されるべきものではない。それではそのイノベーションが挫折することは火をみるよりも明らかである。適切なストラテジーをとることが必要である。しかし、いかなるストラテジーをとるにしても、管理職によって「新しい」と認知されたものが、教師たちが認知したものとして意識されるようにしむけることが必要であろう。そのためにはスクール・リーダーは、先導型ではなく、プロフェッショナル・マネージャーになることである（これについては第十二章参照）。

第五章

学校に基礎を置いたカリキュラム開発

前章では「学校の創造性」という観点から教育経営の課題について考えた。「学校の創造性」というのは「学校がイノベーション（教育の革新）を採用・修正・生成あるいは拒否する能力」としてOECDのCERI（教育研究革新センター）によって概念化され、それを高めるにはどうしたらよいかが検討されたものであるが、CERIはそれと関連して「学校に基礎を置くカリキュラム開発」(School Based Curriculum Development) というプロジェクトにも取り組んだ。これは頭文字をとって一般にSBCDの名で呼ばれている。本章ではこのSBCDとの関連において教育経営の問題について考えてみよう。

なお、以下におけるSBCD自体についての議論は、一九七九年にOECD・CERIより刊行されている *School Based Curriculum Development* と題する報告書に基づいている。

第1節　SBCDとは

SBCDには、はじめ「学校が責任を負うべき子どもの経験の総体を保障し実現するためのプログラムの開発」、「学校の毎日の仕事にかかわっている人々、すなわち教師、父母、生徒および校長によって計画し実施される諸々の活動」あるいは「学校を基盤とする、つまり個々の学校の教職員や諸資源に大幅に依存したカリキュラム開発」などといった定義が与えられた。

しかし、学校が子どもの教育に責任を負ったり、学校の毎日の仕事が教師、父母、生徒、校長などによって計画、実施されたり、あるいは学校を基盤としたカリキュラム開発を行ったりするためには、学校を独立したシステムとしてとらえるのではなく、関連するさまざまの組織と有機的関連をもったものとしてとらえていくことが必要である。

学校は、教育行政当局、教員組合、父母の団体、政党、マス・コミなどきわめて多くの組織との連関の中で、つまり社会関係の複雑な網の目の中で動いている。これらの諸々の組織は学校の意思決定に対して、明示的にあるいは暗示的に影響を及ぼしているのである。学校の意思決定をサポートするばあいもあるし、逆にチェックするばあいもある。学校が教育本来の仕事をしようと思っても（それが何であるかということ自体議論の余地があることはもちろんであるが）、父母の圧力によって受験に焦点をあわせた指導をせざるを得ないことが多い、という一事をとってみてもそのことがよくわかろうというものである。

ＣＥＲＩは、右のような現実をふまえて、ＳＢＣＤをあらためて次のように定義し直したのである。

「カリキュラムに関する学校の自発的な活動または要求に基づいて、中央と地方教育当局との間の権限・責任・統制力を再配分し、そのことによって学校が法的および行政的自律性を獲得し、専門性に基づいて学校が独自の開発過程を管理するのを可能ならしめるすべての過程」

右の定義からもわかるように、ＳＢＣＤというのは、新しい教材の作成といったことよりも、むしろ教育にかかわるネットワークにおける組織変革（organizational changes）に焦点を当てた概念としてとらえられるであろう。

第2節　ＳＢＣＤの前提

ＳＢＣＤの定義は以上のようであるが、それではこのように定義されるＳＢＣＤはなぜに重要視されるのであろうか。ＣＥＲＩはＳＢＣＤには次のような三つの前提が含まれているといっている。

(1)学校は人間的社会制度（a human social institution）である。学校は環境との間に、コミュニケーション体系のネットワークを通じて、思想や人・物・金の交換といった複雑な交渉を取り結んでいる。学校が環境の要求にいいなりにならずに対応できるかどうかは、独自のカリキュラムを交換原理に基づいて(on an exchange basis) 編成する妥当な自由（a reasonable freedom）を有しているかどうかにかかっている。

(2)カリキュラムは、学習者にとっても教師にとっても、さまざまの経験から構成されている。カリキュラムを構成するこの経験は、学習者の必要と特性に対する心情的理解に基づいて、教師と学習者との協働で用意されなくてはならない。このような経験が十分に教育的な力を発揮するためには、教師と生徒がともに自由を有していなくてはならない。

(3)ＳＢＣＤは学校以外のレベルでのカリキュラム開発を排除するものではないし、また、教師や生徒以外の者が創造的役割を果たすのを拒否するものでもない。政策決定者の主要な課題の一つは、カリキュラムにかかわるさまざまの決定権を、地方から中央にいたる種々の機関や団体に割り振るのを指導し、あらゆるレベルにおけるカリキュラム開発を持続させるために必要な構造をつくることである。

ＳＢＣＤには右のような三つの前提が含まれているが、ここで指摘しておかなくてはならない点は、生徒(学習者）にも教師と同様に自由を与えるべきだとされていることである。これはＣＥＲＩの関心が中等学校、それも特に義務教育後の段階にあることと深い関係がある。したがって、右の三つの前提は、初等教育の段階にも当てはまることではあるが、そのばあいの児童の自由の在り方は中等学校のばあいとは当然異なるであろう。

このようにSBCDの中で学習者をいかに位置づけるかは重要な検討課題の一つとなるが、以上に述べたことから推察されるように、SBCDのねらいは、一つの特色ある学校が生まれることではない。それをすべての学校に根づかせるための条件をつくることである。特色ある学校は学校教育の歴史の中に数多くみられる。また、現代においてもそれは決して少なくはないであろう。しかし、それらはいわば孤島のようなもので、全学校制度の中で、他の学校と有機的連関をもたずに、言葉を変えていうならば、他の学校には簡単に真似することのできない特別のものとして存在しているのである。それはたとえば特色ある校長によって主導された特色ある教育活動であり、その校長がいなくなれば自然消滅することの多い性格のものである。SBCDの関心は、特色ある教育をいかにしたら持続させることができるか、また、いかにしたらそれを多くの学校に定着させることができるか、という点にあるのである。

第3節　変革を誘発し、持続させるにはどうしたらよいか

1．変革過程の三段階モデル

変革過程にはさまざまの局面または段階があるが、CERIは、

(ア)　融解（unfreezing）

(イ)　変革（change）

(ウ)　強化（reinforcing the new）

という三段階モデルをあげている。「融解」というのは、現存する態度や行動様式が、批判的に検討されて弛緩し、変革への開かれた心（open-mindedness）とレディネスが形成される局面である。「変革」は、新しいアプ

ローチが開発され、試行され、必要に応じて修正される局面、また「強化」は、新しい思考と行為の様式が受容されることによって全体が統合される局面である。

この三段階モデルはきわめて単純化されたモデルであるが、変革過程には、単に変革自体だけでなく、その前提として「融解」があり、あとに「強化」が伴わなくてはならないという重要な側面にわれわれの注意を喚起してくれる。このことはいわれてみれば当然のことでありながら、現実には忘れられたり、無視されていることが多いのである。

2．「融解」「強化」を行う力量

なぜ「融解」「強化」の段階が無視されるのであろうか。

それはＳＢＣＤの第一の前提である「学校は人間的社会制度である」という事実を忘れていることによるところが大きいのではないだろうか。人間的社会制度にはフォーマルとインフォーマルの二つの側面がある。第一にフォーマルには、一定の組織的集団の一員には、権利、義務などにかかわる一定の役割が付与されている。変革はそれがいかなるものであっても既得の役割の変更を伴わざるをえない。したがって、変革の合理性がタテマエとしては組織の成員によって認められているばあいでもその変革によって、成員の既得の権利が少しでもそこなわれると予想されるばあいには、その変革に対して成員から抵抗が生まれることは必然的である。また、変革が教育的成果とは別に、一部の成員には権利の増大をもたらし、他の一部の成員には権利の減少をもたらすと考えられるばあいには、その二つの成員集団間に葛藤が生ずるであろう。

ティーム・ティーチングの導入という一つの革新を例にあげてみよう（ティーム・ティーチングについての詳しい考察は、第七章参照）。ティーム・ティーチングの導入は――これによって果たしてどの程度の教育効果が得られるかについての実証的な研究は国の内外を問わずいままでのところほとんど無きに等しいが、一応、効果が期待できるものと仮定する――、学習指導の形態が一人の教師による個人経営から、複数の教師から構成される集団による共同経営へ移行することである。これは個々の教師の立場から考えれば、個人経営つまりワン・マン経営（ワン・ウーマンのばあいもある）の下で許容されていた大幅な自由裁量が狭められることを意味している。個人経営の下では個人の判断で行えることができたことも、共同経営の下では、協議を経なくては不可能となる。自由裁量の縮小という形での役割の変更である。このことからティーム・ティーチングの導入には、一般の教師の間に抵抗が生じやすいことになる。ティーム・ティーチングが大きな効果を生むことが実証的に明らかにされているばあいには、その抵抗は表面化しにくいが、効果が不確定であるばあいには、心理的抵抗は具体的な行為による抵抗にまで発展する可能性が強いであろう。

筆者も参加して行われた「学校経営の組織化過程に関する基礎的・実証的研究」[(1)]は、全国の小・中学校における過去十数年間の教授組織の改造（教科、単元の分担指導、指導計画の協同作成、授業の協力展開、協同評価の実施、学習集団の弾力的編成）がスムースに行われていないことを明らかにしているが[(2)]、これは右に述べたような要因によることが大きいと考えられる。

第二のインフォーマルな側面としては、目に見えない影響関係や制約しあう関係であるとか、友情・敵意・流言・醜聞といった要因があげられる。インフォーマルな人間関係にかかわる側面である。これが学校という組織においても、他のすべての組織のばあいと同じように、強固に存在することはあらためて述べるまでもないであろうが、学校は理想的な価値の実現をタテマエとして掲げる組織であるため、世俗的な価値――収入、地位、権利など――にかかわる抵抗や葛藤が陰湿化しやすいといえるであろう。

以上に考察したように、学校という組織は人間的社会制度であることから、組織の変革を行うばあいには、まさに人間的な問題が生ずるのが普通である。したがって、組織変革を行うばあいにはそのような人間的諸問題に対処することが教育経営に要請される。

第４節　総合的予測能力

それでは人間的諸問題に対処する教育経営の課題とはどのようなものであろうか。

いまから五〇年近く前、テール・カーネギーは『友をつくり人を動かす法』と題する本を発表して注目された。[(3)] これは人間関係を調整して、自分の幸福はもちろん、他人の幸福をも増進する原理を、豊富な経験と実例に基づいて平易に解説したものである。カーネギーは、人を動かす原理として、

(ア)　盗人にも五分の理を認める
(イ)　重要感をもたせる
(ウ)　人の立場に身を置く

という三つをあげている。また、人を説得する法や人を矯正する法についても述べている。[(4)] また、最近は、ロバート・コンクリンが『人に仕事をさせる法』という注目すべき本を書いている。[(5)] その中でコンクリンは「他人のひそかな反抗を和らげるには」どうしたらよいかといった法についても説いている。

これらは学校経営を念頭において書かれたものではないが、スクール・リーダーが学校の中で、あるいは学校をとりまく環境との間に生じた抵抗や葛藤を処理するための法としても有効であろう。これらの法を身につけることもリーダーの力量であるといってよい。

しかし、その前提として重要だと思われることは、総合的な予測能力をもつことである。これは物ごとを「機能」という観点からみる能力である。「機能」というのは一般には「役目」とか「作用」とか「はたらき」という意味で使われるが、ここで「機能」というのは、社会学者Ｒ・Ｋ・マートンによって整理された意味におけるそれである。この概念については第三章でふれたが、あらためて述べておこう。「機能」という概念は社会学研究における重要概念の一つであるが、マートンによれば、その使い方には二種類の一般的混乱があるという。[(6)]

第一の混乱は、社会学的項目が、それを含めた社会体系または文化体系に対して果たす積極的貢献に社会学的観察を限定する傾向である。つまり、マイナスの効果のほうには観察の目を向けないことによる混乱である。第二の混乱は、動機という主観的範ちゅうと機能という客観的範ちゅうとを混同する傾向である。

マートンはこのような混乱を防ぐために「機能」という概念を整理しているのである。まず、第一の混乱を防ぐため「多様な諸結果および総結果の正味の差引勘定」という考え方を提示し、そのため「逆機能」(dysfunction)という概念を導入したのである。「機能」というのは「一定の体系の適応ないし調整を促す観察結果」つまり積極的貢献についての観察結果であるのに対して、「逆機能」のほうは「この体系の適応ないし調整を減ずる観察結果」つまりマイナスの効果についての観察結果である。マートンが提起しているのは、われわれは積極的貢献としての「機能」の側面についてのみでなく、マイナスの貢献としての「逆機能」の側面についても留意しなくてはならないということである。

いかなるばあいであっても、一つの項目（教育活動も一つの項目である）は機能的結果と同時に逆機能的結果をもつもので、その項目の評価は、両方の結果の差引勘定を基にして行うべきだというわけである。

次に、第二の混乱を防ぐために、マートンは、主観的目論見と客観的結果とが一致するばあいと両者のくいちがうばあいとの概念的区別を導入することの必要性を主張している。そして、主観的目論見と客観的結果とが一致するばあいを「顕在的機能」(manifest function)、両者のくいちがうばあいを「潜在的機能」(latent function)と名づけたのである。「顕在的機能」は「一定の体系の調整ないし適応に貢献する客観的結果であって、しかもこの体系の参与者によって意図され認知されたもの」であり、それに対して「潜在的機能」のほうは「意図されず、認知されないもの」である。

以上のように、マートンは「機能」と「逆機能」、「顕在的機能」と「潜在的機能」という二種類の対概念をつくったが、ここで重要なことは両者の関係で「逆機能」が潜在的機能に含まれているということである。なぜならば、逆機能を意図するということは一般には考えられないからである。なお、機能という言葉を広く逆機能を含めて使うことも多いので、混乱を防ぐため「逆機能」と対比される「機能」は特に「順機能」、両者を含めたものを「総機能」などと呼ぶのが一般的である。これらの諸概念を整理すると次のようになるであろう。

総機能
- 顕在的機能
- 潜在的機能
  - 潜在的順機能
  - 潜在的逆機能

以上「機能」という概念について考察してきたが、教育経営において要請される「総合的予測能力」というのは、右の顕在的機能だけでなく、潜在的機能についても予測する能力という意味である。教育という営みを「総機能」という観点から考えることが重要であろう。

第5節　総機能を予測する観点

そこで次に考察したいことは、教育的行為の総機能を予測するばあいに留意しなければならないと思われる観点についてである。

それは教育的行為が個々の生徒についていかなる機能をもっているか、という観点である。一例をあげてみよう。認知的な面におけるある能力を養うことを意図した教育的行為についてならば、まず、個々の生徒ごとに、そのような認知的能力が身につくかどうか（顕在的機能）と同時に他の意図しない認知的能力が身につくかどうか（潜在的順機能）と、他の重要な能力、たとえば情意的な能力が犠牲になるかどうか（潜在的逆機能）が予測、検討されなければならないのであろう。

その結果、その教育的行為が、すべての生徒のばあいに、顕在的機能と潜在的順機能、あるいはそのどちらかが予測され、潜在的逆機能のほうは考えられないときには、その行為は肯定されうるであろう。また逆に、ある教育的行為が、すべての生徒のばあいに、顕在的機能も潜在的機能もなく潜在的逆機能だけしか予測されないようなものであれば、それは疑問の余地なく否定すべきであろう。また、ある教育的行為（方法とか処遇といい変えてもよい）の顕在的機能がXという生徒（あるいは生徒集団）には大きく、Yという生徒（あるいは生徒集団）には小さくて、いずれのばあいも逆機能がないとするならば、その教育的行為はXについてだけ採用し、YにはYにとって顕在的機能が大きいと考えられる別の教育的行為を採用するほうが望ましいであろう。

適性処遇交互作用(aptitude-treatment interaction)、略してＡＴＩと呼ばれる理論がある。これはある特性（適性）の得点が高い生徒はAという教育的行為（処遇）によるとよく学習でき、その特性の得点が低い生徒はBという別の教授法で教わるとよく学習ができるという関係をいうのである。ここでいう「適性」はきわめて広い意味で使われている。つまり処遇に対する生徒の反応に影響する生徒の反応をすべて含む概念として使われている。知的諸能力、性格諸特性、認知傾向、年齢、性、態度、価値観などすべてが含まれうるのである。この理論によると教授法の選択は次のような論理に従って行われることになる。(7)

適性と処遇との間の関係には、図に示されているような三つのばあいがある。図（図5－1～5－3）において、実線は処遇Aを受けた学習者の適性と学習結果との関係を表す回帰直線を、また点線は処遇Bを受けた者の適性と学習結果との回帰直線を示している。タテ軸とヨコ軸に示されている数値は便宜的なものにすぎない。

まず第一のばあい（図5－1）は、二本の回帰直線が平行しているばあい、つまり適性と処遇の間に交互作用がなく、学習者の適性の大小に関係なく、処遇Bが処遇Aよりも優れているばあいで全学習者に処遇Bを採用すればよいとされる。

図５－１　適正と処遇との間に交互作用がないばあい

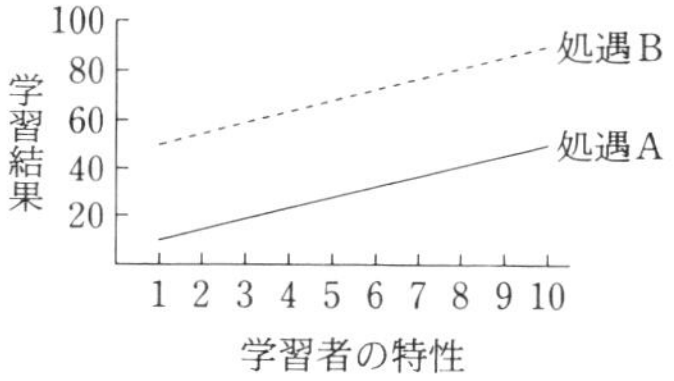

図５－２　適正と処遇の間に交互作用はあるが、図上で回帰直線が交差しないばあい

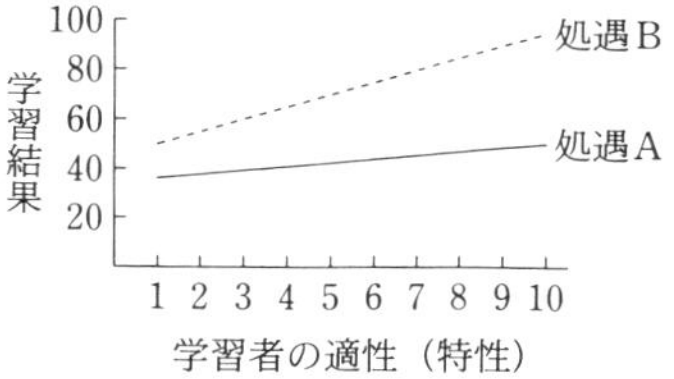

図５－３　適正と処遇の間に交互作用があり、しかも、図上で回帰直線が交差するばあい

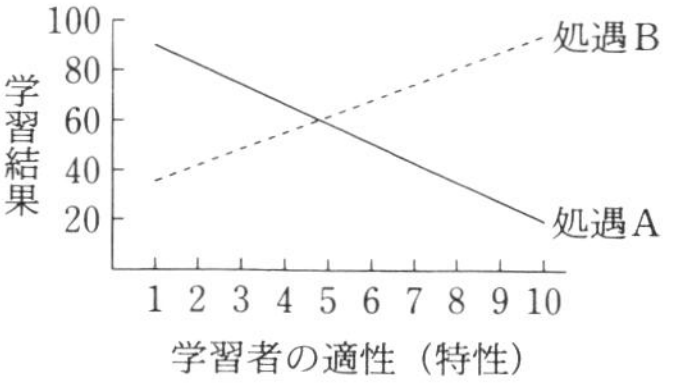

　次に第二のばあい（図５－２）は、二本の回帰直線が平行ではないが、適性の測定値の範囲内においては二本の直線が交わらないばあいである。このばあいにも全学習者に処遇Ｂを施せばよいとされる。ただし、二直線の開きが小さい位置にいる者については処遇Ａで代替してもよいとされる。

　最後に第三のばあい（図５－３）は、適性の測定値の範囲内で回帰直線が交差するばあいで、これが典型的な適性処遇交互作用の関係を示すものである。このばあいには、交点の適性値より小さい値をもつ学習者には処遇Ａを採用し、交点の適性値より大きい値をもつ学習者には処遇Ｂを採用するのが適切であるとされる。

　以上がＡＴＩ理論のあらましであるが、機能という観点に立つとき、この理論には問題がある。もちろん右のようなモデルに従って教育の在り方を考えることは、現在の硬直化した画一的教育方法の改善に対して多くの重要な示唆をわれわれに与えてくれるであろうことは疑いない。しかし、問題であるのは、学習結果が総機能としてとらえられているのではなく、顕在的機能としてしかとらえられていないという点である。いかなる処遇が適切であるかは、単に顕在的機能としての「学習結果」だけに基づいて決定されてはならない。学習結果の得点は高くても、もし潜在的逆機能が大きければその処遇は適切ではないと考えるべきであろう。また、たとえ意図された目標に照らした学習結果は小さくても、潜在的逆機能を伴わず、潜在的順機能が大きければ、その処遇は高く評価されるべきだといえるであろう。

以上に述べてきたように、教育的行為を総機能という観点からその結果を予測するばあいには、教育的行為が個々の生徒にとっていかなる機能をもっているかということを留意しなくてはならないが、ここで教育は方法として個別化すべきだというように性急に結論を下してはならない。重要なことは、教育を個別化するということ自体がどのような機能をもつか、ということも十分に検討しなくてはならないのである。

第6節　「機能」の観点に立ったカリキュラム開発

それでは次に機能的なとらえ方をカリキュラム開発のばあいについてもう少し具体的に考えてみることにしたい。

昭和四十九年三月に、東京において、「カリキュラム開発に関する国際セミナー」が、文部省とＯＥＣＤ（経済協力開発機構）の教育研究革新センター（ＣＥＲＩ）との協力によって開かれたが、そこでカリキュラム開発において可能な、対照的な二つのアプローチが浮きぼりにされた[8]。

一つは「工学的アプローチ」、他の一つは「羅生門的アプローチ」とそれぞれ名づけられたものである。この二つのアプローチの一般的手続きの相違は対比的に示されている。表５－１によって両者のちがいを説明することにしよう。

まず、「工学的アプローチ」は、第一に一般的目標が立てられ、続いてそれが具体的な特殊目標に分節化され、それがさらに「行動目標」に定式化される。「行動目標」というのはテストなどで測定が可能な目標のレベルである。行動目標が設定されると、次にその目標を実現するために必要とされるような教材の作製が行われる。それらを使った教授・学習過程が展開される。その過程が終了したら目標がどの程度達成されたかについての評価が行われる。そしてその評価の結果が、「教材」や「教授・学習過程」にフィードバックされ、それらが必要に応じて修正あるいは改善されることになる。

それに対して、「羅生門的アプローチ」のほうはどうであろうか。表5－1を見ればわかるように、一般的目標の設定という第一の段階は「工学的アプローチ」のばあいと同じである。しかし、その次の段階からちがいが生まれる。つまり、「羅生門的アプローチ」のばあいには、特殊目標や行動目標の設定を行わずに、一般的目標を実現するための教授・学習活動が創造的に展開される。「創造的」というのはデタラメということではなく、あくまでも教師が、その専門性に基づいて一般目標を十分に理解して、それを達成するためにいわば即興的に創意工夫をこらして授業を展開するという意味である。教材の作成や既存の教材の活用もこの活動の中に含まれている。次の「記述」の段階は、創造的教授・学習活動の結果を、できる限り多様な視点から、できる限り詳しく記録をとる段階である。そして次にその詳しい記録に基づいて、一般的目標がどのぐらい達成されたかが評価され、それがカリキュラム開発にフィードバックされることになる。「工学的アプローチ」との最も基本的で、最も重要な相違は、特殊目標と行動目標の設定過程を欠いており評価が

表5－1　「工学的接近」と「羅生門的接近」の対比
――一般的手続き――

工学的接近 (technological approach)	羅生門的接近 (rashomon approach)
一般的目標（general objectives）	一般的目標（general objectives）
↓	↓
特殊目標（specific objectives）	創造的教授・学習活動（creative teaching-learning activities）
↓	↓
「行動目標」（behavioral objectives）	記述（description）
↓	↓
教材（teaching materials）	一般的目標に照らした判断評価 (judgement against general objectives)
↓	
教授・学習家庭（teaching-learning processes）	
↓	
行動目標に照らした評価 (evaluation based upon behavioral objectives)	

一般的目標に照らして行われるということである。

以上のようにカリキュラム開発には二つのアプローチがあるが、この二つのアプローチのうち「羅生門的アプローチ」のほうは、「機能」的なアプローチなのである。なぜならば、工学的アプローチのばあいには、一般的目標を達成するには特定の行動目標を実現すればよいとはじめから決めてかかっているのに対して、「羅生門的アプローチ」のほうには意図されない、つまりはじめの段階では気がつかない、その意味で潜在的な行動も一般目標の達成に寄与するであろうという前提が含まれているからである。また、それと関連して、評価のほうも、特定の行動だけを注目するのではなく、つまり顕在的機能だけでなく、潜在的機能にも目を向けるのである。「羅生門的アプローチ」はまさにこの点において「機能」的なのである。

「羅生門的アプローチ」という名称は、セミナーでイリノイ大学のアトキン教授が、黒澤明監督の映画「羅生門」をヒントにして提案したものであるが、そえは同映画では一つの事象（一人の男の死）が立場の相違によって異なってみえるという認識の相対性を描いていることから、それにちなんでつけられたものである。また、経済の成長だけを追求した「工学」が意図しなかった結果として（潜在的機能として）さまざまの公害を生んだという事実の苦い教訓に学ぼうという願いもこめられていることを忘れてはならない(9)。

「羅生門的アプローチ」によるカリキュラム開発はこれからの学校に課せられた重要な課題であり、それを可能にするための条件づくりは教育経営にかかわる者に要請される力量である。

《補論》潜在的カリキュラムとしてのチャイム

チャイム。これは現代、というより近代の学校を象徴する事象である。しかし、これは決して近代になって始まったものではない。中世ヨーロッパの教会や修道院が告げる鐘の延長である。近代学校は宗教と分離したという意味では修道院と不連続であるかもしれない。しかし、時間によって計られる厳格なスケジュールによって日々の労働を規則正しく実践していくという修道院のエートス――人間を内面から突き動かす行為への実践的起動力――は近代学校に残ってしまった。中世の時間は昼夜別に区分が固定される不定時法で指示されていたのに対し、近代の時間は定量的に区分される定時法によっているというちがいはあるが、エートスにおいては連続している。このエートスは近代になって機械による工場生産が発達することによってますます強化されていった。

修道院においては、修道士たちにとって禁欲――正確にはキリスト教的禁欲というべきであろう。マックス・ウェーバーは西洋的禁欲と呼んでいる――が最高の価値であり、鐘によって知らされる時間に従って遂行される労働はこの価値を実現する手段だった。古代には労働せず他人の喜捨で生活する修道士も存在したし、キリスト教圏外では多く存在したであろうが、キリスト教圏内では、中世に移るにつれて労働は修道院生活における必須のものとなった。怠惰は霊魂の敵と考えられたのである。すなわち、この禁欲は無方針の現世逃避でもなければ達人的な域の苦行――たとえば、スポーツの選手が一人山に閉じこもって訓練に励むようなこと——でもない。ウェーバーが、その名著『プロテスタンティズムの倫理と資本主義の精神』においていっている「非合理的な衝動の力と現世と自然への依存から人間を引き離して、計画的意志の支配に服させる」ようなものである。

問題はこのように修道院という世俗外で守られていた禁欲が、世俗内の日常生活をも支配するようになったということである。ごく最近までは、これは問題ではなくよいことであった。禁欲という価値を尊重し、厳格なスケジュールに従って世俗内の人々も労働に励むようになったおかげで、資本主義が発展し、物質的な豊かさが獲得されたのであるから、それはむしろ高く評価されることであった。しかし、問題はまさにここにある。

厳格なスケジュールは、誰にも共通にわかるように紙の上に書かれるといった意味で時間の空間化である視覚化である。それは過去から現在まで続いた時間の線上に未来の予定を描く直線的な時間である。切り取られた長さを単位として測定できる物理的な時間である。時間がこのように空間化されたことによって、人間は時間を自分の意志で合理的に、また、集団として組織的に、使うことができるようになった。自分にはどれだけの時間があるか、すなわち、自分はどれだけの時間をもっているかが明確になったからである。

しかし、それも束の間で、いつの間にか、人間は時間の奴隷になり下がってしまった。時間を測定しうる直線と考えるということは、現在から過去に戻る反復的ないし循環的な生活が現在から未来を志向する生活に転換したことを意味している。しかも、その未来はデッドラインのある条件つきの時間である。いつまでに決められた課題を終了しなくてはならないという条件を伴った時間である。デッドラインは、刑務所の周囲にある越えると射殺される線、すなわち死線である。人間は時間を空間化することによって、直線上に描きうる地平としての未来を獲得したが、それはもしかしたら越えて射殺されるのではないかという不安を絶えず伴った未来である。未来は希望でもあるが、それは不安を伴っているのである。ひるがえって学校に目を向けてみよう。学校はデッドラインで充満しているのではないだろうか。チャイムはそれを象徴する代表的事象である。空間化された時間によって枠づけられたスケジュールを知らせるチャイムに従って行われる教育活動――特に教室での授業では、絶えずデッドラインを越えた子どもたちが殺されているのではないだろうか。

このような閉塞された状況から学校を解放するには、同じ速さで線上を動く物理的な流れとしての時間から、点としての時間、「だれだれが、何かをし終わった時点」といった時間、そこに「ある」といった時間への転換を図らなくてはならないであろう。

●引用文献

(1)　教育経営組織研究会（代表幸田三郎）『学校経営の組織化過程に関する基礎的・実証的研究』昭和五十三年
(2)　日俣周二らが国立教育研究所において昭和四十四年に行った調査の結果と、教育経営組織研究会が昭和五十二年に実施した調査の結果を比較すると、教授組織改造校の数は八年間に小学校では二分の一弱（四五％）、中学校では十分の一弱（九％）に減少している。（『前掲書』六五ページ）

(3) Dale Carnegie, *How to Win Friend, and Influence People*, 1936（山口博訳『人を動かす』創元社、昭和三十三年）

(4) 人を説得する法としては、「議論をさける」「誤りを指摘しない」「誤りを認める」「おだやかに話す」「〝イエス〟と答えられる問題を選ぶ」「しゃべらせる」「思いつかせる」「人の身になる」「同情をもつ」「美しい心情に呼びかける」「演出を考える」「対抗意識を刺激する」という十二の法をあげている。また、人を矯正する法としては「まずほめる」「遠まわしに注意をあたえる」「自分のあやまちを話す」「命令をしない」「面子を失わせない」「わずかなことでもほめる」「期待をかける」「激励する」「喜んで協力させる」という九つの法を指摘している。

(5) Robert Conklin, *How to Get People to Do Things*, 1979（柳平彬訳『説得力―敵を味方にする法』PHP研究所、昭和五十五年）

(6) マートン著、森東吾他訳、現代社会学体系第13巻『社会理論と機能分析』青木書店、昭和四十四年、一〇一～一〇二ページ

(7) ATIについての記述（図も含めて）は大村彰道「ATI」（『教育学大事典1』第一法規、一四四～五ページ）に依っている。

(8) 文部省『カリキュラム開発の課題―カリキュラム開発に関する国際セミナー報告書』一九七五年二月。これに関する記述はすべてこの報告書によるものであり、引用のページは省略する。

(9) 映画のストーリーは芥川竜之助の小説『藪の中』に基づいている。旅をしていた侍とその妻が藪の中で盗賊に襲われ、妻は辱めを受け、侍は死ぬ。その死をめぐり、取り調べにおける盗賊、侍の妻、霊媒の口を借りた死んだ侍がそれぞれちがった証言をする。一つの死という事実が、立場によってちがって認識される主観的事実であるということが描かれている。広義のカリキュラム開発が「羅生門的」と命名されたのは、このような意味からである。なお、黒澤監督自身は淀川長明氏との対談で、あの映画で一番やりたかったことは、哲学的なことというより、サイレント映画の美しさを考えてみたかったからだと語っている。（佐藤忠男『黒澤明解題』岩波書店）

第六章

カリキュラムと学校組織

ＯＥＣＤ（経済協力開発機構）のＣＥＲＩ（教育研究革新センター）は、これまで数多くのカリキュラムに関するプロジェクトに取り組んできているが、その一つとして一九七〇年六月二十九日から七月四日まで西ドイツのカッセルにおいて開催したワークショップは、「八〇年代以降のカリキュラムの性格」（The Nature of the Curriculum for the Eighties and Onwards-Report on a Workshop held at the Reinhardswaldschule, Kassel, Germany from 29th June to 4th July, 1970）と題する注目すべき報告書をまとめている。かなり前のことではあるが、これからのわが国の教育経営を考えていくうえで示唆するところが多いので、これに注目してみたい。

ワークショップにおいては、教育の内容・方法、カリキュラム開発の方法など多様な問題が取り上げられているが、その一つとして「教科の統合」（integration of subjects）についての検討も行われた。

本章では、報告書の中におけるこのテーマに関する部分を中心に考察することにする。

第1節　カリキュラムに対する新しい要請

1．カリキュラム変革を迫る諸要因

(ア)　政治的要因――教育機会の均等化への運動など。

(イ)　経済的要因――①科学技術の急速な発達に伴う知識の爆発的増大と陳腐化、②新しい工学的技術や経営技術の教育への適用の普及、③余暇時間の増大など。

(ウ)　社会一般における要因――権威のパターンの変化とか価値観の変化など。

(エ)　国際的要因――国際化（インターナショナリゼーション）など。

2．カリキュラムに対する新しい要請

1．に列挙したような諸要因を背景として、カリキュラムの在り方に大きな影響を及ぼすものと予想される次のような諸動向がみられる。

(ア)　学校は伝統的な文化の伝達機関（a transmitter of traditional culture）というよりは、変革の主体（an agent of change）になる。このことは焦点を過去に置くのではなく、現代社会の諸変化にもっと注目しなくてはならないことを意味している。

(イ)　経済的先進国に共通してみられる義務教育後の大衆教育（mass education）への需要の増大によって、多様な知的能力にふさわしい総合的な授業内容を提供する傾向が強まる。

(ウ)　(イ)のような理由と、職業上の適応可能性（career adaptability）への要求から、中等学校のカリキュラムは、多くの選択の余地を残した広範なものになる。

(エ)　OECD加盟国のシステム、特に資格水準に関するシステムの共通性(uniformity)が増大する。この傾向は、CERIのような機関によってもたらされたインター・コミュニケーションの改善やシステマティックなアクション・リサーチの増大によって、また、経済的相互依存性が緊密化し労働移動が活発になるにつれて、一層強まることになる。

(オ)　現行の試験方法に対する不満が増大し、継続的な評価システムや科目ごとの単位制度に基づいた資格を導入する傾向が強まる。

(カ)　現在初等教育段階で認められる諸変化のうちいくつかは中等教育段階にも及ぶことになりそうである。特に、学級編成の柔軟化、時間割編成の柔軟化、個人学習や集団学習方式の増大のような変化についてそのことがいえる。

(キ)　現在は課外活動とみなされているか、あるいは高等教育段階で教えるのが妥当だと考えられているため(たとえば心理学など)、中等学校の教育課程には含められていないような教科領域が、中等学校の教育の中に導入されることになる。

(ク)　非言語的表現を含めたコミュニケーション技術が、カリキュラムのあらゆる側面の共通の要素と考えられるようになる。また、創造的・表出的・実践的能力の育成が、分析的能力の訓練と同様の重要性を与えられるようになる。

(ケ)　知識のための指導から体験のための指導への現在の移行は今後も続くであろう。その結果、個人レベルでも集団レベルでも、問題解決や問題発見がいま以上に教育の中心となるであろう。

第2節　専門分化、統合化、個性化

教育はつねに基本的に相異なる三組の需要に応えなくてはならないというジレンマをもっている。それは次のようなものである。

(ア)　個人の要求（needs）を充足すること

(イ)　社会の要求に応えること

(ウ)　人材に対する経済の側からの要請に応えること

国により、また時代によって、右の三組の需要の比重は異なっているが、いずれも全く無視されるということはない。これからはこのジレンマが一層先鋭な形で表面化するものと予想される。

知識の大きな爆発によって、専門分化したスキルへの需要が必然的に増大し、それに伴って、教科領域が細分化・多様化し、カリキュラムの断片化（fragmentation of the curriculum）が生まれた。しかし、同時に、先進諸国の直面する諸問題はその複雑さを増しており、そのため、共通の理解と関心を高めるための広領域化が必要となってきている。

一方、生徒の間には、教育を経済が必要とする生産物を開発するための手段とみなすことに強い反対が生まれており、それに伴って、現代社会において当然と考えられていた諸価値に対する根本的な疑問を提起するようになってきた。教育はいま個々人の才能を育てる手段であり、また、個人の自己表現への要求を実現する手段であるという考え方に回帰しつつあるように思われる。

以上のような「専門分化」（specialization）、「共通理解」（common understanding）、「個性開発」（individual development）という三つの要請の間の深刻な緊張関係を解決する唯一可能な方法は、全生徒に共通の「基礎的コア・カリキュラム」（a basic core curriculum）を考案することである。これこそ「考え方」（ideas）や「経験」(experience) の共通のリンガフランカを確立する道である。

また、このコア・カリキュラムのまわりに、各学校およびその地域社会が提供することのできる可能なかぎり多様な選択科目を用意することによって、生徒一人ひとりが、各自の知的および実際的な関心や能力の両方あるいはいずれかを伸ばすのを助けることができる。コア・カリキュラムは、われわれがその一員である人間社会において十全なる役割を果たすのを可能にするのに対して、選択科目のほうは、各人が生計を営み、余暇を有益に過ごすことができるようにする。

当然のことながら、コア・カリキュラムと選択科目との間の時間配当は教育段階によって異なる。学校段階が高くなるに従って、選択科目への時間配当が増大する。しかし、後期中等教育段階においても、相当の時間――たとえば五〇%ぐらい――がコアの学習に配当されることが望ましい。

特に上級学年においては、選択活動の多くは、学校外で、地域社会の施設を十分に活用して行われることになる。たとえば、コンピュータ・プログラミングの実際的な経験を得ることを希望する者には、地方の行政官庁においてパートタイムで働く機会が与えられる。また、社会事業に関心をもつ者は福祉関連機関で経験を得ることができる。具体的にどのような機会を与えるかは、地域資源の性格によって決まるべきもので、画一的なパターンを設定することは不可能である。

一方、コア・カリキュラムのほうは、すべての生徒の共通の教育的要求に応えることを目ざしているものであるから、一国の中の地域間においてだけでなく、国と国の間にも、かなりの程度の共通性が確保されることが望ましい。

第3節　コア・カリキュラムの開発

1.　基本型の開発

さまざまの学問分野の間の統合を強め、断片化を避け、教科・科目間の伝統的な壁をとり除くためには、コア・カリキュラムのための基本型を開発することがまず必要となる。

そのためには、伝統的な教科・科目をさまざまな方法で結合して再編成することになるが、第一段階として、単純なモデルを考えてみる。

そのためには、カリキュラムは、次のような相互に重なり合う、教科をベースにした三つの活動領域から構成されるものと考えることができる。それぞれは、理論的探求と実際的な応用の両方を含んでいる。

(i)　自然科学領域　数学、生物、物理、テクノロジーを含む。

(ii)　社会科学領域　さまざまの社会的役割についての実際的体験および経済学、心理学、社会学、社会人類学に関連する諸側面についての学習。

(iii)　コミュニケーションおよび表現芸術の学習と実践。

以上の三領域の間には、数多くの密接な相互関連がある。たとえば、数学は、フォーマルなコミュニケーション体系の探求という面で言語学と関連する。生物学は人間の行動のすべての学習において社会学と関連する。社会人類学は異文化体系の比較という面で創造芸術と関連する。また、三次元の芸術は、新しい物体の開発のために、工業デザインと関連する、といった具合である。

しかし、右のような単純モデルは、そのままでは不十分である。各領域ごとに、かなりの選択を行わなくてはならない。いずれの領域についても、可能な活動の範囲はきわめて広く、個々の学校がそのすべてをカリキュラムの中に取り入れることはできるものではない。コア・カリキュラムが満足のいく形でカバーできるのは、可能な活動範囲の中のごく一部にすぎない。重要なことは、各領域の中のごく限られた数の側面の選択をどのように行うかという点である。

選択の原理としては次の二つがあげられる。

(ア) 各領域における固有の論議の技術や方法論について示唆を与えること。

(イ) 理論と実践との間の意味のある結合を提供すること。

2. 開発の手順

上の二つの原理を充足するようなコア・カリキュラムを編成することはきわめて困難なことであるが、その手順は次のようになるであろう。

まず第一に、各領域内および各領域間に存在する諸関係を明らかにし、各領域の内容の最終的な選択の指針を得ることが必要である。

その次に必要となるのは、各領域内における関連活動群ごとに、次の三点について慎重な分析を行うことである。

(ア) 習得すべき基本的な技能

(イ) 修得すべき知識のカテゴリー

(ウ) 育成すべき態度

社会性、道徳性（social and ethical development）の育成のばあいについて技能・知識・態度の内容を具体的に示すと次のようになる。

(1) **技能について**

(ア) 社会的行動（social behaviour）における相互性（reciprocity）
(イ) 共同性（co-operation）
(ウ) 指導性（leadership）

(2) **知識について**

行為、思考、感情の枠組としての社会的現実の〝認知体系〟（cognitive map）

(ア) 社会的規範、制裁
(イ) 問題解決と意思決定のための用具としての基礎的な倫理的概念
(ウ) 倫理的思考の主要なタイプ（理論）
(エ) 価値、価値体系、イデオロギー

(3) **態度について**

(ア) エンパシー
(イ) 人間的生活（human life）の維持
(ウ) 他者の人権の尊重
(エ) パーソナルな価値体系へのコミットメント
(オ) 異なる価値体系への寛容さ（openness）

次に、右のような技能・知識・態度の形成過程は次のようになるであろう。

(1) **技能**

現実の社会的状況の中で学習させる。一グループ・ワークと集団の中での社会的コミュニケーションによる学習。

(2) 知識

(ア) コミュニティの観察とそれへの参加

(イ) 社会的行動についての映画の観賞

(ウ) シミュレーション、ロール・プレイング、劇化など

(エ) 言語的コミュニケーション（口頭および活字の両方によるコミュニケーション）

(3) 態度

(ア) 教師自身がこれらの態度を示す。

(イ) 学校生活の中で、人間的生活の維持、他者の人権の尊重、異なる価値体系への寛容さなどの諸価値を重視する。

(ウ) 社会的現実を倫理的観点より評価するさいに、右の三つの価値を基準にする。

(エ) これらの価値を教科書の中に表現する。

右のような分析を他の分野についても行ってみればわかるように、三つの領域は表面的には異なった様相をもっているが、各領域内の諸活動は、多くの共通要素をもっているのである。しかし、三領域の完全な体系を描くことは、右に例示したような比較的おおまかなレベルであっても、大変な課題である。

右のようなタイプの分析が終わったら、次の段階では、育成すべき若干の基本的技能、広く応用することのできる方法や技法、特定の教科領域の理解にとって欠かすことのできないいくつかの概念などを明らかにすることができるはずである。また、各領域において適切に選択された学習活動を通じて、どのような態度が養われるかについてもかなり明確になるものと思われる。そこで次に必要なことは、これらの結果をコア・カリキュラムの計画にどのように生かすかを検討することである。

① まずはじめに態度についてみると、その中には学校の一般的な教育目標との関連において特に重要なも

のがある。したがって、それらはカリキュラム内容の最終的選択に大きな影響を及ぼすであろう。一方、それほど重要だとは思われないものは、コア・カリキュラムから何を省くことができるかを考える基準となるであろう（しかし、教育的にきわめて重要な態度の多くは、フォーマルなカリキュラムの中で直接的に養われるものではない。それらは学校の組織の仕方や学習方法の選択の仕方によって考えられなくてはならない）。

② 次に、技能についてみると、そのいくつかは複数の領域に共通している。したがって、そのような基礎的な技能はそれ自体として確実に教えるほうが効率的であろう。それは一般的には初等学校段階においてはじめて、学校段階が高くなるにつれて技能の程度を高度化していくことになる。技能の主なカテゴリーを例示してみると次のようである。

(ア) 社会的技能（social skills）――行儀・作法（社会的に受容される行動、および個人的な人間関係についてのガイダンス）

(イ) 知的技能（intellectual skills）――思考力および創造力（議論における合理性や思考の創造性の助長）

(ウ) 数的技能（numerical skills）――数を数えたり計算する力（量的な思考能力の育成）

(エ) 言語的技能（linguistic skills）――意思の伝達・受容（母国語及び最低一つの外国語についての口頭による流暢さと基礎的なリテラシー）

(オ) 実際的技能（practical skill）――行動力および運動能力（手の器用さ、精神運動能力 psycho-motor など）

以上の基礎的技能はすべて、いずれの領域においても考慮する必要があるが、加えて、生徒は各領域に固有の方法や技法を使う体験を通して、より複雑な能力の獲得ができるようになっていなくてはならない。たとえば、自然科学領域のばあいであれば、正確な観察力、仮設の設定、検証能力、演繹的および帰納的推理力などの能力があげられる。また、社会科学領域のばあいであれば、類推的思考力が、また、コミュニケーションおよび表現芸術の領域であれば、体験を分析し、評価する力、体験の中で得た感動や感情を表現し伝達する力、などがあげられるであろう。

最後に指摘しておくべきことは、分析の過程で明らかにされた基本的概念の中には、各領域内の各隣接分野に共通なものがあるということである。このような概念は、各領域内の総合テーマの基礎となるであろう。たとえば、物理、生物、化学の三隣接分野であれば、エネルギーという概念を中心にして統合することができるであろう。また、いくつかの領域にまたがるような概念もある。たとえば、〝人間の行動〟(human behaviour)という概念は、生物学と社会科学に共通したもので、両者を結合する概念として使うことができる。

カリキュラムの統合の仕方には、隣接分野の共通要素を基にするもののほかにも、次のような二つの方法がある。

(1)　慎重に選んだプロジェクトによる理論と実践の統合

たとえば、生徒に簡易コンピューターの作成を課題として与えることが例として考えられる。この課題を解決するためには、部品を構成する実際的な能力とコンピューターが充足しなくてはならない数学的な要件についての理解や電気回路に関する諸原理についての知識が要求される。一つの領域内だけで解決することのできるものもあれば、複数の領域にまたがる能力が要求されるものもあるであろう。しかし、いずれのばあいにおいても、課題は、単純なドリルだけで物がつくれるといった性格のものではなくて、何らかの純粋に実際的な問題を含んだものでなくてはならない。

(2)　多様な問題解決の手法の適用が必要とされる研究テーマによる統合

たとえば、「特定の河川の汚染問題」などが一つの例としてあげられる。この問題を考えるためには、汚染の化学的原因や産業廃棄物の代替的な処理方法について調査、検討することだけでなく、汚染のエコロジカルな効果の程度や各種の可能な措置を採用したばあいの社会的影響などについても考慮することが必要となる。このように現代社会の問題の多くは、複雑な性格をもっており、一つの教科領域内だけで解決策を考えることはできないことはもちろんのことであるが、複数の関連分野をひとまとめにしても、解決策を見い出すことは難しいであろう。

しかし、選択するトピックは架空のものではなく、本質的に妥当で価値のあるもの（intrinsically valid and worthwhile）でなくてはならない。つまり、責任ある社会人になる準備をしている生徒がその重要性を認識できるようなトピックでなくてはならない。

第4節　カリキュラムの統合のために必要となる教師の意識の変革

以上に述べたように、カリキュラムを統合化するためには、カリキュラムの三領域を体系化し、さまざまの分野間の共通の要素となりうる基本的な概念を確定することが必要である。しかし、そのような基本的概念は、自然科学のばあいにはすでにかなり検討がすすんでいるが（たとえば、〝サイバネティックス〟は、生物と無生物の両方の行動の研究に大きな影響を及ぼしつつある）、社会科学のばあいには、まだそれほど進んではいない。その進展にはかなり長年月を要することが予想される。したがって、そのタイムラグを縮小するためには、現場教師が研究者と密接なコンタクトをとれるようなシステムがつくられる必要がある。

カリキュラムが統合されるためには、異なる分野の教師の協働が必要である。また、そのためには、教師教育（養成教育と現職教育の両方）の側からのバックアップが不可欠である。

また、学校の組織構造や施設などもカリキュラムの統合に即応したものに再構成される必要がある。

しかし、基本的に重要なことは、教師自身が、カリキュラム統合の必要性を認識し、それに対応できる専門性を身につけることで、これがなくては、根本的かつ永続的なカリキュラム開発は期待できないであろう。

一般に、カリキュラムには以下のような三つのタイプがあるが、ＯＥＣＤは(3)を提唱しているのである。

(1) 伝統的教科型カリキュラム

この型では第一の焦点は学問分野（disciplines）自身に置かれる。

基礎的技能（basic skills）や新しい問題の処理能力は、厳密に仕切られた領域ごとの専門的教授の偶然の副産物とみなされる。したがって、学習される問題はすべて単一の分野にだけ関連したものとなる（つまり、数学的な問題はあくまでも数学的なものに限定される）。日常生活の中に生起する諸問題に含まれる複雑さは全くこのばあいにはない。

(2) トピック型カリキュラム

これは伝統的教科型に対する反動として発展したもので、まず第一に、一連のトピック（かなり一般性のあるもの、たとえば〝力〟＝Power など）の選択が行われる。それに続いて、基礎的技能の習得と教科内容の理解の両方を助長するための「多様な学習」が設定される。しかし、このばあいのトピックは一般に「多様な学習」間に意味ある関連をつけるようなものではない。たとえば、〝力〟に関する学習として〝電力〟と〝権力〟を取り上げても両者の関係はランダムなものにすぎない。

この型のカリキュラムのばあいには、技能や技術の習得は偶然にまかせられてしまう傾向が強い。

(3) コア・カリキュラム

この型のカリキュラム開発は次のような手順で行われる。

(ア) 基礎的技能の選択
(イ) 関連しあう教科領域群に関連する有益な問題解決の手法の選択
(ウ) 今日的な社会問題に関連するプロジェクトや課題の検討

第5節　学校の地域社会化

以上のようなカリキュラム開発を学校が行うためには、学校の組織変革が求められる。

学校も、「特定の（諸）目標を達成するために、諸個人および専門分化した諸集団の活動を動員し統制するシステム」[1]であるという意味においての組織（organization）である。

そこで問題になるのは、いかなる目標を達成するのか、〝諸個人および専門分化した諸集団〟には具体的にいかなる個人と集団が含められるのか、また、それをどのように動員、統制するのか、といったことである。

1. 組織としての学校の目標

従来、わが国では、学校経営の目標は外部から与えられた所与の条件（教育課程の基準、教職員定数や学級編制の基準、施設・設備の基準など）の枠の中で、組織の態様を決定していくことであるという観念が支配的であった。わが国でこれまで頻繁に使われてきている学校経営組織とか学校運営組織という言葉はこのような観念を表しているものといえる。

このような観念のもとにおいては、校内組織の課題は学校管理であり、したがって管理職すなわち校長の仕事であるととらえられることになる。また、教育実践の研究には力を入れるが、校内組織の在り方に対する関心が弱くなる。つまり、校内組織の在り方（さらには学校経営の在り方）と教育実践とは別の機能であり、校内組織の在り方が教育実践の成果を左右する要因であるという意識が弱くなる。

果たしてこのような考え方は正しいであろうか。あらためていうまでもなく、このようなとらえ方はまちがっている。特に各学校の創意工夫が強く求められている新教育課程のもとにおいては、学校という組織の目標は、組織そのものの維持・管理にではなく、あくまでも、憲法――教育基本法――学校教育法、学習指導要領

という いわば外的な目標系列と各学校の実態（地域、子どもの実態など）とに照らして設定した学校教育目標を実現することに焦点づけられなくてはならないのである。

学校組織（school organization）というアメリカなどにおいて一般的に使われる言葉は、このような概念を表したものである。

わが国でいま各学校に求められているのは学校組織というとらえ方なのである。言い換えるならば、学校という組織の目標は、教育目標を実現するための教育課程の編成と運営なのである。したがって、学校をいかに組織するかは、いかなる教育課程を編成しようとするかによって異なるものとなる。つまり、校内組織と教育課程とは有機的に連動させられなくてはならない。

2．教育課程の類型

教育課程は、一般に、教育内容をどのようなものとしてとらえるかという観点から、また、各教科相互の関連をどのように図るかという観点から行われる。教科中心カリキュラムとコア（中心）・カリキュラムという分類や、並列型と統合型という分類の仕方はこのような観点に立ったものといえよう。

教科中心カリキュラムや並列型カリキュラムのばあいには、教育内容が相互に閉じられた関係にある教科という枠によって仕切られている。学習指導は、そのように仕切られた単位ごとに独立して行われることになる。一方、コア・カリキュラムや統合型カリキュラムのばあいには、さまざまの教育内容が相互に開かれた関係におかれている。並列型においては、教えるべき知識は明確な境界線によって分類されているのに対して、統合型のばあいには、そのような境界線が明確ではない。

もちろん右のような教育課程の型はあくまでも理念型（Idealtypes）であって、現実にはそれらが純粋な形で存在しているわけではない。二つの型の組み合わせによって現実の教育課程が編成されているのである。実際には、学校の種類や段階によって異なるにしても、基本的には現代学校の教育課程は教科中心、並列型が支配的であるといってよいであろう。しかし、カリキュラムを歴史的にみると、教科だけでなく、教科外の活動を取り込みながら、その内容を多様化し、拡大してきた。わが国のばあい、言葉が教科課程から教育課程へと変わってきたことはそれを表している。アメリカでも、extracurricular activities(課外活動)が co-curricular activities と名称を変えて、カリキュラムの一部を構成するものとして位置づけられるようになってきたことも同様の傾向である。また、最近の各国のカリキュラム改革は、統合型を志向している。わが国の新教育課程が創造的でゆとりあるカリキュラムをめざしているのも同様の志向を示している。

3. 統合型カリキュラムと学校組織

それでは統合型カリキュラムの導入は、学校組織に対してどのような意味をもっているであろうか。

統合型カリキュラムにおいては、並列型の下における既存の権威構造とか、既存の個々の教科に対するアイデンティティなどが崩壊することになる。たとえば、並列型のもとでは各教科ごとに主任が置かれていたものが、統合型になるとそのような職位の権威は相対的に低下することが考えられる。また、一人ひとりの教師にとっても、並列型では、一つの教科を自己裁量において指導していたものが、統合型になると、各教科を担当する教師との協働が行われることになり、それに伴って一人ひとりの教師の権威は相対的に低下することになるであろう。なぜならば、統合型カリキュラムにおいては、それぞれの教科は一定の上位の理念、概念または問題のもとに統合されるからである。

このことは教育方法や評価の仕方についてもいえるであろう。つまり、並列型カリキュラムのばあいには、各教科は相互に独立しているために、さまざまの教育方法や評価システムが採用されることが許容される。しかし、統合型カリキュラムではそれとは対照的に共通の方法や評価システムへの志向性が強くなる。

つまり、統合型カリキュラムのばあいには、教師のレベルでは教育実践の同質性が高まらなくてはならない。並列型では個々の教師の裁量が拡大し、統合型では個々の教師の裁量は縮小するのである。

一方、教師の裁量の拡大は児童・生徒の裁量の縮小を、また教師の裁量の縮小は児童・生徒の裁量の拡大をもたらす。つまり、並列型から統合型への転換は、教師と児童・生徒の間における教育的権威関係の逆転をも意味している。並列型では教師の児童・生徒に対する教授が、統合型では児童・生徒の集団学習または自己学習が重要視されるからである。

以上のように、教育課程の並列型から統合型への転換は、教師間関係と教師―生徒間関係の転換、ひいては生徒間関係の転換をもたらす。つまり、学校内における社会関係の転換をもたらすのである。このことを学校の組織構造という観点からもう少し詳しく考えてみよう。

知識が並列型カリキュラムによって教えられるばあいには、その知識は相互に独立した一連の教科によって組織され、配分されている。このような構造は、教科主任と管理職との公式および非公式の会議による寡頭支配に陥るおそれがある。つまり、古参の教師は他の古参教師とは水平的関係が強く、また自分の専門教科内では若手教師と垂直的関係を強める。しかし、若手教師については専門教師内での垂直的関係だけが強くなりやすい。これは並列型カリキュラムのばあいには各教科に対する教師のアイデンティティが強いことなどによるものである。したがって、若手教師の水平的関係は本来の職務以外の領域においてだけしかみられないことになる。

一方、統合型カリキュラムのばあいには、さまざまの教科の教師がお互いに社会関係をもつことが要請される。つまり、教師相互の関係が水平的であることが要請されるのである。並列的カリキュラムのばあいのように、各教師が自分の専門とする教科のカラの中に閉じ込もっていることは許されない。

同様のことは児童・生徒のレベルについてもいえる。並列型カリキュラムにおいては、児童・生徒、特に高校段階の生徒の知的学習面における相互の関係は垂直的となり、水平的関係は部活動などの領域に限定される。一方、統合型カリキュラムにおいては、児童・生徒全員が共通の課題のもとに学習をするのであるから、知的学習面における相互関係も水平的なものとなる。

並列型カリキュラムのばあいと統合型カリキュラムのばあいとでは、校内組織が以上に述べたように異なってこなくてはならない。これはそれぞれ図6－1のように示すことができるであろう。(2) 実線は強い関係を、点線は弱い関係を示している。

カリキュラムを並列型から統合型に転換するためには、校内組織を以上に述べたように変えなくてはならないが、このような校内組織の転換は並列型カリキュラムのもとにおいても必要であろう。

図6－1　校内組織の二つの類型

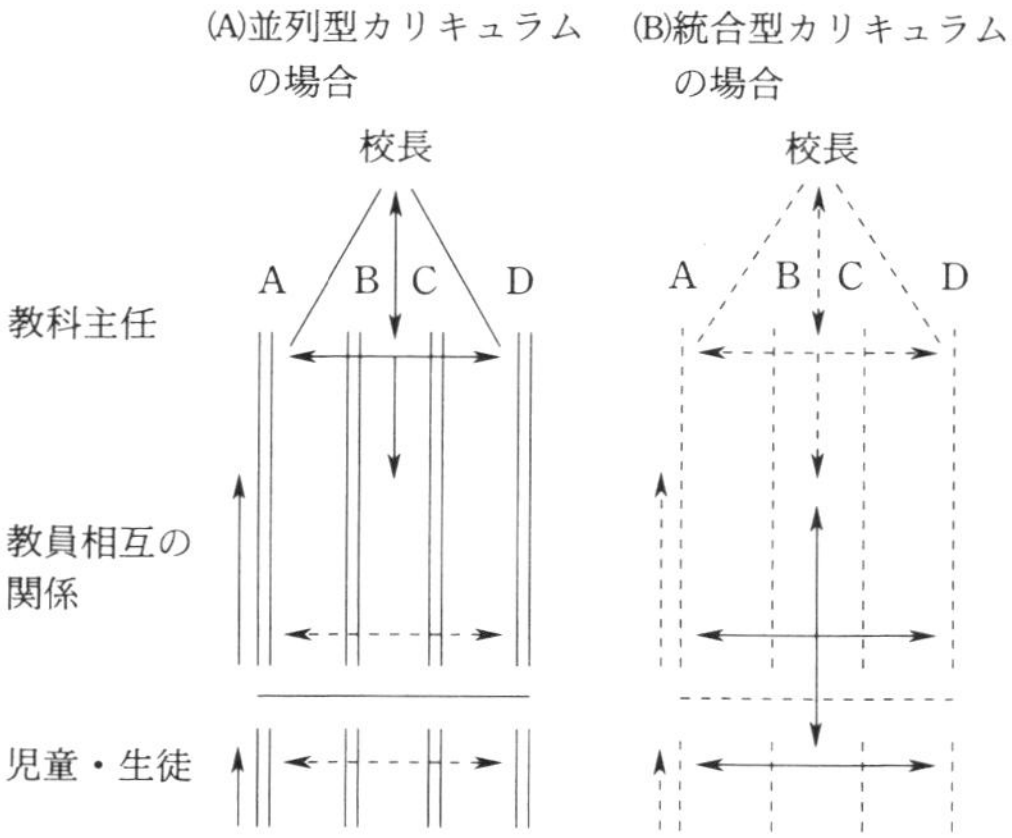

たとえば、「国語」という並列型カリキュラムにおける教科において、文章を論理的に理解したり、論理的な文章を構成する能力を養うことを目標とするばあいには、単に国語という教科の指導方法を改善するだけでは十分ではないであろう。日ごろから教師と生徒との間に、また教師間において、論理的な文章を使った言語生活が営まれていることが必要であるし、そのためには、そのような諸関係がタテの命令関係ではなく、論理によって相互の理解を深めるヨコの関係が存在していなくてはならないであろう。

役割理論の研究およびリーダーシップの研究でわが国でもよく知られているアメリカの教育社会学者ニール・グロス(Neal Gross)は、教育革新の失敗事例について研究した結果、失敗の原因として次のような五つの要因をあげている[3]。

① 教師が教育革新の意味をはっきり理解していなかった。
② 新しい役割モデルに合った種々の技術や知識を教師が欠いていた。
③ 必要な教材・教具が手に入らなかった。
④ 組織編成が教育革新に対応するものとなっていなかった。
⑤ 教師のモチベーションが不足していた。

いまわが国の学校に求められているのはまさに教育革新であり、それを成功させるためには、右のような条件が充足されることが必要であるが、ここでは特に④に関連した考察を行ったのである。そこで、最後に、グロスによる組織編成に関する考察を示しておくことにする。

「教育イノベーションが発表される直前まで、学校は教科別に部門化されていた。このことは、次のことを意味した。つまり、個々の教師が、生徒の学習集団を個々の教科領域ごとに分け、個々の時間帯に分けて指導することが必要となってくる。教育イノベーションを達成しようとするためには、こうしたやり方は変革される必要がある。というのは、この教育イノベーションは、生徒に自分の教室で一日中、自己の興味や関心を探求させることを要求しているからである。」

●引用文献

(1) 浜島朗他編『社会学小辞典』有斐閣
(2) この組織論はB・バーンステインの次の論文に依拠している。
Bernstein, B., On the Classification and Framing of Educational Knowlege, Brown, Richard (ed.), *Knowlege, Education and Cutural Change*, 1973.

バーンスティンは、カリキュラムをcollection codeとintegrated codeに分類している。コレクションとは切手や昆虫の収集と同意であり直訳すれば「収集型」となるが、並列型と同じといってよい。また、後者は「統合型」である。

(3) N・グロス著、河野重男他訳『学校革新への道—教育イノベーションの普及過程』第一法規

＜主要参考文献＞

OECD・CERI : *The Nature of the Curriculum for the Eighties and Onwards-Report on a workshop held at the Reinhardswaldschule,* Kassel, Germany from 29th June to 4th July, 1970, 1972.

OECD・CERI : *Styles of Curriculum Development,* 1972.

OECD・CERI : *Handbook on Curriculum Development,* 1975.

第七章

教授組織の改革

新しいカリキュラム、新しい教育方法を導入することがいま教育経営の重要な課題となっているが、このようにカリキュラム、教育方法の革新を実効あるものにするには、教授組織の改革が伴うことが不可欠であろう。本章では、そうした教授組織改革の重要方向として提唱され、また多くの学校で実践されるようになっているティーム・ティーチングについて考えてみることにしよう。これは協力教授組織などと呼ばれることもあるが、ここではティーム・ティーチングという言葉で、教授組織の改革を象徴的に表現することにする。

また、学校単位ではなく地域単位でのティーム・ティーチングも、地域の実態に応じて重要である。かつて一九七〇年代に千葉県館山市などで、そのような取り組みが行われたことがある。それは財政的事情などで廃止されたが、一定の教育的効果が期待できることも明らかにされている。[(1)]したがって、情報革命が一層進展するであろうこれからは、広域のティーム・ティーチングも検討していかなくてはならないであろう。以下においては学校単位の教授組織の改革について考えるが、基本的には、それは広域ティーム・ティーチングについても敷衍することができるであろう。

第1節　ティーム・ティーチングの意義

1．新しい学力を育てる

ティーム・ティーチングには多くの意義があるが、大別すると以下のような三つになるであろう。

子どもの個を生かす、子どもの個性を尊重するということが、いま非常に重要な教育課題になっているが、子どもの個性を伸ばしていく、子どもの個性を発見していくという観点からティーム・ティーチングには教育的に非常に大きな意義がある。

そのような考え方のうち政策的なものは、昭和六十一（一九八六）年四月二十三日に出された臨教審の第二次答申の提言である。この答申の第二部の「教育の活性化とその信頼を高めるための改革」で、「当面、小・中学校における四〇人学級の実施を含む現行の教職員定数改善計画を円滑に実施し、その完成後は児童・生徒の個性を尊重し、地域や児童・生徒の実態等に応じたきめ細かな教育指導ができるようにするため、学級編成の基準を弾力化し、市町村教育委員会が自らの判断において、学級規模を工夫したり、あるいは教育指導の方法や形態を工夫することができるようにする」と述べられている。この「教育指導の方法や形態」というところには、ティーム・ティーチング、習熟度別指導、補充指導といったことがあげられている。

このようにティーム・ティーチング導入の第一の意義は、子どもの個を生かすという点にある。このティーム・ティーチングを導入するに当たっては、文部省（当時）は協力者会議を設けて検討し、その報告の中で次のように述べている。

「これからの教育においては、児童・生徒一人一人の可能性を伸ばすことをその根底に据え、（中略）これまでの知識や技能を共通的に身につけることを重視した教育から、児童・生徒が自ら考え主体的に判断し行動できる資質や能力を育成することを重視する教育へと、学校教育の質的改善が求められている。このため児童・生徒一人一人を全体として把握し、興味・関心、能力・適性、思考力、判断力、表現力等の一人一人の特性等に応じて、多様な指導方法を工夫するなど、個に応じた多様な教育を展開することが不可欠である」。

この中で述べられている「児童・生徒が自ら考え主体的に判断し行動できる資質や能力」というのは、いわゆる新しい学力観、新しい学力に当たる。そういう能力をそれぞれの子どもの個性を尊重しながら育てていく必要があるということである。そういう能力を育てていくためには、従来の一人の教師が一つの学級を担当するという指導方法を改めていかなければいけないのではないかということがいわれるようになってきたのである。端的にいえば、新しい学力を育てるというところにティーム・ティーチングの第一の教育的な意義があるであろう。

2. 個々の教師の個性を生かす

ティーム・ティーチングの第二の教育的な意義は「教師の個を生かす、教師の個性を生かす」ことである。児童・生徒の個に応ずるには、教師のほうも個性を発揮することが求められるが、従来の固定化した学級の下での一斉授業では、教師は自分の個性を積極的に発揮することができなかった。

日本の教師は非常に画一的な授業をやっていると、よく外国から批判されたりすることもあるが、それは教師自身が個性をもっていなかったということではなく、一人ひとりの教師の個性を引き出すような制度、体制がなかったということであろう。ティーム・ティーチングには、一人ひとりの教師が自分の個性を発揮することを通じて子どもの個性も伸ばしていこうという考え方がある。

もちろん、教師の個性のちがいによって学級の雰囲気がちがったり、教師の力量のちがいによって児童・生徒の学力面で学級差が生ずるということは現実にはみられるが、現在の体制の下では、教師による個の積極的発揮というのは、教育の機会均等という理念の下に制約されている面がある。ティーム・ティーチングには、そういった制約を取り除くという意義があるのである。

つまりティーム・ティーチングには、学級と教師を固定させることによって生じた学級格差を解消することも期待されているのである。いいかえれば、教師集団の教育力を高めるという意義もあるということである。一人ひとりの教師の力量を高めることは現職教育を通じていまも行われているが、教師集団全体としての教育力を高めていくところにティーム・ティーチングの意義があるということである。

従来は学校の教育力は、一人ひとりの教師の教育力の単純総和として考えられていたが、ティーム・ティーチングはそれを単純総和よりももっと大きくして、増幅総和にしていくところにあるといってよいであろう。

3．教師集団の教育力を生かす

ティーム・ティーチングの意義として第三に指摘したいことは、「教師たちがそれぞれ自分の個性を発揮しながらお互いに協力していく」という、その協力自体がもつ教育力である。「子どもは親の姿を見て育つ」とか「子どもは父親の背中を見て育つ」とはよくいわれることであるが、同じような意味で「児童・生徒は教師集団の姿を見て学ぶ」ことが多いのではないかと思われる。学級単位の指導体制では、実際には教師の力量によって仕事の内容は同じではないであろうが、すべての教師がそれぞれ自給自足的に同じ仕事をすることが期待されている。

学級単位の指導体制では、一人ひとりの教師は、いってみれば機械の部品のように他の教師と取り替え自由ということになる。一人の教師が何らかの都合で学校に来られなくなったとか、あるいは人事異動でほかの学校に移っても、代わりの教師が来ればそれですんでしまうということである。そういう組織は「機械的な組織」といえる。また、「環節的・環形的な組織」といわれることもある。「環形」には、環形動物という言葉があり、これはミミズのような動物のことである。ミミズは切っても死なず、部分は動いている。そのように部分が欠けても全体に問題はない組織が、機械的な組織である。

機械的な組織に対して、ティーム・ティーチングを導入した組織は、それぞれの教師がそれぞれの特質において分業し、役割分担することで、全体としての仕事を成り立たせようという組織である。こういう組織は、機械的な組織に対して、「有機的な組織」といえる。つまり、それぞれが自分だけがもっている特色・特性を生かしてティームに貢献するのであるから、その人がいなければティーム全体の仕事はうまく成立しないことになる。そういう組織が、ティーム・ティーチングを導入した組織ということになる。

注目したいのは、このような組織のちがいが、そのメンバーである児童・生徒に対しても非常に大きな教育的力を発揮するのではないか、つまり、先生方が夜遅くまで協力して教材を準備したり討議したりしていることは、子どもの目に見えることもあるであろうし、目には見えなくても、教師たちの協力しているようすは、雰囲気などを通じて子どもにも伝わるのではないか、そういう力がティーム・ティーチングの中にあるのではないかという点である。

ティーム・ティーチングを実施している学校に行くと、「ティーム・ティーチングが非常にいいことはわかるけれども、準備のために時間がかかって大変です。最初のころは一時、二時まで学校に残って準備したり、相談することが続きました」という話を聞く。ティーム・ティーチングがいいことはわかっていても、それを実際に広め定着させていくことはむずかしいという声も出てくる。その辺は少しずつ時間をかけて慣れていくに従って解消していく面もあるであろうが、大変ではあっても教師たちが協力・協同していること自体が、子どもたちに対する大きな教育力になっている面があるということ、言い換えると教師のティーム・ティーチング自体が潜在的カリキュラムになっているということを認識することが重要である。

実はこういうことは、かつてフランスの社会学者であるエミール・デュルケムも指摘していることである。(2)

デュルケムは『社会分業論』という本で、「組織のメンバーが一人ひとり有機的に結びついているような社会、それぞれメンバーが個性を発揮し結び合っているような社会は、いろいろな意味で教育的な力があり、道徳的な規制力がある」といっているのである。それは、社会全体にもあると同時に、学校という小さな社会の中にもあるのではないだろうか。

第2節　ティーム・ティーチング導入の経緯

1．第六次公立学校義務教育諸学校教職員配置改善計画

ここで、ティーム・ティーチングがどのような経緯で導入されてきたのかについて述べておこう。

実はティーム・ティーチングは、日本では昭和四十年代にすでに始まっており、一時期ブームのこともあった。点から面に全国的に広がるというようなところまでいったとは必ずしもいえないが、一時期非常に多くの学校でティーム・ティーチングの実践が行われたことがあったのである。しかし、先述したように、いいことはわかっていても大変であるとか、熱心な先生がほかの学校に行ってしまうと体制が維持できなくて終わってしまうとか、あるいは教育委員会から指定されてやっていたけれど、研究のためのお金が切れたためにストップしてしまったとかいうようなことが多く、持続させた学校はあるが、多くの学校では下火になってしまったというのが現実である。

それが最近また見直され、多くの学校で取り組みが始まっている。これは臨教審の答申にも出ていたように、昭和三十四年度から平成三年度までの五次にわたる改善計画の実施によって、公立小・中学校において同学年の児童・生徒で編成するばあいの一学級の最大規模を四〇人とするという目標が達成され、平成五年度から「第

六次公立義務教育諸学校教職員配置改善計画」（平成五年度から平成十二年度までの計画）がスタートしたことをきっかけにしている。

この改善計画では、新しい指導方法を取り入れてさまざまな工夫ができるような教職員配置を行うこととされており、いろいろなことがあげられていた。特に注目されるのは、ティーム・ティーチングといった方法が改善事項のトップにあげられていることである。ティーム・ティーチングは、昭和三十九年ごろにアメリカから紹介され、全国の多くの学校で実践され、それについていろいろ研究も行われたが、それはいわば点としての普及であり、しかも日常化するまではいかなかったというのが現実である。それに対して右の改善計画は、教職員の加配措置をいわば触媒としてティーム・ティーチングの面としての普及を図ることをねらいとしていたといってよいであろう。(3)

2. 学級規模と教育効果

従来は、学級規模を小さくするという考え方に立って教職員の配置を改善していこうという政策がとられてきた。そういう政策の背後には「学級規模は小さいほど教育効果が高い」という考え方があった。つまり、学級規模が小さいほど一人ひとりの子どもに対応できる。一斉指導という体制であっても、規模が小さければ一人ひとりの子どもに対応できる。そのことによって、全体としての教育効果も上がるであろうという考え方に立って、学級規模を小さくする政策が昭和三十四年から平成三年度までの五次にわたる改善計画によって進められ、一応四〇人学級が達成されたのである。

ところが、学級規模と教育効果との関係は複雑である。教育の目標をどのように考えるか。どのような教育方法をとるか。生徒の能力・適性、興味・関心、態度などはどのようであるのか。学級規模の大小による教育効果のちがいは、こういったいろいろな要因と関係している。したがって、学級規模が小さいほど教育効果が高いと単純に結論づけることはできない。

昭和四十年代に文部省が行った小・中学校の学校経営の最適化に関する研究では（筆者もメンバーの一人であったが）、学級規模はどのくらいがいいのかについて、教師を対象にアンケート調査やインタビューなどが実施されたが、その調査の中でも、必ずしも学級規模が小さくなれば教育効果がそれにつれて高くなっていくとは考えられていなかった。

わが国では第二次大戦後、いわゆる「すし詰め学級」が問題になった。そのときに「学級の規模を小さくすることによって教育効果が上がる」という注目すべき実験的な研究がいくつか行われている。たとえば、中学校の英語の授業のとき、学級内の全生徒が個別的な指導を受けるばあいに、大学級では一一時間かかるのに対して、少さな学級では七時間で足りるという結果も出ている。ほかにも、大学級よりも小学級のほうが効果が高いという結果がたくさん出ている。しかし、この実験的研究でいう大学級の規模は六〇人で、小学級の規模は四〇人である。学級規模を小さくするほど効果が上がるといっても、六〇人から四〇人に縮小するばあいには教育効果のかなりのアップが期待できるのであって、四〇人より小さくしたらどうなるかについての実証的・実験的研究は、実は日本にはないといってよい。

しかし、欧米には学級規模と教育効果との関係について実証的に調べられた研究が数多くある。そういういままでに欧米で行われた学級規模と教育効果との関係についての調査を全部整理した研究もある。[4] そういうものをみると、学級規模を、たとえば一五人ぐらいまで大幅に小さくすれば教育効果が上がるだろうという研究がたくさんある。しかし、それはあくまでも予想であって、すでに指摘したように、学級規模と教育効果の関係を単純に結論づけることはできない。よしんば学級規模を一五人にすることで教育効果を上げられることが明らかになったとしても、それは財政的にきわめて困難ではないかと思われる。たとえ財政的に可能だったとしても、教職員をいまの倍以上に増やさなくてはならないことになる。そういうことが実際上可能かどうか。

つまり社会全体では、学校教育以外にもいろいろな人材が必要とされている状況の中で、量だけではなくて質的にも適切な人材を学校に確保することが可能かどうかも問題である。

第六次の改善計画では、このような現実的な面をふまえ、従来とは異なる原理に基づいて教職員の量的改善を図ることとされた。すなわち、日本のこれまでの実践的・実験的な研究について調べたり、アメリカ、ヨーロッパなどの国々にも調査に行ったりして、「学級規模を小さくするという考え方だけで個に応ずる教育が実現できるとは必ずしもいえない」し、大幅に学級規模を小さくすることは、当面、現実にはできないという観点から第六次の教職員定数改善がスタートしたのである。

つまり第六次改善計画は、「学級規模を基準に考えるのではなくて、各学校において個に応じた多様な教育を実現し、児童・生徒と教員との間に心のふれあいや人間的なつながりを育てるための教職員定数の在り方はどのようなものかということを中心的な観点として検討する」（協力者会議の報告）という考え方に立って行われた。つまり、これまでは学級規模の引き下げによって教職員定数の改善が行われてきたが、そこでは一人の教員対一つの学級という体制の下での一斉学習を授業形態の基本とすることを前提にしていた。

もちろん、一斉学習の体制の中でもグループ学習のような指導方法が取り入れられ、個に応ずる工夫や努力がされているが、しかしそれはあくまでも固定された学級という枠の中でのことにすぎず、一人の教師が一つの学級を担当するというシステムを固定したうえでの工夫・努力であった。そういう意味で、個への対応には限界があった。この限界を少しでも乗りこえようというのが、第六次の改善計画の基本方針である。まず指導方法を工夫してから教職員の配置を考えようというのであるから、いわば発想の転換ということになる。

以上がティーム・ティーチングの導入の経緯である。

第七次計画（平成十三～十七年度）では、教科等の特性に応じて二〇人程度の小人数による授業を行う学校の具体的な取り組みに対する支援を行う措置を講じているが、これは四〇人学級という枠組みの中での各学校の創意工夫に期待しようというものである。学級規模に関しては、今後実証的な研究が必要であるが、これは学校自体がいわば臨床的に行うべき経営課題だともいえるであろう。

ここで重要なことは、学習集団を変えてみても、すなわち、児童・生徒の集団を変えるだけで、教師集団のほうは旧態どおりに、一人の教師対一つの学習集団というのでは、片肺飛行というものである。ティーム・ティーチングと連動することが重要となるのである。

第3節　ティーム・ティーチングの方法

1．多様なティーム・ティーチングの形態

そこで三番目に考えたいのは、ティーム・ティーチングの方法にどのようなものがあるかということである。実はティーム・ティーチングは教師が協力して指導に当たることが一つの原則であり、決まったティーム・ティーチングの形や方法があるわけではない。それぞれの学校の規模や児童・生徒の実態をふまえて実施をするべきで、特定の形態があるわけではない。各学校で実際に行われているティーム・ティーチングの方法もきわめて多様性に富んでいる。これはむしろ望ましいことといってよい。時間がたつに従って一つの方向に収斂していくということではなく、それぞれの学校がそれぞれの学校の個性をつくっていくことのほうにむしろ意味がある。つまり、ティーム・ティーチングというのは児童・生徒の個に応じ個性を尊重する、またそのために一人ひとりの教師の個性を発揮できるようにすることがねらいであるから、学校によってティーム・ティーチングのやり方にちがいが出てくるのは当然である。

同じ規模の学校で同じ数の教師がいても、一人ひとりの教師がもっている特性にちがいがあるので、ティー

ム・ティーチングのやり方にもちがいがあるのである。よくみられる形態は、一つの教室の中で従来の学級をそのままにしておいて二人の教師が指導に当たる方式である。一人の教師が主、もう一人の教師は従という形で指導する。一人の教師は黒板の前にいて指導し、もう一人の教師は机間巡視でつまずいている児童を発見し指導するという形が非常に多くみられる。もちろんこれもティーム・ティーチングの一つの形態で、それはそれで意味があるが、このばあいにも、二人の教師の一方が常に主で一方が従と固定するのではなく、あるときには主である者が従になるというように、役割を交代しながら行うという形のばあいに、うまくいっているように思われる。常に経験年数の長いベテランの教師が主になるのではなく、若い教師が得意な領域・分野があるときもあるであろうから、そのばあいには若くても主のほうの役割をとるのが望ましいし、実際にそういう形で行われているばあいが多い。

2. 学習集団の柔軟な編成との組み合わせ

小学校のばあいには一人の教師がほとんどの教科を指導する体制がとられているが、そのばあいでも専科の教師がいるばあいが多い。そういうときに教科によっては担任の教師と音楽専科あるいは体育専科の教師と組み合わせて、加配された先生が常にティーム・ティーチングに当たるのではなく、学校全体に一人の教師が増えたという考え方に立って、ティームの組み方を柔軟に行うことが望ましいし、実際にそういう方法をとっているばあいが、子どもの反応などもよいようである。

中学校でも、同じように二人の教師が一つの教室で一方が主になり一方が従になって指導する形態が多いが、たとえば数学の授業のばあいに二人とも数学の教師ではなく、一方は数学で一方は理科というばあいもある。また、二人ではなく、もっと大勢の教師が協力をするという学校もみられる。

四人の教師が一つの学級でコンピュータの指導を行っている授業を参観したことがある。これはコンピュータを使う数学の授業で、四人のうち二人は数学、あとの二人は理科（担当）の教師であった。理科の教師はたまたま授業が空いていたので、ボランティアとして加わっていた。

このように、空いている教師に指導に加わってもらう、それも最初から最後までずっといるのではなく、必要な場面に来てもらうというように柔軟に取り組んでいるばあいもあるのである。

もう少し積極的に、従来の学級を解体し学習集団を再編成して指導をするばあいもある。たとえば学級の数は三つでも、そこに四人の教師を配置し、学習集団を四つ編成する。つまり学級を解体して四つの集団にするということである。学級は、どれも規模は同じであるが、四つの集団をつくるばあいには、集団の大きさは必ずしも画一的ではない。習熟度別に編成するばあいもあれば、興味に応じて子どもたちの自主性に任せて指導するばあいもある。そのばあいでも学習集団は画一的ではない。たとえば、習熟度別で行うばあいには、習熟度の高い集団の規模を大きくし、習熟度が低い集団を小さな集団にしてきめ細かく指導するというように、集団の大きさを変えることが多い。また、教師は四人だけれども集団は五つつくり、ある集団は教師はほとんど指導せず子どもたちの自主性に任せるばあいもある。

ただ、いずれのばあいも、子どもが属する集団を教師が一方的に決めるのではなく、習熟度別のばあいであっても、子どもたちに自分がどの集団に入るのがいいかを自主的に判断させることが多い。所属集団を決める際に、テストをするばあいとしないばあいがあるが、テストを行ったときでも結果に応じて機械的に振り分けてしまうのではなく、結果をもとに子ども自身に判断させることもある。

以上のように、ティーム・ティーチングの方法を考えるばあいには、教師側のティームの組み方と児童・生徒のティームの組み方の両方を柔軟にして、それをうまく組み合わせていくことがポイントになる。

現在のティーム・ティーチングは、一人の教員を学校に加配していくことで推進されているが、そのばあいに加配された教師が特定され、その教師が常にリーダーになっている学校もある。しかし、たとえ加配教員がわかっているばあいでもそれを特定せず、全体として教員が一人増えたという認識でティーム・ティーチングのやり方を工夫している学校が多いようで、それが非常にいい結果を生んでいるようである。

また、これはティーム・ティーチング導入の意義にもかかわることであるが、加配されて教員が一人多いところだけでティーム・ティーチングを行うのではなくて、加配されていなくても積極的にティーム・ティーチングを行うことが、これからの教育経営の課題である。ティーム・ティーチングは加配されたから行うとか、加配されている部分だけで行うというのではなく、それをきっかけにして学校全体の組織が改善されていくことが重要なのである。

3．子どもの反応

以上のように柔軟な形でティーム・ティーチングが取り入れられたばあいの子どもたちの反応はどうなのだろうか。ティーム・ティーチングの効果には、子どもに対する効果と教員に対する効果があるが、子どもに対する効果をテストなどを行って出てきた結果だけでみると、必ずしもすぐにプラスになるわけではないが、子どもたちの反応をみると、わからないところがわかるようになったという子どもが多い。

一人の教師が指導しているばあいには、つまずきを見のがしてしまうことがあっても、ティーム・ティーチングではもう一人の教師が来て指導してくれることがあるので非常にいいといっている子どもが多い。また、複数の教師がいることによって、いままで認めてもらえなかったような側面でも認めてもらえるばあいがあるなど、子どものほうからは大変いいという声がたくさん出ている。学校を訪問した折に、子どもたちに「どうかな」と聞いてみると、「授業が非常に活発になるし、雰囲気はよくなるし、よくわかるばあいも多いのでいいです」という声が返ってくるので、ティーム・ティーチングは全体として子どもに好評であるといってよいであろう。

ただ、学力という面で効果がどうなのかということになると、そう簡単には確かめられないのではないかと思われる。ちょっとわからなかったことがわかるようになったというレベルのことは多いが、ティーム・ティーチングを通じて高めようとしている新しい学力がどうであるのかということになると、必ずしも明らかではない。というのは、新しい学力は、テストを通じてそう簡単に測れるものではないからである。ティーム・ティーチングによって短期的に子どもの学力に大きなちがいが出てこないからといって、ティーム・ティーチングは効果的でないと考えるのではなく、長期的にみていくことが重要なのであろう。

一人の教師が主でもう一人の教師は従である形の授業のばあいに、一般的には従の教師は机間指導することが一般的であるが、教師が子どもたちの討議に参加していくという事例もある。つまり、主である教師が発問して子どもたちがつまずいてあまり声を出さないときに、もう一人の教師が子どもの役割や立場になって何か発言するという形である。それによって子どもたちが活発に答えを出すようになるのである。こういうことからも、ティーム・ティーチングは子どもたちに主体的に考える力を育てることができるといえるかもしれないが、いずれにしてもティーム・ティーチングの効果は長期的に考えていくことが必要かと思われる。

第4節　今後のティーム・ティーチング展開のポイント

1．環境の整備

ティーム・ティーチングを今後展開していくうえで、まず第一に教師側と子ども側のティームの組み方を柔軟に考えていき、特に子どもの集団をいろいろ工夫していくことが必要であるが、以上に述べたような形でティーム・ティーチングを実施していくとなると、環境の整備も当然必要になってくる。たとえば、三つの学級を四つの学習集団に再編成すると、当然もう一つ空き教室がなければうまくいかない。といって学校を建て直すというようなことはすぐにはできないであろう。

しかし、最近は子どもの数が減ってきて、空き教室が増えている学校が多いので、空き教室を一つ増えた集団の学習空間に活用することができる。教師のティームと子どものティームも柔軟に編成していくとなると、その学習環境・学習空間も当然それに対応して工夫していく必要がある。ばあいによっては一つの教室の中に仕切りをつくるばあいも出てくるかもしれないし、特別教室や図書室あるいは校舎の外の空間を利用するというように、環境についても柔軟に考えていくことが必要であろう。また、学校だけをティーム・ティーチングの環境として考えるのではなく、地域的な広がりの中で学習環境を考えていくことが必要になってくるであろう。

2. 時間割の弾力化

そのように柔軟に環境を考えていくと、以上のほかにも学校経営・学級経営を行っていくうえで連動して検討しなければならない面がある。時間割についても、従来の小学校四五分、中学校五〇分という固定した単位で編成していく体制を再検討すべきであろう。

時間割の柔軟な編成、単位時間の弾力化については、ティーム・ティーチングと関係なく、学習指導要領の留意事項の中でふれられており、実際に弾力的に編成している学校も多い。時間割の柔軟な編成は、それ自体で一つの重要な取り組みであり、それを通じて教育の効果が上がることもあるであろうが、ティーム・ティーチングの導入と連動させて時間割の弾力化を考えていくことも重要である。

もちろんこれは、ティーム・ティーチングをどういう場面で導入するとか、どういう方法で導入するのかということにかかわっている。体験的な場面を多く取り入れていくところでティーム・ティーチングを導入していくばあいや、子どもたちの主体的な判断力を伸ばすためにティーム・ティーチングを導入するばあいには、従来のように一方的に教師があらかじめ決めたことを教えていくのではなく、子どもたちが自由に考えていくのであるから、あまり画一的に授業の時間を決めておくと、せっかく子どもたちが一生懸命になっているのにチャイムが鳴って授業を終わりにしなくてはならないというようなことが多く出てくることになる。

そこで、画一的に四五分や五〇分ではなく、授業の内容とか方法に応じて長くしたり、短くしたりするというように、時間割の組み方を柔軟にしていくことを考える必要がある。また、たとえ四五分を九〇分に延長しても、どういうことを教えるのか、どういう方法をとるのかに関係なく固定してしまうのでは、従来と同じことで、時間が長いか短いかだけの問題になってしまう。重要なことは、柔軟な指導体制をとるためには時間への対応も柔軟でなければならないということである。たとえば、授業の流れに応じて時間を少し伸ばしたり短くしたりすることができるような工夫、休み時間を少し長く取っておき、それをうまく使うやり方などもある。時間を延長したばあいにはそれを記録しておき、学期とか年間で調整を図っていく。時間の銀行みたいなものをつくって記録しておき、最終的に年間の指導時間が確保されるようにしていくといった工夫をしている実践もある。

3．子どもへの柔軟な対応

以上に述べたように、ティーム・ティーチングを導入していくには、一定の形を考えるのではなく。むしろ個である子どもたちにいかに柔軟に対応するかということが重要である。ティーム・ティーチングというと、一つの学級に二人の先生がいて一方が主になり、他方が従になって、漫才師がボケとツッコミという形でやっていくように授業を展開していくと考える人も多いかもしれない。それももちろんティーム・ティーチングの一つの形であるが、あくまでもそれは一つの形であり、必ずしも二人の教師が一つの学級あるいは集団に張りついて指導するのがティーム・ティーチングではなく、複数の教師が子どもたちに対していろいろな形でかかわっていく。子どもたちに、学級を単位にして学習させるのではなく、興味、関心、習熟度というようないろいろな観点から柔軟に集団を再編成し、複数の教師が指導していくのがティーム・ティーチングである。

したがって、ある集団には三人の教師がかかわり、ほかの集団には一人もかかわらないとか、一人しかかかわらないという形もありうるということである。そういうばあいでも、その形を固定してしまうのではなく、それもまた柔軟に再編成していく。教師の集団も固定させず、子どものほうも各自の判断に任せながら集団を再編成していくことが重要であろう。

4. 新しい学力観を育てる

これはティーム・ティーチングを行ったばあいの評価にもかかわることであるが、子どもたちの集団を編成するばあい、一つの学級の中で子どもたちをスモールグループに分けるばあいもあれば、複数の学級を解体して別の集団を編成するばあいもある。その際にも、子どもたちに自分たちの興味や習熟度を判断させ、自分はどこの集団に行って指導を受け学習をするのが一番いいのかを自分の責任で決めさせることが重要である。それが新しい学力の形成につながると考えられる。

新しい学力観というのは、あくまでも主体的な判断力、自分で考える力を育てるということであるから、そういう力を授業の過程で発揮させるようにしていく。どの集団にいくかということを子どもたちに考えさせることを通して、新しい学力を育てていく、そういうことが重要であろう。

5. 複眼的評価

では、そういう指導の結果としての子どもたちの評価を、教師はどのように行ったらよいだろうか。いままでは一人の教師が一つの学級の子どもたちの評価を行うという体制だった。これからは、複数の教師がかかわることになるので、複数の教師の子どもの見方、評価をどのように反映させるかを工夫することが必要である。

そのばあいに重要なことは、複数の教師が相談して子どもに対する評価を一つにまとめて結論を出す形をとらないことである。そういう評価ももちろん必要であろうが、子どもの評価は教師によって同じではない。ある教師は子どものある面を非常に高く評価し、ほかの教師は必ずしもそうではなく、別の面を評価するということがあるであろう。したがって、ティーム・ティーチングという方法を取り入れていくばあいに重要なことは、複数の教師が一つの評価を導き出すようにするのではなく、多様な目で子どもたちを評価していくことである。テストを使って評価するばあいは、どの教師が評価をしても結果は同じで、ある教師がテストを行えば一〇〇点で、ほかの教師が同じテストをやったら五〇点ということは、テストそのものがおかしいということになる。そういう評価ではなく、教師が自分の目で子どもの個性を評価していく努力をする必要があるということである。

また、個性を評価するのであるから、その結果は、当然教師の個性にも関係がある。Aという教師がみた子どもの個性と、Bという教師がみた子どもの個性にはちがいがある。子どもというものを多面的に評価することが必要である。それをティーム・ティーチングを導入することによって、より活発にしていくことが重要であろう。

6．課題と展望

以上、ティーム・ティーチングの意義、方法、課題について述べてきたが、それらをふまえて最後に今後の課題と展望について若干指摘しておくことにする。

繰り返しになるが、ティーム・ティーチングを進めていくうえで第一に重要なことは、それを一つの形として考えないことである。複数の教師が協力することが重要なのであり、協力体制をあまりきちんとして、あらかじめ決めた役割を逸脱しないようにする官僚的な組織にしてしまっては元も子もない。「時間が空いてるならちょっと協力してよ」といって、いつでも協力し合えるような柔軟な体制をつくっておくことが必要であろう。これは、校長以下のスクールリーダーの重要な役割でもあり、教師たちの日ごろからの人間関係にもかかわることである。

さらに、そのような柔軟な体制をとっていくことの意義を、子どもたちにも親にも理解してもらうように学校としても努力をすることや、ティーム・ティーチングでは、地域の協力を得るばあいもあるであろうから、地域にもそういう学校の取り組みの意義を理解してもらう努力が必要である。ティーム・ティーチングは、子どもの個性を尊重する、個に応ずることが、究極のねらいである。それは、いわゆる新しい学力を育てることにもなる。新しい学力は、従来のように簡単にテストで測れるものではない。テストももちろん重要であるが、そういう客観的な評価だけではなく、教師が子どもを主体的に、自分の目で全体として評価することが重要である。この「全体として評価する」という表現は、協力者会議の報告書にも出ている。そういう目を教師自身が養っていくことも、ティーム・ティーチングにおいて重要なことであろう。

以上のように考えると、ティーム・ティーチングには、教師の力量を高めていく現職教育といってもいい機能があるのではないかと思われる。これは多くの学校でもいわれていることである。ベテランの教師と若い教師が一緒になって教材を作成したり授業に当たるということを通して、若い教師が指導力を高めていくという効果があるということである。逆に年配の教師が、若い人から新しい指導の在り方について学ぶという効果もあるであろう。そういう観点からもティーム・ティーチングを積極的に位置づけていくことが必要である。

●引用文献

(1)　館山市では同市の放送教育センターが核となって地域内の学校や公民館に電話の空回線を利用して教材、授業、講義などを流すというシステムを導入した。市内のベテラン教師が放送センターから優れた授業を市内の小・中学校に放送し、センターと学校、学校間のコミュニケーションもできるようなシステムである。また、学校の要請によってセンターが教材、特に、地域教材の作成を行うということも行われた。児童・生徒の学力の向上や技能の習得に大きな効果があると期待されていた。われわれが同市の委嘱によって行った効果などに関する調査研究の中で、数値によって確認した効果は、習字のような技能習得の向上であった。この調査はCATVシステムを利用して、広域ティーム・ティーチングで市内の習字の大家による授業だけを受けたA校5年生（一七名）の作品と、最初は教職経験三〇年のベテ

比較校 / 項目　評価者	A　校	B　校（1回目）	B　校（1回目）	B　校（2回目）	A　校	B　校（2回目）
	甲	乙	甲	乙	甲	乙
①ごんべんの書き方（偏と旁）	＊＊	＊		＊＊	＊＊	
②字の中心	＊＊	＊＊			＊＊	＊＊
③文字の大きさ	＊				＊	
④「誠」と「意」のつりあい	＊＊			＊＊	＊	
⑤名前の書き方						
⑥起筆		＊				
⑦はらい	＊＊				＊	
⑧心の一画目						
⑨はね		＊＊		＊＊		
⑩総合評価		＊＊				
⑪総合得点(4)	＊＊	＊＊		＊＊	＊＊	＊＊
⑫総合得点(9)	＊＊	＊＊		＊＊	＊	

（注）＊5％水準で有意，＊＊1％水準で有意

ラン教師で習字が不得意な教師が指導を行い、その後CATVを利用したB校5年生（三六名）の作品（いずれのばあいも「誠意」）を、テレビの指導教師とは別の二人の習字指導者（甲と乙とする）に評価してもらうという形で行われた。その評価結果は表に示すとおりであった。甲と乙では評価にちがいはあるが、大きな傾向として、B校の一回目よりも二回目が、それよりもさらにA校のほうが評価が高くなっている。総合得点にはそれが顕著に表れている。この結果をわれわれは次のように解釈した。〔詳しくは、拙著『地域の教育力を活かす』（ぎょうせい、一九八七）を参照されたい〕

(2)　これはE・デュルケムが『社会分業論』（一八九三）の中で展開した機械的連帯（solidarité méchanique）と有機的連帯（solidarité organique）という概念を参考にしている。機械的連帯というのは、相互に類似した同質的な成員が機械的に結合した社会の形態で、デュルケムはこのような連帯を基礎とした社会を環節的社会（société segmentaire）と名づけている。一方、有機的連帯というのは、独立した人格をもった異質の成員が自らの個性を能動的に生かしながら分業に基づいて形成する社会の結合形態である。

(3)　最近のティーム・ティーチングの実施状況やティーム・ティーチングによる指導の効果については、次のような調査研究報告（研究代表者・高浦勝義）が出されている。

『ティーム・ティーチングによる指導の効果に関する研究（第一次報告書）―ティーム・ティーチングの実施状況に関する調査結果』一九九七年

『ティーム・ティーチングによる指導の効果に関する研究（第二次報告書）―都道府県・市町村立等教育研究所・センターにおけるティーム・ティーチングの研究及び研修状況に関する実態調査結果』一九九九年

『ティーム・ティーチングによる指導の効果に関する研究（第三次

図7－1　グラス・スミス曲線

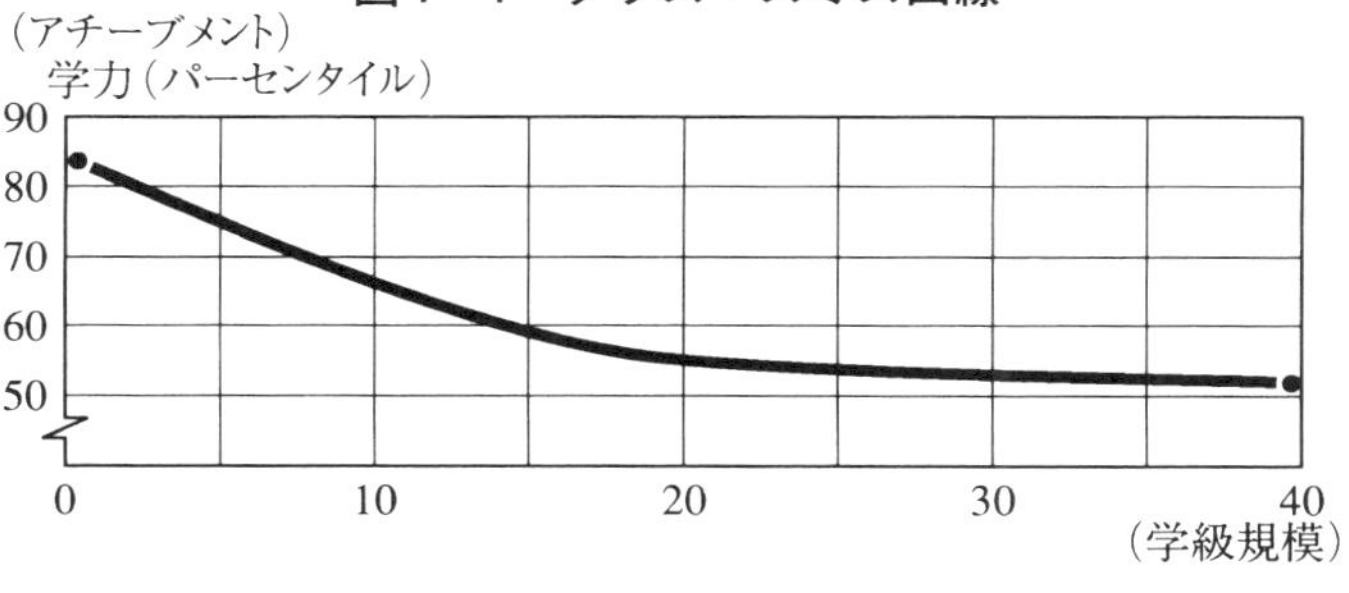

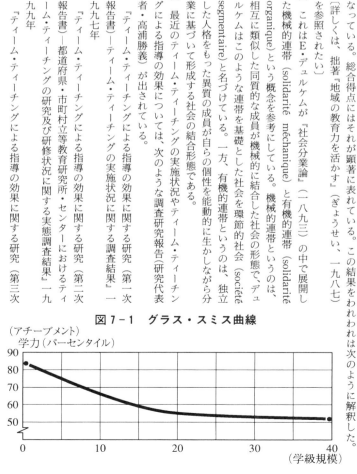

報告書）─学力達成及び価値・態度形成をめぐるティーム・ティーチングによる授業の効果に関する調査結果』一九九九年

(4) 最適な学級規模についての論議は、それこそ古代ギリシャにまで溯ることができる。が、現代の教育学において、しばしば引用される研究は、グラス（Gene Glass）とスミス（Mary Lee Smith）による、約百件にのぼる実証的研究についての分析（メタ・アナリシス）である。それはグラス・スミス曲線などといわれている次のような図である。これによると、学級規模は二〇人を下回らないと顕著な教育効果は出てこない。（出所：Glass, G. V. and Smith, M. L., Meta-Analysis of the Search on the Relationship of Class Size and Achievement. Far West Laboratory of Educational Research and Development, San Francisco, CA, 1978)

なお、最近、わが国では、次のような研究（代表者：世羅博昭）が発表されている。『学級規模の教育的効果に関する調査研究』二〇〇一年

第八章

地域社会学校の創造1

いま、わが国においては、学校と地域との連携とかコミュニティ・スクールの創造ということが教育改革の一環として推進されようとしている。コミュニティ・スクールは一九三〇年代、アメリカ合衆国で提唱・実践され、今日まで、さまざまな形で展開している。わが国では第二次大戦後、アメリカ合衆国のコミュニティ・スクールの理念を導入しようとする動きが活発化したが、高度経済成長の波の中での地域社会の変貌、人口の都会への集中などの状況下で、その動きは下火になってしまった。そこで、本章では、アメリカ合衆国におけるコミュニティ・スクールの源流とわが国の第二次大戦後のコミュニティ・スクール運動について考察することにする。

第1節　アメリカ合衆国におけるコミュニティ・スクール運動の展開

1. コミュニティ・スクール運動の登場——一九三〇年代末

学校と地域社会との関係を密接にすべきことが最近重要な教育課題の一つとなっているが、このような考え方や実践は決して新しいものではない。E・G・オルセン（Edward G. Olsen）は、一九四三年に刊行されたH・

N・リブリン(Harry N. Rivlin)編集の *Encyclopedia of Modern Education* において、Community and School の項を執筆しているが、オルセンはそこで「現実主義的《リアリスティック》な教育者たちは昔から学校での諸経験をより大きな生活の活動（larger life activities）と密接に関連させることが社会的にも教育学的にも望ましいということを認識していた。[(1)]」と指摘し、そのような教育者の代表としてルソー（Rousseau）、ペスタロッチ（Pestalozzi）、スペンサー(Spencer)、パーカー(Parker)の四人をあげている。彼らは効果的な教育の基礎として直接経験(direct experience）と社会的リアリズム（social realism）についての初期の提唱者である。また、さらに新しくはジョン・デューイ（John Dewey）の名もあげられている。

しかし、地域社会と学校の関連がクリティカルな問題としてクローズアップしてきたのは一九三〇年代末から一九四〇年代以降のことであった。オルセンは、地域社会と学校との関連について発表された当時の文献として次のようなものをあげている。

H. C. Atyeo, *The excursion as a Teaching Technique* (Teachers College, Columbia University, New York, 1939).

E. R. Clapp, *Community Schools in Action* (Viking Press, New York, 1939).

L. A. Cook, *Community Backgrounds of Education* (McGraw-Hill Book Co., New York, 1938).

N. L. Engelhardt and N. L. Engelhardt, Jr., *Planning the Community School* (American Book Co., New York, 1940).

S. Everett (ed.), *The Community School* (D. Appleton-Century Co., New York, 1938).

Georgia Department of Education, *The Community as a Source of Materials of Instruction* (The Department, Atlanta, 1938).

P. Hanna and others, *Youth Serves the Community* (D. Appleton-Century Co., New York, 1936)

J. Karlin (ed.), *Field Manual for Teachers* (Werkman's Book House, Chicago, 1941).
National Education Association, Department of Elementary School Principals, *How to Know and How to Use Your Community* (The Association, Washington, D. C., 1942).
R. West (ed.), *Utilization of Community Resources in the Social Studies*, National Council for the Social Studies, Ninth Yearbook (The Council, Washington, D. C., 1938).

右に列挙したように、一九三〇年代末から地域社会と学校との関係がクリティカルな問題として注目されるにいたったのはなぜであろうか。オルセンは、工業化、都市化、近代社会の相互依存性の進展によって次のような二つの社会的要因が生じたことを理由としてあげている。

(ア)　第一次的な地域社会関係、つまり対面的な人間関係が衰退したため、重要な地域社会活動に、成人の指導の下に人格的に、責任をもって、ひんぱんに参加することを通じて行う効果的な青少年教育の適切な機会が失われたこと。

(イ)　一九三〇年代の大恐慌と一九四〇年代はじめの大戦によって、国内的にも国際的にも緊張、争い、没落などが増大したこと。

つまり、右のような状況の進展の中で、伝統的な学校教育と青少年の基本的な生活ニーズとの間に深いみぞができてしまったことが多くの教育者の間で認識されるに至り、そのみぞを埋めなくては、個人の自己開発も社会の福祉の増進も期待できないという危機意識が生まれたことが、地域社会と学校との関係がクリティカルな問題となった主な原因であった。この間の事情をクック（Lloyd Allen Cook）は、コミュニティ・スクール運動が始まらんとしていた一九三八年に、次のように述べている。

「われわれがめざすべき教育がいかなるものであるかを明確に云うことは容易なことではない。それは、本質的には、児童・生徒の成長を計画的に図るという問題であり、成長していく人間を変化する地域社会に同化させることに注意深く努力することであるように思われる。こうした学校の機能の考え方にどのような名称を与えるべきかについての教育者たちの意見はさまざまであるが、いずれも社会的指導（social guidance）という理念に立っているといって間違いないであろう。いかなる名称を与えられるにしても、とにかくこの種の教育は学校と生活との間にあるギャップに橋をかけ、性格と人格を発達させ、地元《ローカル》の・地域社会《コミュニティ》をより住み良い場所にすることをめざすものである。[2]」

クックはさらにこのような新しいタイプの学校像を伝統的な学校との対比において描いている。それは当時の平均的な学校のように、硬直した学習指導要領（rigid course of study）を押しつけて、子どもを事実の記憶にしばりつけ、子どもの好奇心を殺してしまうことはない。子どもたちは「探索し探究する有機体」(an out-reaching, exploring organism）とみなされる。学校の課題は、「経験を拡大・深化し、知性を解放し、基本的な価値についての理解を高めること」(to broaden and deepen experiences, to liberate intelligence, and to increase appreciation of basic values）である。

右のように新しい学校は伝統的な学校に対して進歩的な学校である。しかし、クックは「極端な進歩主義」(extreme progressivism）ではないといっている。それは伝統的な学校に比べるならば大幅な自由が許容される学校である。しかしその自由は決して無制限の自由なのではなくて、あくまでも「制限内の自由」(freedom within limits）である。コミュニティ・スクールは教師に対して新しい社会秩序の建設を要請するものではなく、意図的な統制の下に社会変動に参加することを求めているのである。

2．コミュニティ・スクールの教育史上の位置

以上、クックが述べていることから推察されるようにコミュニティ・スクールは、伝統的学校とも、また、進歩主義の学校とも異なっている。オルセンは一九四五年に刊した *School and Community*[3]において、コミュ

ニティ・スクールを表8－1に示したように歴史的にはアカデミックな学校（academic school）、進歩主義学校（progressive school）に続く第三段階の学校として位置づけている。

アカデミックな学校は、「書籍中心」(book-centered)であり、進歩主義学校は「児童中心」(child-centered)であるのに対して、コミュニティ・スクールは「生活中心」(life-centered) であると位置づけられている。つまり、オルセンはコミュニティ・スクールを教育史上第三段階の学校として位置づけている。しかし、進歩主義自体が児童中心から生活中心への転換を示していることからいえば、コミュニティ・スクールは進歩主義教育の第二段階を代表するものといってよい。このことはオルセンも前掲の事典の中で指摘しているところである。

いずれにしてもここで注目すべきことは、コミュニティ・スクールが児童中心主義の批判の上に発展したということであろう。児童中心主義の教育は、社会の変化が急速ではなく、学校で習得した知識や技術が学校卒業後も社会の中で有効性を維持することができた時代的背景の中で生まれた教育理念であった。つまり、学校教育と社会生活の要求との間に大きなギャップが生ずることのない時代において児童中心主義はその意義を見い出すことができた。しかし、オルセンが述べていたように、一九二九年に始まった大恐慌による社会的・経済的混乱は、教育の理念についても根本的変更をせまることとなったのである。NEA（全米教育協会＝National Education Association）がその一九三五年の第一三年鑑において「社会変動と教育」(Social Change and Education)を特集していること、また、デューイが一九三六年九月にハーバード大学三百年祭の芸術科学協議会において「権威と社会変動」(Authority and Social Change) という演題で講演をしていることなどはそのことを示すものといえるであろう。また、第二次大戦の進展とともに、一九一七年の創設以来、アメリカ教育界の一大勢力として機能した「進歩主義協会」(Progressive Education Association) が一九四四年に「アメリカ教育同盟」(American Education Fellowship) と改称し、その新しい基本目標を次のように宣言したこと

表8－1　オルセンのコミュニティ・スクール

学校の型	アカデミックな学校	進歩主義学校	コミュニティ・スクール
基本的方向	書籍中心	児童中心	生活中心
主要な影響	一九一〇年まで	一九二〇－一九三〇年	一九四〇年以降
人間観	生来的に悪 （原罪）	生来的に善 （もともと完全）	生来的に無道徳的 （環境の状況による）
方法の要点	圧迫的訓練 「可愛い子には旅をさせよ」	拘束よりの解放 「自然の成長にまかせよ」	仕事の責任 「われらはなすべき仕事をもつ」
基本目的	記憶 （定義し分類す）	理解表現 （理解し情操化す）	進歩した統制 （運営し再建す）
カリキュラムの型	「訓練」的教科 （文法・歴史・数学など）	興味の中心 （エスキモー・紙や住宅の話その他）	社会過程 （食物を得ること、政治・健康保持その他）
学習価値	すべてが将来に延期されている （子どもの興味に関知せず）	すべてが直接的である （成人の要求に関知せず）	直接的でありまた将来にかけられている （成人の関心が子どもの興味となる）
郷土社会への関係	完全に無視さる （教室は象牙の塔であり、地域社会は無視さる）	偶然的に利用さる （教室は生活の純化した模写、地域社会は資料と経験の源泉である）	体系的に奉仕される （教室は経験のクリアリング・ハウスである。地域社会は発見と進歩の実験室である）
学校と地域社会とを関係させる技術	文書資料 視聴覚補助具 校外専門家の来校指導	文書資料 視聴覚補助具 校外専門家の来校指導 面接 現場見学 調査 長期調査旅行 学校キャンプ	文書資料 視聴覚補助具 校外専門家の来校指導 面接 現場見学 調査 長期調査旅行 学校キャンプ 奉仕協力活動 勤労体験

は、何よりも右の状況を如実に物語っている。

「アメリカ教育同盟は、従来よりも、学校が機能し、その一部をなす郷土的（local）・地区的（regional）・国家的（national）・国際的（international）な地域社会の全生活に対して、より一層大きな注意を払うことを提案する。

進歩主義教育の初期の時代は、個々の児童の興味と能力に対して強い関心を払い、集団活動は主として学校自体の内部で行っていたのに対して、われわれがいま迎えようとしている時代は、親、共通の関心をもつ者の集団・成人教育、すなわち児童とカリキュラムを取り巻き、学校が国民の学校として機能するかどうかを大きく左右する地域社会のあらゆる側面との、より親密で、実りの多い関係によって特徴づけられなければならないものと信ずる。(4)」

進歩主義協会が右のように方向転換をしたことを契機にして、コミュニティ・スクールに関する数多くの著書や論文が発表され、また実際にこの理念を実践する学校が全米各地に増大していった。このようにコミュニティ・スクールは、変動するアメリカ社会とともに生まれた教育運動であり、「二度にわたる世界大戦の間に激動したアメリカ社会の生みの子」(5)であった。

3. コミュニティ・スクールの五つの側面

コミュニティ・スクールの特徴は前に示した表によって明らかであるが、オルセンはコミュニティ・スクールの基本的側面として次の五つをあげている。(6)

(1) 成人の教育センターとして作用すること。――放課後から夜にかけて、文化的な科目、工芸、職業訓練、市民討論会（civic forums）、体育館、カフェテリアなどが地域住民に開放される「教育的・社会的センター」（educational and social center）となる。

(2) 地域の資源（community resources）の活用を図ることによって、古くからのプログラムを活性化すること。――カリキュラムと教育方法を活性化し、学習指導に深い意味を付与し、間接経験のみでなく直接経験をも与えるため、学校は地域内の「教育的資源」（educative resources）を調査し、その結果をカタログ化し、適宜それを活用する。

(3) 地域社会の構造・過程・問題の学習を中心にしたカリキュラムを編成すること。――あらゆる地域社会は、その中で生活・市民としての責任の分担・思想の交流・教育の確保・他者への適応・健康の維持・美的観賞・宗教的要求の充足・レクリエーションなどの基本的な過程があり、それにかかわるさまざまの問題がみられるという点において、人間の経験の小宇宙である。したがって、カリキュラムは、郷土および地区の物的環境・組織・階層と階級構造・基本的な活動・思潮・諸々の要求や問題などが、個人や集団の福祉にかかわる様相を直接に学習することをコアとする。

(4) 地域の諸活動への参加を通じて地域社会の向上を図ること。――純粋に市民的性格の強い各種の奉仕的事業は、生徒と教師と市民の協働によって計画、実施される。このことによって青少年は、地域社会が自分たちの奉仕を必要としていることを学ぶ。一方、地域社会は、青少年の奉仕が重要であり、効果的であることを発見するであろう。

(5) 地域社会による教育的努力の調整に指導性を発揮すること。――生活はすべて教育的である（All life is educative.）から、学校の役割は主として調整的なもので、残余的（residual）なものとなる。つまり学校の主な役割は地域社会内のあらゆる教育機関が、青少年および成人に対しより効果的な教育を施すための組織的で協働的な活動を行うよう指導することである。したがって学校自体の直接的な教育活動は、人々が学校以外の機関では学ぶことができない領域あるいは学校以外の機関においては十分に享受できない領域に限定される。

コミュニティは右のような五つの特徴をもっているが、オルセンはさらに、このうち最初の三つは、「地域社会を学校の中へ引き込む」(draw the community into the school) もの、(4)と(5)は「学校を地域社会の中に引き出す」(take the school into the community) ものと整理している。前者は学校の地域社会化、後者は地域社会の学校化と呼ぶことができるであろう。コミュニティ・スクールはこれらの側面をすべて充足していなくてはならないのである。伝統的学校の中にも、右の五つの側面のうちの一つや二つぐらいは見い出すことができるかもしれないが、コミュニティ・スクールと呼ばれるためには、右の五つの側面をバランスのある形ですべて導入していなくてはならないというのがオルセンの考え方である。

4. コミュニティ・スクールの十原理

オルセンはさらに、成功している地域社会中心の教育実践が次のような十の原理に従って運営されていることを指摘している。

(1) 学校と地域社会との間の関係に関して、次のような三つの総括的目標を設定している。

(a) 社会的理解 (social comprehension)——変化する文化の理解を深める。

(b) 社会的動機 (social motivation)——民主的社会改造に対するインセンティブをつくる。

(c) 社会的技能 (social skills)——地域社会への参加やリーダーシップの能力向上を図る。

(2) 地域社会を学校の「サービス・エリア」(service area) と定義づけているが、それを直接的かつ恒常的に、州・国・世界というより広いエリアと関連づけている。

(3) あらゆるコミュニティ——近隣であるか遠隔か、現代か昔かにかかわらず——について、次のような三つのレベルの文化を学習すべきだとしている。

(a) 物質文化 (the material culture)——人々がつくり使用した物や地理的な要因

(b) 制度的文化 (the institutional culture)——人々の大衆的な習慣や慣習

(c) 心理的文化 (the psychological culture)——人々を動機づけている信念

(4) 物的な環境 (physical setting)、社会過程 (social process)、社会構造 (social structure)、社会問題を重要視し、これらの諸要因間に密接な相互関係があることを強調する。

(5) 年間を通ずる全教育活動の中で生徒の経験を段階的に計画する。

(6) 経験の第一段階としては、地区社会における物質文化を特に地理と人口の側面と関係させながら考えることを中心とする。

(7) 右の学習を(a)空間、(b)時間、(c)視点という相互に関係しあう三つの次元において拡大する。

(8) 学校をコミュニティと効果的に結びつけるために、適切な方法をすべて活用する。

(9) さまざまのコミュニティの基礎的な過程に参加した青少年の地位、問題、社会的貢献に焦点を当てる。

(10) 個人の第一次的な忠誠心を、地理的な領域、政治的構造、物質的あるいは制度的な文化に対してではなく、人々の最も優れた伝統、倫理的理念、社会的価値に向けるようにする。

以上が、コミュニティ・スクールの十の原理であるが、この原理の背後には、教育をもって本質的には一つの社会過程であるとする教育観があるのである。つまり、教育は学習者がその物的、生物的、社会的環境の重要な側面と直接的に接触できるようにカリキュラムがつくられていなければ、真に現実的 (realistic) ではあり得ないというのがコミュニティ・スクールの根底にある基本的考え方である。

コミュニティ・スクールというのは右のような基本的な哲学を現実のものとするため、あらゆる可能な方法を導入する (原理(8))。オルセンはすでに示した表8－1の中で、その方法として、文書資料、視聴覚補助具、校外専門家の来校指導、面接、現場見学、調査、長期調査旅行、学校キャンプ、奉仕協力活動、勤労体験という十の方法をあげていたが、これは「生活の本島」(the Mainland of LIFE) と「島の中の学校」(the SCHOOL on an ISLAND）とを結びつけるもので、オルセンはこれを「学校とコミュニティを結ぶ十のかけ橋」（Ten Bridges between SCHOOL and Community） と呼んでいる。

図８－１　オルセンによる教育実践における十の原理

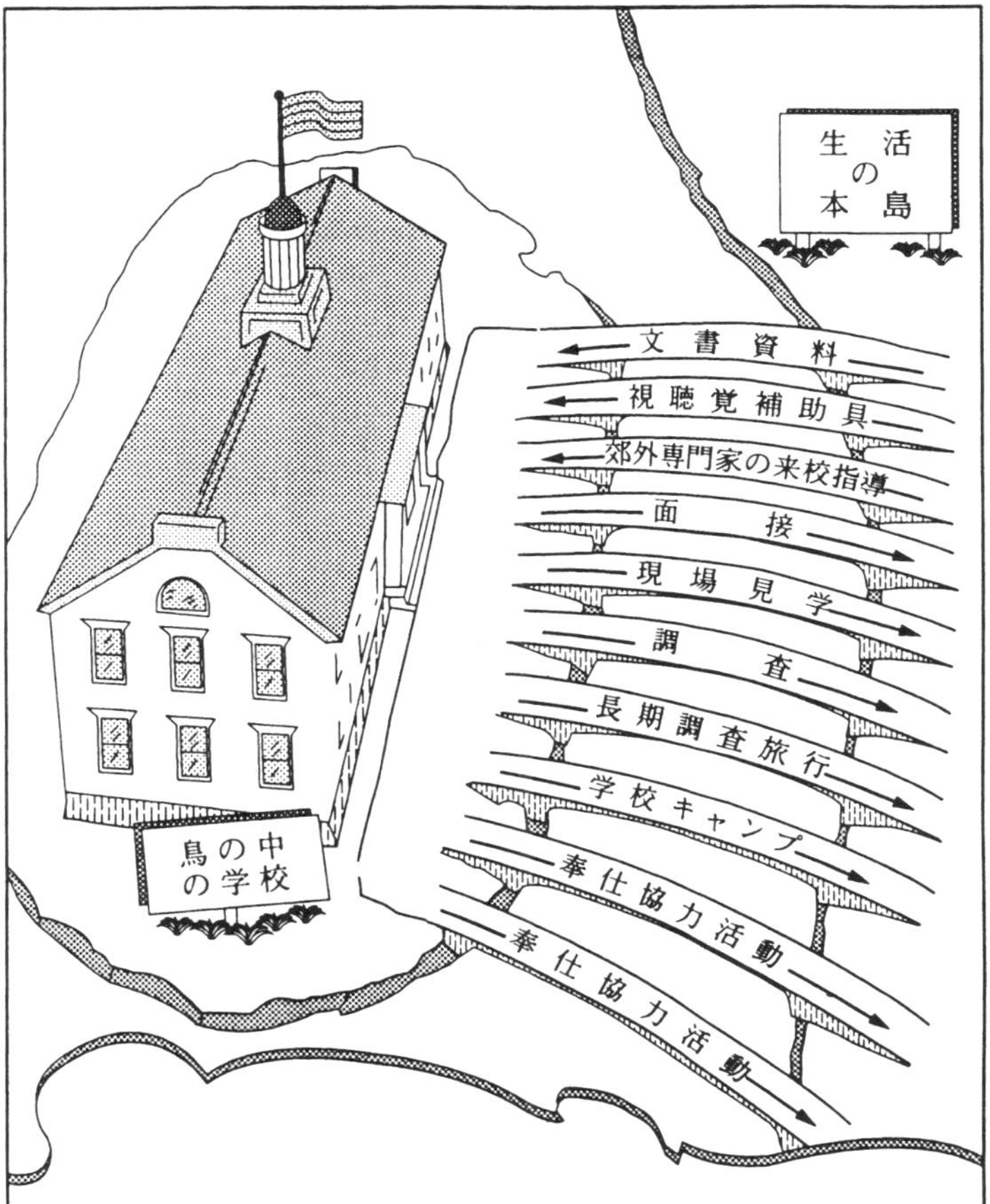

学校と地域社会とを結ぶ十のかけ橋

第2節　わが国におけるコミュニティ・スクール運動の展開

1．第二次大戦後の新教育政策

第一章で考察したように、アメリカ合衆国においては一九三〇年代における社会的、経済的変動の中でコミュニティ・スクールの運動が登場し、その理念は青少年の発達にみられる病理という新たな社会的要因も加えた現代の変動社会の中であらためて見直されようとしているが、わが国においては、コミュニティ・スクールが注目されたのは第二次世界大戦終了後のことであった。わが国では大正期において進歩主義の立場に立った教育実践の取り組みがみられたが、しかしそれはあくまでも一部の私立学校や師範学校においてのことであり、しかも第三段階としてのコミュニティ・スクールへの展開はなく、アメリカのコミュニティ・スクール運動がわが国の教育界において注目されるようになったのは第二次世界大戦終了直後のことであった。アメリカ占領軍は、昭和二十年十月二十二日の「日本教育制度ニ対スル管理政策ニ関スル件」において、極端な国家主義と軍国主義を排除し、これにかえて新しい教育方式を導入して、教養のある、平和を愛し、かつ責任を重んずる国民を育成するという根本方針を打ち出した。そしてこの方針を実施するための教育改革がすすめられることとなったわけであるが、カリキュラムの改革はその基軸をなすものであった。昭和二十一年三月三十一日に連合国軍最高指令官に提出された第一次米国教育使節団報告書は、その第一章において「日本の教育の目的及び内容」の項を置き、カリキュラムの改革を特に重要視したのである。

使節団報告書は、カリキュラムに関しては、まず第一に、知識のために知識を伝えるようなものではなく、「先ず生徒の興味から出発して、生徒にその意味がわかる内容によって、その興味を拡大充実するものでなければならない」、また、「特定の環境にある生徒が出発点でなければならない」というカリキュラム編成の基本原理を提起している。ここでいう「特定の環境」というのは、まさにコミュニティを想定したものであるといってよいであろう。

報告書がカリキュラムに関して打ち出している注目すべき第二の点は、右のような基本原理を実現するためには、中央教育行政機関である文部省の役割の転換を図るべきだという指摘である。すなわち、文部省は「生徒の環境や能力を顧みることなくあらゆる事情の下に有効であることを保証された、いわば教育の手形のようなものを発行する」のではなく、教育の過程が最もよく実施されるような状態をつくり出すために「指導と刺戟と激励の機能を行うべきである」と、指導・助言行政の原理を提示したのである。

文部省は右のような使節団報告書に呼応して、直ちに（四月）教科書局監修官、視学官を中心として教科課程改正準備委員会を発足させ、「現行学制ヲ前提トシ米国教育使節団報告書等ヲ参照シテ教科課程改正ヲ協議シテ行クコト」という方針の下に、精力的な研究・協議を行った。(9) そこでは外国の実態や、成城学園、自由学園など、進歩主義的な教育実践が参照されている。

昭和二十二年五月二十三日に学校教育法施行規則が制定され、そこで教科の基準が定められ、また「教科課程、教科内容及びその取扱いについては、学習指導要領の基準による」と定められたが、この学習指導要領はアメリカ合衆国におけるコース・オブ・スタディ（course of study）の訳として使われたものである。右の教科課程改正準備委員会は、まもなく教科課程改正委員会にきりかえられたが、最初の学習指導要領はこの委員会の作業を通じて作成されたものであった。昭和二十二年三月三十一日には教育基本法と学校教育法が公布されたが、わが国最初の学習指導要領（一般篇）はそれに先立って昭和二十二年三月二十日に試案として刊行されたのであった。

2．学習指導要領（試案）の刊行

右の学習指導要領（試案）は第二次世界大戦後のわが国の教育の進むべき方向を指示した重要なものであり、コミュニティ・スクールの理念の一端もこの中に示されているのである。

まず第一に、序論においては、学習指導要領（試案）（以下試案と略称することにする）の作成意図が次のように述べられている。

「これまでの教育では、その内容を中央できめると、それをどんなところでも、どんな児童にも一様に当てはめて行こうとした。だかからどうしてもいわゆる画一的になって、教育の実際の場での創意や工夫がなされる余地がなかった。このようなことは、教育の実際にいろいろな不合理をもたらし、教育の生気をそぐようなことになった。たとえば、四月のはじめには、どこでも桜の花のことをおしえるようにきめられたために、あるところでは花はとっくに散ってしまったのに、それをおしえなくてはならないし、あるところではまだつぼみのかたい桜の木をながめながら花のことをおしえなくてはならない、といったようなことさえあった。また都会の児童にも、山の中の児童も、そのまわりの状態のちがいなどにおかまいなく同じことを教えられるといった不合理なこともあった。しかもそのようなやり方は、教育の現場で指導にあたる教師の立場を、機械的なものにしてしまって、自分の創意や工夫の力を失わせ、ために教育に生き生きとした動きを少なくするようなことになり、時には教師の考えを、あてがわれたことを型どおりにおしえておけばよい、といった気持におとしいれ、ほんとうに生きた指導をしようとする心持を失わせるようなこともあったのである。

もちろん教育に一定の目標があることは事実である。また一つの骨組みに従って行くことを要求されていることも事実である。しかしそういう目標に達するためには、その骨組みに従いながらも、その地域の社会の特性や、学校の施設の実情や、さらに児童の特性に応じて、それぞれの現場でそれらの事情にぴったりした内容を考え、その方法を工夫してこそよく行くのであって、ただあてがわれた型のとおりにやるのでは、かえって目的を達するに遠くなるのである。またそういう工夫があってこそ、生きた教師の働きが求められるのであって、型のとおりにやるのなら教師は機械にすぎない。そのために熱意が失われがちになるのは当然といわなければならない。これからの教育が、ほんとうに民主的な国民を育てあげて行こうとするならば、まずこのような点から改められなくてはなるまい。このために、直接に児童に接してその育成の任に当たる教師は、よくそれぞれの地域の社会の特性を見てとり、児童を知って、たえず教育の内容についても、方法についても工夫をこらして、これを適切なものにして、教育の目的を達するように努めなくてはなるまい。いまこの祖国の新しい出発に際して教育の負っている責任の重大であることは、いやしくも、教育者たるものの、だれもが痛感しているところである。われわれは児童を愛し、社会を愛し、国を愛し、そしてりっぱな国民をそだてあげて、世界の文化の発展につくそうとする望みを胸において、あらんかぎりの努力をさゝげなくてはならない。そのためにまずわれわれの教壇生活をこのようにして充実し、われわれの力で日本の教育をりっぱなものにして行くことがなによりたいせんなのではないだろうか。

この書は、学習の指導について述べるのが目的であるが、これまでの教師用書のように、一つの動かすことのできない道をきめて、それを示そうとするような目的でつくられたものではない。新しく児童の要求と社会の要求とに応じて生まれた教科課程をどんなふうにして生かして行くかを教師自身が自分で研究して行く手びきとして書かれたものである。」

明治五年の「学制」に次ぐわが国第二の大教育改革は右の試案に示されたように、「教育の実際の場での創意や工夫」をこらすという方向で進められることとなった。これを契機に「我が国の教育界はここに〝新カリキュラム編成狂時代〟を現出し、全国がカリキュラム論議にわき立った[10]」のである。

しかし、「児童の要求と社会の要求」に応じてカリキュラムの編成を行うことは大変な難事業であった。いかにしたら子どもの要求と社会の要求とを把握できるかということが最大の問題であった。そこで「華々しいカリキュラム議論は、基礎的研究へと一歩前進した[11]」のである。子どもの要求を把握する必要性は児童心理学、発達心理学、教育心理学など心理学的アプローチによる研究を盛んにし、一方、社会の必要を把握する必要性は、社会学や教育社会学の研究の心要性に対する認識を高めることとなった。

3．教育指導者講習（アイフェル）の実施

右に述べたように、第二次大戦後の教育改革を実施するためには、教育に関する研究が必要となったが、それを推進する指導者は当時のわが国において十分に存在しているとはいえない状況であった。昭和二十三年九月に、日米の協力によって、アイフェル（IFEL, Institute for Educational Leadership）の名の下に教育指導者講習が開設されたことはその意味において意義深いことであり、特に新しいカリキュラムの編成のために要請される「社会的必要の把握」を行うための教育社会学についての講習が行われたことは、戦後のわが国の教育界にコミュニティ・スクールの理念を導入する大きな契機をなした。

第一回のＩＦＥＬは昭和二十三年に開設されたが、コミュニティ・スクールについては、昭和二十五年の秋より二十六年の春にかけて行われた第五回および第六回のＩＦＥＬにおいて教育社会学班の中でとりあげられたのである。このＩＦＥＬにおいては、教育社会学に関する内外の重要な文献の目録が作成され、「それらの一つ一つに関して詳細な研究が重ねられ、その結果が今後の我が国の教育社会学研究に寄与することが望ましい[12]」と考えられたが、それは「個々の研究者に求められることで、三ケ月の間にできることでもない。[12]」ということから、「第五回においてはアメリカの教育社会学の基本となる著作として注目されているクックの書[13]をとってこれを輪読してはその研究結果を集めた[12]」のであった。

クックはその著 *Approach to Education*（教育へのアプローチ）の第十二章 Toward Life-Centered Schooling

(生活中心の学校教育をめざして)において、学校は生活中心でなければならないと述べ、その具体的な実現形態としてコミュニティ・スクールをとりあげている。コミュニティ・スクールの理念の中には、「コミュニティ・アナリシス」(地域社会の分析)を行って、その結果を用いて社会的現実に即したカリキュラムを編成すべきだという考え方が含まれている。このことから、わが国においては第二次大戦後の新カリキュラム編成の動きとからみ合ってコミュニティ・スクールが注目されるところとなったのであった。

4．コミュニティ・スクール理念の実践

コミュニティ・スクール理念の実践化は中央教育研究所と川口市社会科委員会の共同ですでに昭和二十二年に川口市の実態調査の結果に基づく「川口プラン」という形で行われていた。この川口市の例にならって、コミュニティ・アナリシスを行って、その結果をベースにしてカリキュラム編成を行うという考え方は、その後「地域教育計画」などの名の下に各地でこころみられることとなった。その中で「広島市本郷町を中心とする地域教育計画」や「明石プラン」は文献も残っており特に有名である。わが国における初期のコミュニティ・スクールの実践化として重要な歴史的意義を有しているといってよい。

しかし、これらの研究はカリキュラム編成の範囲にとどまるものであった。それは「地域社会の民衆の生活課程を特に教育課程に編成するものにすぎなかった。[(14)]」のである。コミュニティ・スクールは、単にカリキュラム編成の領域にとどまるものではないことはすでに述べたところからも明らかであろう。コミュニティ・スクールは、一つの教育運動として、教育活動の全部面をその理念に基づいて再編成し、そのことを通じて地域社会そのものを生きた教育の場にしようとするものでなければならない。

もちろんこのようなコミュニティ・スクールの理念にせまろうとした実践が皆無であったわけではない。石山脩平の指導の下に、神奈川県足柄上郡福澤村において行われた「農村地域社会学校」のこころみは、「地域社

会の民衆の生活と問題を教育課程に編成することに多大の労力をさきながら、コミュニティ・スクールの理念を見失わず、地域社会を教育の生きた場にしようとする努力をつづけ(15)」たものとして注目される。そのことは研究実践の成果をまとめた報告書(16)の次に示すような内容構成をみればよくわかる。

第一部　実態調査篇

はじめに
第一章　子どもはこれからどういう家庭に入ってゆくだろうか
第二章　子どもは、これからさきどういう仕事にすすんでゆくだろうか
第三章　村の農業はどうなっているだろうか
第四章　村のしきたりはどのように行われ、どんな役目をになっているだろうか
第五章　村のひとびとはいこいの時をどのように過しているだろうか
第六章　学校は財政面で村の人々からどのようなうしろだてをえているだろうか
第七章　子どもたちの仲間はどのように生じ、どのような性格をもっているだろうか
第八章　子どもは学校と家庭でどんな違った生活を営むだろうか

第二部　教育経営篇

第一章　本校教育研究の過程概観
（一）　終戦後の悩み
（二）　社会科研究以前の基盤
（イ）　自由研究「社会部」の創設
（ロ）　児童実態調査
（三）　社会科研究第一期
（イ）　問題単元の設定
（ロ）　学習の実際
（四）　第二期――学習単元の設定

（五）　第三期――教科課程表による学習指導計画
（イ）　教科課程表について
（ロ）　教科課程表の内容
（ハ）　学習単元の設定
（ニ）　学習効果の判定
（ホ）　実 地 授 業
（六）　第四期――実態計画に基づく学習指導計画の再構成＝生活カリキュラムの構成
（イ）　実 態 調 査
（ロ）　目標の地域化
（ハ）　生活カリキュラムの構成
（ニ）　各科指導重点と指導内容表
（ホ）　ワーク・ブックの作製
（ヘ）　研　究　会
（ト）　生活学習の運営
（七）　第五期――生活カリキュラムの実践的研究
（イ）　生活カリキュラムの再構成
（ロ）　要素表の再構成
（ハ）　生活学習の運営
（ニ）　指導資料の整備
（ホ）　研　究　会
（八）　第六期――学校経営面―生活カリキュラムの実践的研究
（イ）　学習指導法の研究
（ロ）　社会教育面の重視
（ハ）　個人差を重んずる指導―（特殊学級の増設）
（ニ）　基盤組織の充実
（ホ）　聴視覚的方法

第四章　生活律動課程と基盤組織
（一）意義と重要性
（二）自治活動組織
（三）生活律動課程表
（四）或日の学校風景
第五章　村の子ども
（一）子どもとしつけ
（二）母子常会
（三）運動会点描
（四）子どもと勤労
（五）子どもと読書
（六）うたとあそび
（七）農村児童の体位の向上
（八）子どもと経済
（九）科学的指導
（一〇）環境施設の整備と資料
第六章　地域社会と教育
（一）地域社会と学校
（二）成人学校の開設を志向して
（三）成人学校運営の記録
（四）父母と先生の会の活動
第七章　前進のための反省

5. コミュニティ・スクールへの批判

以上に考察したように、わが国においては農村地域社会学校のようにコミュニティ・スクールの本来の理念に迫ろうとした試みもあることはあった。しかし全体の流れとしてみるならば、わが国における第二次大戦後におけるコミュニティ・スクールの実践は、地域教育計画という名でありながら、その基本的内容はカリキュラム編成の域を出るものではなかった。これはコミュニティ・スクールの理念が十分に理解されていなかったことによるであろうが、それは理解する側の問題であると同時に、コミュニティ・スクールの理念自体の中にも曖昧さがあったことも認めなければならないであろう。コミュニティ・スクールは、クックやオルセンなどの主張者の思想の中にも、多くの矛盾や不整合がみられるのである。

このことからコミュニティ・スクールに対してさまざまの批判が生まれたのも必然的なりゆきであったといってよい。豊沢登は昭和二十年代末までにみられたコミュニティ・スクールに対する批判を次の三つに要約している。(17)

(ア) コミュニティそのものの意味が明らかでなく、コミュニティの現実とは何をいうのかはっきりしない。

(イ) 地域社会は、特にわが国におけるばあいは、現実には民衆の生活の一部をささえるにすぎず、その生活の全面を理解する背景としては狭きに失する。したがって地域社会の現実に立っただけでは、民衆と児童・生徒がそのなかで生活している現在の日本の社会的現実も問題もほんとうには明らかにされ得ない。したがって、コミュニティ・スクールはわが国の教育をゆがめたり、あやまった道に導いたりする。

(ウ) 学校を地域社会にもちこみ、地域社会を学校に導き入れるというが、現在のやり方では学校も地域社会もその目的を達成していない。

第一の批判は、概念の曖昧さと同時に、コミュニティ・アナリシスの技術や知識の不足にかかわる批判であるといえるであろう。第二の批判は社会科学的立場からの批判である。そして第三の批判は、実践の不完全さに対する批判である。

したがって、今後わが国において再びコミュニティ・スクールの理念の実現を図るためには、右のような種々の批判にたえうるものであることが求められるが、やはり基本的問題の一つは、教育経営の欠落であったといえるであろう。

●引用文献

(1) E. G. Olsen, "Community and School" H. N. Rivlin ed, *Encyclopedia of Modern Education*, 1943, The philosophical Library of New York City, p.171.
(2) L. A. Cook, *Community Backgrounds of Education*, McGraw-Hill Book Company Inc. 1938, p.6.
(3) E. G. Olsen and Others, *School and Community*, Prentice-Hall, Inc, New York, 1945, 422p. （宗像誠也・渡辺誠・片山清一訳）『学校と地域社会－学校教育を通した地域社会研究と奉仕の哲学・方法・問題』小学館、昭和二十五年、五九一ページ）初版は一九四五年刊であるが、翻訳は一九四七年の第四版である。
(4) *Ibid.* p.8.
(5) 豊沢登「コミュニティ・スクール」『地域社会と教育』講座教育社会学Ⅳ、東洋館出版社、昭和二十九年、二三八〜九ページ。
(6) Olsen, *op. cit.* pp.171〜2.
(7) National Education Association, *Violence in the Schools : A Training Program Designed to Eliminate or Reduce Violence and Disruptions in the Schools*, 1981, P.92.
(8) (7)に同じ。
(9) 『日本近代教育百年史6　学校教育(4)』国立教育研究所、五六ページ。
(10) 豊沢登「前掲論文」二四〇ページ。
(11) 同論文、二四〇ページ。
(12) 海後宗臣「第五回及び第六回ＩＦＥＬ教育社会学班の研究の回顧」（昭和二十五年度教育指導者講習会編『第六回教育指導者講習研究集録Ⅵ教育社会学』三ページ）。
(13) L. A. and E. F. Cook, *Approach to Education*, 1950.

(14) 豊沢登「前掲論文」二四〇ページ。
(15) 同論文、二四〇ページ。
(16) 福澤小学校編『農村地域社会学校』金子書房、昭和二十六年、四五一ページ。
(17) 豊沢登「前掲論文」二四二ページ。

第九章

地域社会学校の創造2

前章で述べたように、コミュニティ・スクール＝地域社会学校は、アメリカ合衆国において発達し、第二次大戦後わが国においても多くの取り組みがみられたが、学力低下への危惧、高度経済成長の波の中での地域社会の崩壊などによって下火になってしまった。それが近年、ふたたび教育改革推進の一環として地域社会学校の創造への胎動が浮上している。そこであらためて、なぜ地域社会学校なのか、その背景、意義などについて考えてみよう。

第1節　地域社会と学校との連携

地域社会と学校との連携を密接にすることが、重要な課題となっているが、それは二つの観点からである。一つの観点は、個々の学校を地域社会化することによって学校の創造性を高めることであり、他の一つの観点は、地域社会を学校化することによって生涯学習を推進させることである。そしてこの二つの観点は、コミュニティの形成ということに結びついている。

1．学校の地域社会化

個々の学校は、それぞれ異なった地域社会の中に置かれている。したがって、個々の学校は、そのような地域の実態に即して教育を展開することが求められている。この地域の実態の中には、望ましい教育活動の展開を制約するようなものもある。そのばあいには、そのような制約条件の中で、なんとかよい教育を行うように努力することが、地域の実態に即するということになるであろう。一方、地域社会の中のさまざまな資源を教育活動の展開過程に活用するという意味での即し方もある。前者は消極的即応、後者は積極的即応である。

右のように、地域の実態の即し方には二つあるが、いま学校に強く求められているのは、地域社会の中のさまざまな資源を教育活動の展開過程に活用するという即し方であろう。このことの重要性が認識されるようになったのは、決して新しいことではない。

文部科学省は、小学校の新学習指導要領に基づく指導資料(案)を、「五四年度地区別小学校教育課程講習会」の〝テキスト〟として作成したが、これをみると、一般編には「創意を生かした教育活動」が例示されている。また、社会編では「歴史上の人物の働きや文化遺産を中心とした取扱い」とか「人々の生活にとって必要な廃棄物の処理についての対策や事業」について解説を加え、展開例を示している。

まず、「創意を生かした教育活動」については、「学校が創意を生かした教育活動を計画するばあいには、単に標準時数の削減によって生じた時間をどう運用するかという狭い視点からとらえるのではなく、各教科等の指導計画、週や一日の時程の編成などを含めて、常に全体としてゆとりのある充実した学校生活を実現するということを念頭に置いて総合的な視点から検討する必要がある」という基本的な考え方を展開する具体的な活動事例をあげているが、その中には、地域社会との連携が必要とされるものがある。すなわち、「地域の自然や文化に親しむ体験的な活動」について、伝承行事、史跡巡り、地名調べ、郷土史研究、古老などの体験を聞く会、などがあげられていることである。このような活動を展開するためには、単に古老だけでなく、この面に詳しい地域社会の人々の協力が積極的に求められるべきであろう。

それから、「歴史上の人物の働きや文化遺産を中心とした取扱い」に関しては、「できるだけ身近な歴史事象や事物に触れさせるような学習展開」を行うため、地域の資料の教材化が図られる必要があるとし、具体的な例をいくつかあげている。たとえば、東北地方であれば、坂上田村麻呂の蝦夷征伐のような事実と関係のある遺跡や逸話を教材化することによって、そのころの社会のようすを実感の伴ったものとしてとらえさせることができるとしている。

また、大仏建立の際に、仏身に塗る黄金が足りなくなり、聖武天皇をはじめ関係者が困っていたとき、陸奥の国より砂金が献上され、それによって大仏を完成させた事実などを取り上げ、地域社会との結びつきを深めさせていく。国分寺を取り扱う場合には、そのかわらを焼いたかま場が、郷土の各地に散在している事実を取り上げ、焼き場での生活や作業のようすなどを学習の場に生かす、といった例もあげられている。

このほか、「人々の生活にとって必要な廃棄物の処理についての対策や事業」では「ごみのゆくえ」、「伝統的な技術を生かした工業」では「瀬戸のやきもの」を単元として掲げて、展開例などを示している。

以上は文部科学省の指導資料（案）に示されている展開例であるが、東京都の「公立小学校教育課程編成要領」をみると、歌唱共通教材のうちのわらべうた、日本古謡の指導に関して、「それぞれの地域で歌われているものを適宜取り上げ、共通教材と関連づけて指導するよう配慮する」と、地域社会の教材化の例があげられている。

さて、各学校は以上のような活動を積極的に導入することによって、学校の創造性を高めることができるが、これを実際に実現するとなると、学校だけの力ではだめであろう。「地域の自然や文化に親しむ体験的な活動」については、地域の古老に聞く、という例があげられていたが、これが示すように、学校が地域の実態に積極的に即応するためには、学校だけの力では十分ではなく、どうしても地域の中にある、人的、物的資源の活用を図らなくてはならないのである。それはなぜであろうか。

子どもは確かに地域の子どもであるが、教師は地域の人ではないからである。地域の人であるばあいもある。

しかし、一般的には、教師は学校が置かれている地域の外からやってくるいわばよそ者である。よそ者の集まりである都会のばあいには、たとえ地域の外からやってこようとも、別段よそ者とは考えられない。しかし、へき地にいくほど、教師の「よそ者性」は強くなる。地域の外から地域の中に送り込まれる「派遣教員」という名の教師は、地域の人々からよそ者と意識される。もちろん、派遣教員の中にも積極的に地域の中に入りこんでいる人もおり、そのような人は、地域から仲間意識をもって迎えられているのも事実である。しかしながら、それはむしろ例外に属する。

このように、地域の外からやってくる教師に対する地域の人々の意識は、地域によって異なっているが、どのように意識されようと、地域の外からやってくる教師は、その地域についての知識を欠いている。そこで地域についての教師自身の学習が必要となるが、同時に、子どもたちを、地域の中にいる、地域について詳しい人に直接接触させたり、地域の中にある資料を直接当たって調べさせたりすることが行われなければならないであろう。

以上に述べたことをまとめていうならば、地域の中にある教育的な資源を学校の中に導入する、ということであり、これは「学校の地域社会化」と呼ぶことができるであろう。

2. 地域社会の学校化

学校は右に述べたように、地域の中のさまざまの資料を活用するために、地域社会との連携を図ることが要請されるのであるが、考えてみると、学校も地域の中の教育的資源の一つなのである。それも最も重要な資源である。また、学習をしなければならないのは、学校に就学している子どもたちだけでなく、地域の人々すべてである。したがって、学校は地域を活用するだけでなく、地域から活用されることも必要であろう。

第一一期中教審の「地域社会と文化に関する小委員会」が昭和五十四年四月九日に総会に提出した報告は、

地域住民の学習活動や芸術文化活動の面でも学校開放を推進すべきことを提言している。第一一期中教審は昭和五十二年六月に当時の海部文部大臣から「当面する文教の課題に対応するための施策について」の諮問を受けて発足したもので、そのメイン・テーマは「生涯教育のあり方」であった。「地域社会における学校開放の促進」についての提言は次のようである。

「学校はその保有する施設、教職員、情報等の面において文化活動に貢献し得る豊かな機能をもっており、今後、学校が地域社会における文化活動の面で果たすべき役割は一層高まるものと思われる。

小学校・中学校・高等学校の施設については、体育・スポーツ活動面を中心として住民への開放がかなり進められているが、学校の教育的・文化的機能をさらに効果的に生かして、地域住民の学習活動や芸術文化活動の面においても学校の開放を推進する必要がある。

その際、施設について管理・利用面での整備を行うとともに、学校の新設や改築に当たっては、文化活動の面も考慮して企画・設計上、柔軟性を加えるような工夫が必要である。なお、学校開放が学校に対する過重な負担にならないよう積極的な方策を考慮するとともに、学校開放が各学校の実情に即して地域社会として計画性をもって進められるよう留意する必要がある。

また、大学についても、公開講座の開催や体育・スポーツ施設の一般利用などが行われているが、その開放をさらに積極的に進めるべきである。」

右に引用した言葉の中にいいつくされているが、要するに、地域は学校のもっている機能を活用するべきである。また、学校はその機能を地域に開放するようにしなくてはならない。単に、物的な施設を開放するだけでなく、教職員、情報の面でも開放すべきなのである。現実には、学校の機能の地域への開放をはばむ問題が少なくないであろう。まず、できることから、できる形で行うことである。

3. コミュニティの形成

以上に述べたように、地域社会と学校の連携は、学校が地域社会を利用することによって、また、地域社会から利用されることによって、その機能を拡大するところに基本的な意義があるが、これを地域社会の側からいうならば、新しいコミュニティを形成することを意味している。

「地域社会」というのは英語のコミュニティ（community）の訳であるが、コミュニティには、共同体、共同社会、地域共同社会という訳もある。コミュニティにはこれらの訳からも推察されるように地域性と共同性という二つの側面がある。地域社会という言葉はこの一つの側面しかいい表していない。地域社会はコミュニティの地域性に焦点を当てた概念である。しかし、伝統的社会における地域社会は、共同性をそなえていた。つまり、コミュニティであった。しかし、現代社会においては、都市はもちろんのこと、農村においても、地域社会は共同性を失いつつある。コミュニティは崩壊しつつあるのである。

コミュニティの崩壊は、人間の発達にとって重大な意味をもっている。人間は社会的動物であり、コミュニティの必要性は、人間生活に内在したものである。そこで崩壊しつつあるコミュニティをあらためて形成しなおさなくてはならなくなっているのが現実である。しかし、形成しなくてはならないコミュニティは、伝統的社会におけるコミュニティと同じものであってはならない。それはなぜであろうか。

伝統的なコミュニティ――地域共同体――は、古い家族制度を基盤とした閉鎖的な全人格的運命共同体的性格を強くもっており、その構成員は自立性をもっていなかった。しかし、コミュニティが構成員の生活にとって不可欠なものであった間は、各構成員はコミュニティから拘束されていたにもかかわらず、拘束されているとは感じていなかった。しかし、次第に、地域共同体の機能が生活にとって不可欠でないという認識が高まるにつれて、拘束感が生じ、拘束からの解放が求められるようになった。自主性を尊重し、個人と家庭を中心とした都市的生活の発展は、このような拘束からの解放への欲求を満たしてくれた。

ところが拘束からの自由は、人間の孤立化をもたらし、個人の力では処理できない問題についての不満感や無力感を高めることとなった。人間性の回復への欲求が高まってきた。しかし、この不満感や無力感の解消や人間性の回復は、個人と家庭のみでは受けとめることができない。ここにあらためて、個人と家庭をこえた新しい地域社会の形成が必要とされる理由がある。では、それはいかなる地域社会であろうか。

それは人々の自主性を侵害するようなものであってはならないであろう。また、かつての地域共同体におけるような拘束性をそのまま持ち込むものであってもならない。現代市民社会は、拘束からの自由と同時に参加する自由も保障するものである。人々はあるときには孤独を愛し、他のときには集団的帰属を求めるものである。したがって、このような要求に対応する開放性をもったコミュニティが必要となる。最近のいわゆるコミュニティ形成というのは、右のような性格をもったコミュニティの形成を意味しているのである。

ところで、一つの社会としての学校も都市化している。子どもたちは、例外はあるにしても、一般に何人かの仲よしグループをもっており、そのグループのメンバーとは仲間感情をもっている。しかし、そうしたグループは学級の中でしかつくられていない。たとえ家が近隣同士であっても、学級が異なればグループは同じではない。学級の編成がえがあると、古い学級での交友関係は解消し、新しい学級においてあらたな交友関係が形成される。たとえ学年が同じであっても、学級を越えてグループがつくられることは少ない。ましてや学年を越えた異年齢集団の形成はきわめてまれである。学級と学級の間に大きな壁ができている。都市地域の人々の間に仲間意識がないのと同じように、学級と学級の間にも仲間意識がないのである。これは学校の都市化現象と呼んでよいであろう。

これは都市の学校だけにみられる現象とは限らない。それは農村においても、農業以外の職業の人々が増し、また、農家のばあいでも農業以外に所得の多くの部分を求めるように変わってきており、そのために従来のような地域全体を統合する仲間感情は急速に失われつつあるからである。したがって、仲間感情の稀薄化傾向は、都市という地域に特徴的な現象であるというよりも、都市化に伴って起こるところの問題だというべきであろう。新しい意味でのコミュニティとしての学校が創造される必要がここにある。

ちなみに、総理府青少年対策本部が行った「世界青年意識調査」の結果によると、わが国の青年は、イギリス、西ドイツ、フランスとともに、個人生活志向が他の国に較べて高い比率を示したのに対して（五五～五九%）、社会生活志向型（個人生活と同時に社会生活も志向している者）は、わが国は西ドイツと並んで各国中最低であった（日本三二%、西ドイツ三三%）。また、地域への愛着度や地域への永住意識もわが国の青年は各国中最低であった。これらのことからみても地域社会と学校との連携の重要性がわかる。

4．学校外教育の重視

学校外教育という言葉は、学校以外の主体が学校の外で青少年を対象として行う教育を意味するものとして理解されるが、このような意味をもつ学校外教育については、最近、生涯学習の推進の観点から、あるいは児童・生徒をとりまく環境条件の変化への対応、知育偏重の是正という観点から、あるいは給特法（国立及び公立の義務教育諸学校等の教育職員の給与等に関する特別措置法）施行に伴う教員勤務時間の制限、クラブ活動等における学校事故に対する責任問題といった現実的な理由とも関連して、その在り方が問題となった。学校以外の教育主体として、あるいは学校の外にあって教育機能をもつものとして重要なものは家庭と地域であろう。したがって、学校外教育の問題は、家庭教育、社会教育の問題であり、また、学校教育、家庭教育、社会教育の相互関連の問題としてとらえることができる。

昭和四十六年四月三十日の社会教育審議会答申「急激な社会構造の変化に対処する社会教育のあり方について」は、「すべての少年が心身ともに健全に育っていくためには、家庭、学校および社会で行なわれる教育が、それぞれに独自の役割を発揮しつつ全体として調和を保って進められることがきわめて重要である」(第一部3(2) ことを指摘した。つづいて同年六月十一日の中教審答申「今後における学校教育の総合的な拡充整備のための基本的施策について」も、「これまで教育は、家庭教育・学校教育・社会教育に区分されてきたが、ともすればそれが年齢層による教育対象の区分であると誤解され、人間形成に対して相互補完的な役割をもつことが明らかにされているとはいえない」(第一編第一章二)という反省に立って、学校教育、家庭教育、社会教育のそれぞれの役割を検討している。さらに四九年四月二十六日には、以上のような基本的考え方を具体化するという観点から、「在学青少年に対する社会教育のあり方について」と題する社教審の建議が出された。また、政府サイドにおいてだけでなく、日教組の教育制度検討委員会も、学校外における児童・生徒の健康と文化活動をどう保障していくか、という観点から、学校外教育を「第二の学校」として充実すべきだと提案した(『日本の教育改革を求めて』一九七四年、一六七〜一七六ページ)。

以上の諸提案に共通してみられることは、教育というものを人間形成あるいは人間の発達という観点から総合的に見直そうという考え方である。この点はそれが主張される政治的状況を離れれば、官、民をこえたコンセンサスであるといってもよいであろう。また、具体的な提案についてもよく考えてみると基本的に異なるところはないのである。いずれも原則として国民的合意を得られるものであり、また筆者も支持するものである。しかし、それらを貫くべき重要な原理が欠けているように思う。それは競争原理である。また競争を支える賞罰の原理である。確かに学歴競争はある。しかし、その競争があまりにも激しく、さまざまの社会的、心理的問題をひき起こしているため、それに対する批判が強まっている。そして、競争そのものが槍玉にあがり、競争原理は教育の原理としてはふさわしくないものとして否定される傾向がみられる。

戦前の教育は罰の教育であったのに対し、戦後の教育は賞の教育としてスタートした。罰は抑圧であり禁止であるから、子どもを萎縮させるだけで、子どもを伸ばすことをしない。また、子どもの自由や人権の否定につながるので民主主義の理念に反するということから、戦後は罰の教育が追放され、それにかわって賞の教育が登場した。賞は奨励であり承認であるから教育的であり民主的であると考えられたのである。こうして戦後しばらく賞の教育が続いた。しかし、それも昭和三十年代から大きな変化がみられるようになった。たとえば、東京都では昭和三十二年九月二十五日付で教育長から「『運動会・学芸会・音楽会・展覧会』などの学校諸行事のあり方について」という通知が出され、運動会については「できるだけ全児童・生徒に均等な参加賞などを考える」べきこと、学芸会・音楽会・展覧会などについては「コンクール形式による競争意識の醸成は原則としてさける」べきこと、「展覧会の作品評価についても教育的立場を強調するのが望ましい」ことが指摘された。さらに昭和三十三年二月二十七日付の通知で、卒業式では特に出席を奨励する精勤賞・皆勤賞などは出さないほうがよいとした。昭和三十六年には文部省も「小学校学校行事等実施上の諸問題の研究」と題する指導資料において、やはり学校行事等での賞状・賞品には教育的見地から慎重でなくてはならない旨を指摘した。

以上のような行政側からの通知や資料は学校行事等についてのものであり教育活動全体についてのものではない。また、動機づけや欲求不満に対する耐性の形成という役割をもつ賞罰や競争の原理そのものを否定しようとしているわけではないであろう。しかし、教育の現場はこの種の措置にきわめて神経質である。現場では賞の与え方が適切でないために何か問題が生じて、自分が罰を受けることを恐れて過度に臆病になっている。必要以上の自己規制が行われることになる。こうして現実には、賞罰や競争の原理は学校行事からはもちろんのこと、他の教育活動からも次第に姿を消してきた。

確かに、このような賞罰や競争心をあおる行為が回避されるのにはいくつかそれなりの根拠がある。賞はあくまでも受け手にとっての賞であり、それ以外の者には罰である。そこで賞は勝者と敗者を生む競争をもたらす。勝者には優越感や得意が、敗者には劣等感や失意が生まれ、両者の間に連帯が失われてしまう。これが賞罰への最も重要な反対理由である。なるほどこの理由は重要である。しかし、ここで考えるべき重要なことは、勝者はすべての分野での勝者ではないし、敗者はすべての分野での敗者ではあり得ないということである。Ａでの勝者はＢでは敗者となり、逆にＡの敗者もＢの勝者となり得るのである。問題となるのは、勝敗の決定基準が単一であることである。競争の路がＡしかなければ、Ａでの勝者はすべての分野の勝者であり、敗者はすべての分野の敗者と錯覚されてしまう。悪いのは競争そのものではない。競争の路が限られていることである。競争のないところでは敗者も生まれないかわり、勝者として自信を得る者も生まれない。何らの教育効果も生じなかったことになる。それでは単なる気晴らしにすぎない。もちろん気晴らしも重要である。しかし、そこには自己開発への契機はない。競争は学習意欲を高める重要な要因であり、そこで競争路を多様に設け、誰もが何らかの競争路において勝者となり得るようにすることが重要な教育課題であるといえよう。

しかし、競争路を設けて、早く走れ、上手に走れと大声でどなっただけでは意味がない。外野までろくにシートノックもできず、理論も知らず、大声をはりあげるだけの野球のコーチには、小学生すらもついてこない。多様な競争路を設ける以上、それぞれの競争路ごとにすぐれた指導者が必要である。しかし、青少年の人間形成、発達という観点からこのような課題に応えるには、従来のような学校中心の教育システムでは十分ではない。現代の学校の中で誰でも勝者になれるだけの多様な競争路と指導者を用意することは不可能である。ここに学校外教育の重要な存在理由がある。つまり、学校外教育の基本的な課題は、青少年たちのために多様な競争路と指導者を提供し、誰でもそのいずれかの路において勝者となり、自信を獲得できるようにすることであろう。このような課題は、どのような活動を「学」でやり、どのような活動を「社」で行うかは、それぞれのもっている人的、物的などの諸条件によって柔軟に対処すべきである。「学」の中に十分な条件がそろってもいないのに「学」が自己充足的にすべての課題の達成をめざしても意味がない。また「社」のほうに条件が整っていないのに、「社」の領域拡大を図っても課題が達成されるわけがないであろう。どのような方式をとるか、どのような活動をどのような方式で行うかは、地域ごとに考えるべきである。学・社相互の努力分野を明確にすることが重要なのではない。あくまでも両者の有機的な連関を密接にすることによって共通の課題の達成に協力することが重要なのである。領分を明確にしたことによって、それぞれがそれぞれの領分だけを閉鎖的に行うのでは学社連携とはいえない。子どもの人間形成、発達という観点から学校内、学校外の教育に連続性が保たれてはじめて有機的連関が確立されたことになる。そのためには青少年の教育のためのカリキュラムが学校教育中心にではなく、学校外教育も含めて総合的に考えられるのでなくてはならない。そしてそのようなカリキュラムには競争原理が貫かれていなくてはならない。カリキュラムの原意は競争路なのである。

第2節　地域社会の変貌と学校

第1節においては、地域社会と学校との連携を考える際の二つの観点について考察したが、次に、これからの地域社会学校を創造していくに当たって多くの示唆を与えてくれる二つの地域の事例を取り上げてみたい。一つは、新潟県の南西部にある名湯の地として有名な松之山で、地域の努力で学校に戦後わが国で初めてテレビを導入した地域、もう一つは自分たちで生命を守った村[1]として知られる岩手県沢内村で、生涯学習の推進によってコミュニティ形成を活性化させた地域である。

1. 松之山における学校の創造

庶民の子どもを対象にした教育機関である寺子屋は、雪深い山村へき地である松之山にも、幕末までに十か所存在したことが記録されている。[2]最初の小学校は「学制」発布の翌年（明治六年）に観光寺という寺の一部を借用し、長岡の藩士を校長（句読師と呼ばれていた）として開校されている（現在の松之山小学校）。児童数は十五名で女子はいなかった。授業料は、月謝という名目で上等十二銭五厘、中等六銭二厘五毛、下等三銭五厘に区別され、親の判断によって納入されていた。現在と対比するなら、下等のばあいは五百円程度であろうか。

学校の維持管理は、教師の給与から学用品の調達にいたるまですべて各市町村に委託されており、今日のように国から地方への補助金はなかったのである。教育の充実を計るために基本財産を備蓄して、それを地域の人に貸しつけ、その利子を運営費の一部に当てるという方法もとられていた。冬季間の通学が危険であり、また、寺での葬式、法会などにより臨時に休業しなければならないこともあったことから、明治八年には、有志の精力的な奔走によって校舎が新築されている。

このように、学校は地域の人々の大変な努力によってつくられていったのである。当時はまだ厳格に義務制が実施されていたわけではないことを考えると、地域の教育への熱意がいかに大きなものであったかが伺える。就学児童数の推移をみると、明治六年には一五名であったものが、十年には三四名、十四年には五六名と年々増大していった。女子も初めはゼロであったが、その後若干名が就学している（明治十年六名、十四年四名）。十九年に義務教育が法的に規定されてからは、さらに児童数の伸びは顕著で、三十五年には二六一名になっている。女子も一一三名と男子とほぼ同じになっている。明治三十五年は、義務教育学校の就学率が九〇％を超えた年であるが、松之山の水準も全国のそれに呼応していたといってよいであろう。初めは貧困、家事手伝いのためなどで就学できない子どものために子守学級が設けられていたが、三十五年には廃止されている。

以上のような過程を経て成立した松之山村の学校は、その後もさまざまな変遷をたどるが、それは省略して、一気に第二次大戦後に目を転じてみることにしよう。松之山は明治二十二年四月の町村制実施のときに松之山村となり、同三十四年隣接する二つの村（布川村と松里村）を編入、昭和三十年浦田村と合併、同三十三年町制を施行したが、そのころから流出による人口の減少が著しく、学校もそれに伴って廃止、統合されながら今日にいたっている。昭和三十年における人口は一一、四〇四人であったが、昭和六十二年には四、一六五人になってしまった。当然それに伴って子どもの数も減っていった。昭和三十年には小学校の児童数が一、七二二名、中学校の生徒数が八六二名であったものが、平成二年にはそれぞれ二四五名、一五四名に激減している。このような児童生徒数の減少過程の中で、小・中学校の統廃合が行われたのである。昭和三十五年には小学校は本校六校、分校三校、中学校は本校二校、分校二校であったものが、平成三年三月に小学校四校、中学校一校（いずれも本校のみ）になってしまった。

さて、このような統計をみていると、松之山の学校は成立後次第に絶滅の一途をたどっているのではないかと思われるかもしれないが、地域の人々は決して手をこまねいてきたのではない。

松之山最初の近代学校である松之山小学校では、戦後いち早く、幻灯機や学校放送などの効果的利用が図られているが、昭和三十一年には新潟県下で初めて、おそらく全国でも先進的に、学校テレビ視聴が地域の人々の財政的・精神的支援によって導入されたのである。これは経済的に苦しい地域の人々にとって大変なことであり、村人は大きな決断を迫られたのであった。学校に残されている資料から、同校におけるテレビ導入の経緯をみてみよう。

昭和二十九年に、地域に支店をもつ業者によって、松之山でテレビ視聴が可能であることがわかった。早速、業者の試験公開が行われた。学校関係者は強烈な印象を受け、「もしこのテレビが買えたら、映画の視聴両覚による強い印象効果をそのままに、スイッチ一つで児童に与えることができる。もはや、ライブラリーとの遠距離を苦にする必要もない。」という、当時としては「夢のような夢」を描いたのである。しかし、新潟県における他の地域の学校にはまだ入っていなかったものをやろうとしても、「どんな抵抗が待ち伏せしているかもわからない。はたして地域や父母の理解を得ることができるかどうか、さらに先立つものは金である。経済的貧困に悩む父母のふところから思うと二十万円の寄附を申し出ることすら心が痛む」と考えられた。また、「テレビ学習の指導のために、職員に特別な勉強の時間をもってもらわなければならない」ということも校長の大きな悩みの一つであったが、やっとテレビの購入を父母に呼びかけることが職員会議で決定した。

それから一年間、学校側はＰＴＡや地域集会の機会ごとに出向いて協力を求めた。しかし、「テレビは娯楽ではないか」、「どこの学校も入っていないものを、先走ることはない」、「同じ金をかけるなら、テレビよりも先に買うものがあるのではないか」、「教育も大事だが、農村経済の立ち直りが先だ」、「学校でテレビ買うてくれだと、そらねえよりましだども何というたとて、高いもんだすけ」といったさまざまの抵抗や反対が返ってきた。

しかし、昭和三十年暮れのＰＴＡ、後援会、地域会の役員会で購入が決定した。この会議でも大勢は時期尚早論に傾いていたのであるが、その空気を一転させたのは一人の老人の次の言葉であった。

「のう皆の衆、おらあ松之山猿というて町場のもんにゃ猿と一緒の人間のようにバカにされてきた。おらあ一汽車も二汽車も乗り遅れた人間よ。おらは一生終わったようなもんだ。だども、子どもらにゃ、今の世の汽車に乗り遅れねえようにさしてやりてえよ。子どもら、孫らになあ、一番列車に乗せてやりてえよ。」

一座から賛同の拍手がわき起こった。父母の負担だけでなく、校長以下全職員が手分けして、村の有志、同窓会、東京その他の県に在住する村出身者に対する呼びかけによる寄附によって二十万円の調達が実現した。そして昭和三十一年二月、四メートルの雪積の峠を、八〇キロあまりのテレビが、人に背負われ、七時間あまりかかって、児童・職員の待ち受ける学校に到着した。子どもたちの感激の気持ちは当時六年生の児童の次の言葉に象徴されている。

「新潟県にテレビのある学校は、私たちの学校ばかりだと聞いて、なんだかいばりたいような気持ちになった。この誇りの気持ちをもって、もっと勉強して、よその学校の生徒に負けないようにしようと思った。」

地域の人々の支援と子どもたちの誇りと頑張りは、教師たちへの何よりの励ましであった。昭和三十二年松之山小学校はテレビ教育部門で読売教育賞を受賞したのである。

松之山では、以上にみたように、テレビ教育の導入を地域の密接な連携によって実現した。その結果、学校や地域に対する子どもたちの誇り＝アイデンティティーを一層高めるところとなった。しかし、すでに述べたように、昭和三十年代から地域の変動が始まり、子どもたちは村から町へ出て行かなくてはならなくなった。学校は子どもにどこにいても生きていける力をつけてやらなくてはならなくなったのである。

地域の人々は、こうした地域の変貌を見越しながら、子どもの教育の充実・発展のために大きな支援を続けた。その結果、松之山小学校は、昭和六十二年に斬新な校舎を完成した。教室と廊下の間には間仕切りがなく、従来の廊下部分は幅を広げた多目的に活用できるワークスペースと呼ばれる空間を設けたいわゆるオープンスクールである。ワークスペースは天井から自然の光を取り入れて、明るく広い空間となっている。床は教室もワークスペースもともにカーペット敷きで床暖房になっている。体育館は社会教育と共通の施設になっており、地域にも開かれている。このような新しい学校建築は最近は各地につくられてはいるが、いずれのばあいも、地域や父母の理解・協力により可能になっているといってよいであろう。

地域の協力・支援による学校の再生・創造は松之山小学校だけにみられるのではない。同様に古い浦田小学校（明治九年設立）では、児童数の減少に対応するため、都会の子どもを山村留学として受け入れている。都会の子どもたちが山の子どもたちと一緒に田植えや稲刈りなどの勤労体験をする。山の子どもたちも都会の子どもとの接触の中で異なった考え方などについて学ぶ。このような実践もスムースに始まったわけではなく、地域の人々との支援があったのである。都会の子を地域が受け入れることについての地域の人々の賛同はすぐに得られたが、それは建前の賛成であって、いざ自分の家で引き取るかどうかということになると誰もが渋ったのである。しかし、関係者の熱心な説得により、都会の子どもの家庭への受け入れが始まった。いったん受け入れた家庭は、子どもが都会に帰っても、引き続き別の子を受け入れている。明治、いやそれ以前からの地域の伝統は生き続けているのである。

以上、新潟県の松之山という一つの山村を取り上げて、学校の成立と地域の変貌に伴う学校の変貌と創造についてみてきたが、松之山における学校の変貌・創造は、決して特別の事例なのではない。高度経済成長以降、農山村の人口の都市への流出による過疎化現象は全国的に目立つようになってきたものである。政府も学校統廃合に対しては、過疎地域対策緊急措置法（昭和四十五年）を制定して、財政補助の充実を行ったのである。

学校、特に小学校はすでに述べたように、地域の人々にとっては、自分たちの努力でつくってきたものであり、また、自分たちが学んだところであるということから愛着が強い。そのために統廃合に際しては、積極的な協力を惜しまないと同時に、こじれると住民の間で、あるいは住民と行政の間で深刻な葛藤が生まれることともなる。現実に、学校統廃合に当たって、多くの地域で同盟休校や町長リコールなどの地域紛争が起きている。しかし、ほとんどのところでは、松之山のように、葛藤が深刻化することなく学校の統廃合・創造が比較的スムースに実現してきた。これはやはり厳しい自然的条件の中で培われた地域の人々の協力の精神があったからだといってよいであろう。

学校の小規模化は、いまは農山村だけの問題ではない。都会の真ん中においてもみられる現象である。また、児童・生徒数の変動という現象は、人口の自然的および社会的移動によって、大規模学校においても問題になっている。これはこれから社会の流動化の中で、すべての学校において起こりうる問題である。このような意味において、松之山の例は、地域の変貌の中における学校の問題を考えるうえで、普遍的な教訓を提供するものであるといえるであろう。

2．沢内村におけるラーニング・コミュニティの形成

次に、岩手県の西、秋田県境にある人口約四、四〇〇人（平成六年）の沢内村に目を転じてみよう。『自分たちで生命を守った村』の著者菊池さんは、小学校卒業後、村役場にも勤め、岩手県国民健康保険団体連合会の事務局長をされた経歴の人物で、この本は、長い間、無医村で乳幼児死亡率が全国一高かった沢内村が、故深

沢晟雄村長を先頭に、村民が横に結合して保健運動に立ち上がり、雪を克服し、乳幼児死亡率をゼロにした村政をつぶさに跡づけたものであり、地方自治の在り方、それを阻むものは何かを訴えようとしたものである。

これを読むと、沢内村の保健活動を中心にした取り組みが、まさに地域ぐるみの学習運動であったことがよくわかる。菊池氏の本が最初に刊行されたのは一九六八年で、くしくもロバート・ハッチンスの『学習社会論』（*Learning Society*）が出た年であるが、その方向は同じではない。ハッチンスは余暇の増大傾向に照らして、それを充実させるための教養教育を人間一人ひとりの課題として重視したのであるが、沢内村における学習は、地域社会の人々の連帯、共同によって地域の生活課題を解決するための学習であった。その意味において、それはラーニング・ソサエティというよりも、ラーニング・コミュニティ（学習する地域社会）と呼ぶのがふさわしいであろう。

村ぐるみの奮闘ともいうべき学習のようすは、その後、深沢氏のあと村政を継いだ太田祖電氏など、共に学習運動のリーダーとして活躍した人たちによってまとめられた『沢内村奮戦記――住民の生命を守る村』[3]に詳しく描かれている。ここでそれを紹介する紙面の余裕はないが、ともかく沢内村は住民ぐるみの奮戦によって、埋葬のため死亡診断書を書いてもらうために三〇キロ離れた町まで死んだ子どもを背負って雪の中を歩いて行かなくてはならなかった村にも、立派な道路ができ、地域住民が従うのではなく、地域住民に従う立派な村営病院ができ、豊かさを獲得した。奮戦の末、「豪雪・貧困・多病」の村から日本一の健康村になった沢内村では、学習は新たな展開をみせようとしている。教育委員会と社会福祉協議会の共催による「さわうちコーリム大学」はそれを象徴する動きの一つである。コーリム（CO-LYM）はChild（子ども）、Old（老人）、Ladies（女性）、Youth（青年）、Man（男性）の頭文字をとったものである。つまり世代や性別を越えて共に学ぶことを理念とした生涯学習運動で、村の保健、医療、福祉をめぐって討議しあう「すこやか学部」、村の自然・環境を訪ねる「あおぞら学部」、地域の人材の指導のもとに創作などの活動体験や自然体験を子どもたちに与える「わんぱく学部」の三学部構成になっている。これは一九九二年から毎年八月に開かれているが、注目したいのは、村の中だけで自己完結的に学習するだけでなく、他の地域からも参加者を得て、一緒に学ぶ機会を設けることによって、自分たちの学習を他の地域に発信したり、他の地域から学んだりする開かれた学習が目指されていることである。

沢内村の学習運動の指導者であり、コーリム大学の学長でもある大橋謙策氏（日本社会事業大学教授）は、平成七年の第四回コーリム大学で、その意義や課題について次のように語っている。

「……この第四回目には、昨年に続きまして……大人だけでなく顔なじみの子どももできたことで、大変嬉しく思っているわけでございます。このさわうちコーリム大学のねらいは都市と農村の交流をしようというふうに考えたことです。……したがいまして、……さわうちを故郷のように思って毎年きてくれることを大変嬉しく思うわけでございます。……今回は上越教育大学の新井先生もお見えでございます。私どもは、生涯学習の在り方を考えるときに生涯学習の新しい発展を考えてみたい。自分たちの市町村の中だけで生涯学習を完結するのではなくて、自分たちが住んでいる所を離れて、長期に滞在して、……自分の生涯学習を深めることがあってよろしいのではないか。これからの二十一世紀のゆとりある社会を考えますと、当然生き方が変わってまいります。その先取りをこのさわうちコーリム大学で実験してみたいということで今日まできているわけでございます。……

今年のねらいは深沢村長さんが亡くなって没後三十年ということで、改めて、深沢村政を進めた沢内の生命尊重の村政って、いったい何だったのかということを問い直しをしてみたい。やっぱり、三十年経ちますといろんな意味で変化が出てきているわけです。沢内の皆さんはわからないかもしれませんが、外から見ている者にとっては改めて沢内村政を客観化しなくてはならない。それは、生命尊重ということが間違っていたということではなくて、それはそれで素晴らしい実践でもあったわけですけども、他の市町村なり、他の分野の発展もあるわけですから、それらに学ぶという点もしないといけないのじゃないか。……」

3．松之山と沢内村の教訓

以上、二つの地域を取り上げ、変貌するコミュニティの中での学校にかかわる問題を考えてきた。松之山は地域の人々の地域の子どもに寄せる熱い願いとそれに根ざした学校への支援が、新たな学校の創造の土台になっている事例であった。地域の教育力を考える原点であるように思われる。また、沢内についてはラーニング・コミュニティとしての地域の姿を述べたが、これは成人にとってだけでなく、子どもにとっても生き方を学ぶ学校となっていることであろう。学校の地域化、地域の学校化を考える重要な視点ではないだろうか。

●注

(1) 菊池武雄『自分たちで生命を守った村』岩波書店、一九六八年
(2) 『東頸城郡誌』
(3) あけじ書房、一九八三年

第十章

地域社会学校の創造3

第八章では、アメリカ合衆国における地域社会学校の源流とわが国の第二次大戦後の地域社会学校運動について、また、第九章では、なぜ地域社会学校なのか、その背景、意義などについて述べた。そこで次に、これからわが国において地域社会学校を創造するにはどうしたらよいかという点に焦点化して考えてみよう。

第1節　学校の人間化

1．社会的選抜機関としての学校

さまざまな媒体を通して報道される最今の教育問題は異常としかいいようがない。なかでも受験戦争の激しさは格別である。他のすべての問題は受験戦争という源に発しているとも考えられるので、受験戦争はいってみれば教育における諸悪の根源だとさえいえなくはない。

受験戦争はなぜこうも激化しているのであろうか。

それは、よりよい学歴、というよりもよりよい学校歴を獲得し、それによってより高い社会的地位につきたいという人々の願望がきわめて強いからであろう。

しかし、だからといってこのような人々の願望（アスピレーション）をいちがいに否定してしまうわけにはいかない。近代社会の維持発展は右のような人々の願望に支えられてきたからである。

封建社会においては、社会的地位の決定原理は身分とか家柄とかいった、いわゆる社会的出自《しゅつじ》であった。わが国の江戸時代を考えてみればそのことがよくわかる。江戸時代においては、士・農・工・商というように職業的地位が垂直的に分化しており、社会の統治機能は「士」により、農業は農民により、工業は職人により、商業は商人によって遂行されていた。農民の子弟が「士」の仕事をすることはなかった。

個人の側からみるならば、縦に分化した職業間を垂直に上昇移動することは不可能であった。権威や威信などの面で同一レベルの職業間で水平に移動することができるだけであった。つまり、子どもの将来の職業的地位は、親の職業的地位と原則として同一であった。このような社会体制の下においては、教育は右のような社会階層を固定化するためのものとして発達した。寺子屋は庶民の子どもがまさに庶民となるための教育機関であった。庶民の子弟には支配階級、つまり政治エリートになるための教育を享受する機会が閉ざされていた。一方、武士の子弟には武士になるための教育の機会が発達していた。藩校がそれである。このことは当時においては、人々の社会的地位に対する願望はきわめて制約されていたことを物語っている。庶民の中にも武士になりたいという願望をもった者もいたであろうが、それが果たせぬ夢であった時代においては、庶民一般の願望は庶民の枠を超えることはなかったのである。それぞれの人が、基本的には親と同じ職業に就くべくはげむことが期待されていたのである。

しかし、社会の近代化への動きの中で、以上のような体制がくずれていった。伝統を維持することを中心にした前近代社会においては、エリートの数は比較的少数でよかった。エリートは武士階級の中から選べばそれで足りたのである。しかし、伝統を超えて新しい近代的な社会をつくっていくためには、より多くの、また、より多様な人材が要請されたが、庶民の子は庶民の子にとどまっていなくてはならないという身分制度を固持していたのでは、そのような要請に応えることは不可能であった。そこで、広く国民一般の中から人材を選抜する新しい制度が必要となった。近代的な教育制度はこのような必要を充足させる目的で発達することとなったわけである。

このことは国民の側からみるならば、高い教育を受ければ親よりも高い社会的地位に上昇することが可能となったということを意味する。そこで人々の高い教育への願望が高まることとなったのである。

現代においては、社会体制の相違を越えて、社会的地位の決定は個人の能力に基づくことが原則となっている。社会的出自がどうであろうと、能力のある者を、その能力にかなった社会的地位につかせることが社会的選抜の原理である。奴隷制社会においても、封建制社会においても、その時代においては、選抜は能力に基づいていると考えられていた。それは高い階層に属する者は能力も高いと考えられていたからである。能力は生まれによって先天的に決まっているという考え方がその時代には支配的であったのである。ところが現代においては、能力は基本的には後天的に獲得されるものであると考えられるようになった。能力観の転換である。ここに社会の維持・発展のために必要な諸能力を意図的に育成するものとしての学校という考え方が生まれることになった。

学校が社会的出自に代わって社会的選抜機能をになうこととなったのである。

このような社会的選抜の原理が、社会的出自から学校教育によって身につけた能力へと転換してきたのは、平等思想の普及と同時に、社会経済の発展に伴い、社会が多様な人材を大量に必要とするようになり、そのことが社会の高度な発展を支えると考えられたからである。つまり、教育が社会的出自に代わって選抜機能をになうようになったのは、あくまでも社会的必要性を背景にしている。教育による選抜が社会的選抜と呼ばれるのはそのためである。

しかし、学校が社会的選抜をになうようになったということは、社会経済的観点からのみ意味があるのではない。個人の側からみるならば、教育によって階層の上昇移動が可能になることを意味していた。したがって、教育が社会的出自に代わって社会的選抜をになうようになったということは、社会の民主化であり、その点で教育の人間化でもあった。

しかし、逆にそのことが教育に対する個人の期待を過大に高め、さまざまの病理現象を生むこととなった。高い社会的地位を約束してくれる高い学歴、というより学校歴をめぐる過当競争とその過程で現れる種々のひずみがそれである。これは、高い社会的地位は相対的に少ないにもかかわらず、高い学歴を取得すれば高い社会的地位につけるという期待が異常に高まったためである。

このような期待の高騰を生んだのは、民主主義思想の普及とそれに支えられた学校制度のいわゆる複線型から単線型への改革が行われたことによるところが大きい。複線型あるいは途中から分かれる分岐型の学校体系のもとにおいては、社会的地位の上昇移動に対する国民の熱望が、低い学校段階において冷却されてしまう。しかし、単線型の下においては、すべての者に上級の教育機会が平等に開かれているため、より高い教育への熱望が過熱されやすい。

しかし、すでに指摘したように、高い社会的地位は量が限られているため、競争はより高い教育段階一般に対してではなく、特定のいわゆる有名校について展開されることになる。ここに高学歴社会の病理が生まれる原因があるのである。つまり、特定の有名校に入学するためには、その準備教育を行うための家庭の経済的余裕が必要とされる。したがって、有名校歴を獲得できるのは、結局、社会的経済的に恵まれたものだけということになってしまう。

これでは社会的選抜の基準としての学校教育は、見せかけの基準にすぎず、社会的出自による選抜となんら異なるところはないということになってしまう。これは教育の非人間化といえるであろう。

2. 学校の人間化への道

それでは再び教育を人間化するためにはどうしたらよいであろうか。人種、信条、性別、社会的身分、経済的地位などによる差別が入り込まないような形での社会的選抜機能を学校が再びとりもどすことが教育の人間化への道であろうか。

ここで「選抜」という言葉について考えてみたい。選抜というのは「えらんでぬき出す」という意味である。選という文字は、二人がならんでステップする舞の象形からきたもので、すでにできあがって並んでいるものの中からより秀でたほうを選ぶという意を表している。並んでいるものの水準を引き上げるという意味は含まれてはいない。したがって、学校が選抜機能を果たすといったばあいに問題とすべきことは、入学の時点で並んでいるものを選抜するのか、卒業の時点で並んでいるものを選抜するのか、ということである。もし、入学の時点で並ぶものを選抜しているのだとするならば、入学してからの教育や学習の成果は評価していないことになる。学歴偏重というのは、果たしてどちらの時点での選抜であろうか。

学歴は本来教育が終了する時点において与えられるものである。したがって、学歴によって選抜を行うということは、卒業の時点で選抜を行うことを意味している。しかし、わが国の大学は入学するのは困難であるのに対して卒業は容易であるといわれることからもわかるように、学歴は教育が実質的に終了したことを意味しているとは限らない。わが国の学歴は一定の期間教育機関に在籍したということを示すにすぎない。つまり入学の時点で選抜しているのと何ら変わるところはない。これはわが国の教育機関に教育機能が希薄であることによるが、しかし、教育が全く欠如しているわけではない。また、学生個人個人による自己学習もある。しかし、わが国の学歴は、教育を実質的に受けた者にも受けなかった者にも――たとえば出席しようが出席しまいが――一様に授与される。これは不公平という意味で非人間的である（手も足も出ないという意味でダルマの絵を答案に描いた学生に合格点を与える教師は人間味があると考えられることはあるが……)。

以上のことから、教育が人間化されるためには、まず教育機関が、なによりも真の教育機能を果たすようになることとであろう。そして選抜は教育の入り口における評価ではなく、出口における評価に基づいて行われるようになるべきであろう。

そこで、ここで考えてみたいことは、真の知育とは何かということである。ペーパー・テストの結果に基づいて、何とか全生徒をどこかの上級学校にうまくおさまらせようとするいわゆる偏差値体制が真の知育ではないことは、あらためていうまでもないであろう。そのことは偏差値を使っている当の教育現場でもわかっているであろう。偏差値体制はやむをえずできあがった体制である。しかし、現実を考えれば、まさにやむをえないのであって、それから脱却することなどできない、というのが現実における大方の考え方であろう。

したがって、真の知育を実現するには、まずなによりも右のような「現実」に名を借りた悲観主義的な考え方を打破することが必要である。つまり、教育に当たる者にはもっと楽観主義が求められるのではないだろうか。

日本の教育に欠けているものが「楽天主義」であることは、日本の英語教育に指導主事の助手としてたずさわったホッグさんというアメリカ人教師が次のように指摘している。

〈周囲を観察すれば容易に多くの障害に気付くでしょうし、確かに改善の余地も残っています。私にも納得できないことがらは沢山あります。これらのことがらについて実際にこの原稿を書く段になり、よくよく考えてみたとき、ひとつの核となる問題を発見したのです。それは取り除かなければならない障害物というよりは、むしろ「欠けているもの」あるいは教育一般の、特に英語教育の構造上欠落しているものと呼べるかもしれません。教育の目標は何かと問えば、生徒が全力を尽して学びそして可能性を最大限まで伸ばせるように助力することと、先生は答えるでしょう。先生は生徒が歩む成長過程で生徒を助けることを役目としています。しかし、教育の現実は生徒を助け、励ますようにできているでしょうか。私の答えは「否」です。そこには明らかに欠落しているものがあるからです。「楽天主義」が欠落しているのです。それも完全に欠落しているのです。このようないい方は、乱暴に響くかもしれませんが、多くのクラスを参観し、教えていくうちに私の確信はますます強固なものになってきました。正さなければならないことはいろいろありますが、まず「楽天主義」をあるべきところに――教室に、英語教師に、生徒に――戻さなくてはいけません。日常生活の中には、「楽天主義」を戻さなくてはいけません〉[1]

右の楽天主義というのは「あなたにもできますよ主義」である。すべての者に自信をもたせる教育原理である。これは単に英語教育に欠落しているだけではない。日本の教育全体に欠けているものといえるであろう。偏差値主義というのは「あんたはこんなところですよ」と自信を失わせる教育の原理であるから、楽天主義は偏差値主義の対極をなすものともいえる。これは教育の技術ではない。あらゆる教育技術や方法を貫くべき基本的な原理である。

このような主張に対しては、楽天主義に立っていたのでは、進学という現実に対応することができない、という反論があるであろう。しかし、人間の生きる力を阻害するものは、進学の失敗であるよりも、安全や能率という原理に基づいて決定された進学の成功のほうであろう。重要なことは、成功したか失敗したかということではなく、成功または失敗に自分の意思や努力がどれほどかかわっていたかということである。自分の意思が欠落していたばあいには、たとえ結果としては成功であっても――、それは成功と呼ぶべきではないかもしれないが――満足感や充実感は低くなるであろう。逆に、たとえ結果としては失敗であっても、それが自分の意思と努力の結果であるばあいには、むしろ生きる力を高めるにちがいない。楽天主義というのは、失敗をおそれず、それを成功に転ずる主義である。失敗を信頼する主義である。

そこで次節において、学校の人間化を図る方向を、コミュニティとしての学校、アソシエーションとしての学校という観点から考えてみよう。

第2節 コミュニティとしての学校・アソシエーションとしての学校

1. コミュニティとしての学校

学校、家庭、地域の連携、さらには融合の重要性が叫ばれている。実際にも、そのような方向をめざした実践がすでに多くみられる。しかし、そこでは学校と地域が別の領域として対比的にとらえられている。別のい い方をすれば、学校も地域も（家庭もであるが）空間としてとらえられているということである。

ここでは学校を単なる空間としてとらえるのではなく、コミュニティ(community)とアソシエーション(association)という二つの概念を使って、これからの学校の在り方について考えてみることにする。

コミュニティについては第九章でも述べたが、これは、ドイツ語のゲマインシャフト（Gemeinschaft）に当たる言葉で、地域社会、共同体、地域共同体、共同社会などと訳されていることから推察されるように、地域性と共同性という二つの要件を中心に形成されている社会を意味している。つまり、一定の地理的範域を示すだけでなく、そこにいる人々の間に何らかの共同性が存在するときにコミュニティというわけである。人間のいない原野に境界を設定しても、それはコミュニティではないし、たとえ一定の空間に人間がたくさん存在してもその人間相互の間に共同性がなければ、それもコミュニティとはいえないのである。

コミュニティという用語の実際の用いられ方は、さまざまであり、地域性を強調して使っているばあいもあれば、共同性、連帯性、共通性などに力点をおいているばあいもあるが、いずれにしても、コミュニティという言葉には地域性と共同性の二つの側面がある。いいかえると、一定の空間において程度の差はあれ、お互いに束縛し合う関係があり、そこには成員の間に「われわれ」という意識や感情が生まれ、そしてそのような関係の積み重ねを通じて、成員全体を集団としてみたとき、そこに他のコミュニティとは、言葉づかい、行動様式、考え方などに、つまり文化という面にちがいが認められるとき、その集団をコミュニティというのである。

そのばあい、一方の極に、束縛し合う関係が強固で、成員には自主性や主体性が認められない運命共同体的なコミュニティが、他の極に、成員の自主性・主体性が認められ、加入・転出も自由なコミュニティがある。そしてその二つの極の中間にさまざまなコミュニティが存在するであろう。しかし、いずれのばあいにも、成員は、そのコミュニティにおいて生活上のさまざまな欲求を充足させているという点において共通している。

それに対して、アソシエーションはドイツ語のゲゼルシャフト（Gesellschaft）に相当する言葉で、特定の必要、利害、興味、関心などを充足させることを目的としてつくられた組織を意味する。特定の必要・利害・興味・関心等が同じ者、志が同じ者によって構成される組織である。学会、会社、クラブなどがそのよい例である。

コミュニティとアソシエーションという二つの概念のとらえ方は、厳密には学者によって異なるが（これは社会学において展開された概念で、マッキーバーとテンニースによる概念が歴史的には有名）、ここでは大雑把に以上のように理解しておくことにする。

さて、コミュニティとアソシエーションをこのようにとらえたとき、われわれ現代の人間はほとんどがコミュニティの成員でありながら同時に複数のアソシエーションに属していることがわかるであろう。社会政策として、また、市民・住民の運動として、自由な開かれたコミュニティの形成への胎動が活発化しているが、同時に、それとの関係において、空間としての地域をこえたアソシエーションが人々の自由意思によって、すなわちボランタリーにつくられつつある。この傾向はますます強くなりつつある。

それでは、以上のような動向の中で、学校はどのような状況にあるであろうか。

歴史的にいうと、学校が発達する以前は、子どもの人間形成は家庭や地域において行われていた。家庭だけでなく、子どもの人間形成は地域の共同性の中で行われていた。それはイニシエーションといったような意図的な形でだけでなく、地域の文化の中でインフォーマル＝無意図的に行われていた。しかし、近代化という言葉で象徴されるような社会の発展の中で、意図的な人間形成をもっぱら行う機関として学校が発達した。このことは意図的人間形成の共同性が地域から学校に移動したということを意味する。特に、一九六〇年代の高度経済成長の影響によって、地域が共同性を喪失していく過程で、地域に残っていた人間形成の機能は脆弱になってしまい、そのことから人間形成についての学校に対する期待が過大になっていった。そして、学校の運命共同体的共同性が強まっていった。

いま、教育改革の中では、学校・家庭・地域の連携・融合ということが積極的に推進されようとしているが、これは、学校に集中化した共同性が運命共同体的なコミュニティにおける閉じられた共同性になってしまっていることから、さまざまな問題が噴出していることに照らしての政策であると解釈できる。このことをもう少し具体的に考えてみよう。

学校は人間形成の共同性を一手に引き受けることとなったが、このことは一つ一つの学校がその学校に配置された教員だけでいわば自給自足的に人間形成を行うことになったということを意味している。しかし、さらに問題なのは、学校が教師集団の共同性によって行うことが期待されたにもかかわらず、同年齢の子どもで編成する学年という制度がつくられ、同学年の子どもは学級という小さな組織に分断され、学級単位で人間形成が遂行されることになったために、学校における共同性は名ばかりのものになってしまったことである。学校が地域に対して閉じられた世界になってしまっただけでなく、学校内部の組織が閉じられた小さな世界の単なる集積になってしまったのである。

小学校段階においては、特に低学年においては、一人の教師が特定の学級を受け持って人間形成を行うということには意味があるともいわれる。ある小学校の公開授業を参観していたおり、ある学級の素晴らしい実践発表の後、他の学級とはどのような連携をしているのですかという質問が出た。それに対するベテランの学級担任からの返答は、他の学級のことは関知するところではない、他の学級との連携はむしろ好ましくないことだと思っている、というものであった。このような考え方については理解できるし、教育学者の中にも学級単位の教育の重要性を指摘している者も少なくない。しかし、筆者が子どもたちの自主性、主体性を最大限に生かした――その授業では板書すら児童が行っていた――その実践を見ていて感じたことは、子どもの役割が固定しているのではないだろうかということであった。

どんな組織にもメリットとデメリットがある。これはある小学校のある一人の経験年数がまだ数年の比較的若い教師の実践である。一日、その先生の授業をすべて見せてもらったことがある。シンガーソングライターを目指していた――いまでも目指しているかどうかは聞いていないが――その教師は、教室に常においてあるエレキギターで自作の歌を子どもとちょっとうたってから授業に入るのである。授業の雰囲気はやわらかくなる。教室の後ろの壁には、ライター教師の影響であろう、なかなか上手な詩のような作文が掲示されていた。このような学級文化の創造は一教師対一学級というシステムでなければ難しいであろう。しかし、やはりそのようなシステムのもとでは、子どもの評価は特定の教師だけのものに限定されるし、仲間集団内の評価も固定化してしまう。

そこで現在のような形での学校のよさも残しながら、すなわち、ある程度閉じられたコミュニティとしての学校を維持しながら、開かれたコミュニティとしての学校を創っていくことがこれからの課題ではないかと思われる。

では、開かれたコミュニティとしての学校というのはどのような学校であろうか。それをアソシエーションとしての学校という言葉で考えてみたい。

2. アソシエーションとしての学校

アソシエーションというのは、すでに述べたように、特定の必要、利害、興味、関心などを追求する目的で意図的につくられた組織である。学校は、家庭や地域の共同性によって担われていた教育を行う機関という意味でコミュニティであるが、教育という目的を達成するためにつくられているという意味で、すでにアソシエーションであるともいえる。かつては家庭や地域で人間形成が共同性の中で行われていたといっても、家庭や地域は人間形成だけを目的としているわけではないのでアソシエーションではない。それに対して、学校は教育をもっぱら行うことを目的にしているという意味ではアソシエーションだともいえるかもしれない。しかし、学校が教育を目的としているといっても、その教育の内容はきわめて幅が広く多様であり、「特定の必要、利害、興味、関心を追求」しているわけではないのでアソシエーションではないのである。

今日の学校においては、右に述べたように、学級という集団を単位にして、多様な教育の内容をこなそうとしているが、学校をアソシエーションにするには、学校単位、学級単位で、子どもの人間形成を自給自足的に行うシステムを開かれたシステムに転換する必要がある。すでにそのような転換は提唱されているだけでなく、部分的には実践されているので、それもふまえて、以下具体的な転換の方向の若干を提起することにする。

(1) 学校のネットワーク化

第一の転換の方向は、特定の目標あるいは内容については、他の一つあるいは二つ以上の学校と連携してアソシエーションをつくって教育指導を行うシステム、すなわち、学校のネットワーク化を導入することである。単位の互換制度とか米国のマグネット・スクール（magnet school、特定の教育活動については、その活動に特色をもつ他の学校に行って行う制度。各学校がその特色において児童・生徒を磁石のように引きつけるという趣旨からそう呼ばれている）などはその例であるが、具体的にどのような活動についてどのように連携する（associate

する）かは、学校や地域の実態に照らして考えるべきことであろう。

(2) 柔軟な学習集団の形成

第二の転換の方向は、目標・内容などによって、適宜、学級を解体してアソシエーションとしての学習集団をつくって教育指導を行うことである。これはすでにテーム・ティーチングの導入の中ですでに多くの学校において実践されていることであるが、今後は学年の壁も取り払った学習集団の形成も必要であろう。

ここで重要なことは、このような集団は学級のように目標・内容が変わっても固定しているのではなく、目標・内容ごとにつくるということである。

(3) 柔軟な教師集団の形成

第三の転換の方向は、教師の側の集団形成である。形成の仕方は、指導の目標・内容によるもの、教師の得意分野によるものなど、いろいろ考えられる。現在でもいろいろな教師集団がフォーマルにつくられているが、それは学年会、教科部会といった制度化された集団で、多様な目標・内容に共同して対処する閉じられたコミュニティ的性格が強い。いま求められるのは、特化したアソシエーションとしての集団をつくることである。

そのばあいの集団は、教師だけでなく、学校内の他の教員、保護者、地域の人々、卒業生など多様なメンバーで構成することが望ましい。アドホックな形での地域人材の活用は、いまでも多くの学校において行われているが、提言したいのは、そうした人材をも構成員とした持続的なアソシエーションをつくることであろう。アドホックというのは、その場かぎりということであるから、目標・内容の全体についての人材の理解は不十分であろうし、したがって、その活動へのアイデンティティも低いであろう。持続的なアソシエーションが重要な理由の一つはそこにある。

以上、これからの学校の在り方をコミュニティとアソシエーションという二つの社会学的対概念を使って考えてみた。

近年、社会一般において盛んにいわれてきたこと、また実際に取り組みが盛んになっていることは、共同性の復活・創生という観点からのコミュニティ形成と目標・内容に応じたボランタリー・アソシエーションの形成である。

しかし、学校という社会には、そうした社会一般の動きとの間に大きなギャップが存在するように思われる。学校は児童・生徒が一般社会に出たときに生きていける力をはぐくむ場所――社会学的なタームを使うならば、予期的社会化の場所――であるとするなら、学校も社会一般の動向に適合的でなくてはならないであろう。

ここで提言した転換の方向自体は別に耳新しいことではないかもしれないが、それを積極的に推進しないと、学校は社会的不適応児を大量に生産し続けることになるであろう。

第3節　地域の実態への即応

前節では、学校経営の基本的方向について述べたが、具体的には地域の実態に即応して考えることが重要である。

「地域の実態に即した学校経営」という考え方は、学校経営のいわば基本原理の一つである。このことは学校経営にあたる者にとっては当然の前提とされている。実際に、地域の実態に即すことを目的とした学校経営の創造的な実践例も数多い。しかし、そのような創造的な学校経営についても、あらためて「地域の実態に即した」ということをどのような意味をもつものとしてとらえているのかを問うてみると、答えはあまり明確でないような気がする。

1.「地域の実態に即した」ということの意味

これを問うことが今日の学校経営の重要な課題ではないだろうか。そこでここでは「地域の実態に即した」ということの意味について若干の考察をすることにする。

まず第一に、実態に即するというのはどういうことかについて考えてみる必要がある。一般に「○○に即した」というばあい、その即し方には二つの方向が考えられる。一つの方向は○○を肯定し、維持・発展させる方向である。あるいは、肯定をしないまでも、仕方のないこととして○○を是認し、その枠の範囲でものごとを処理しようとする方向である。たとえば、学校が置かれている地域の伝統、慣習、行事、ものの考え方、価値観や信念などが、未来に生きる子どもの人間形成という観点から好ましくないというばあいを考えてみよう。このような地域においては、親や地域住民一般の教育への要求も、おそらく、子どもの人間形成の上から適切でないことが多いであろう。このばあいに、親たちの古い考え方に従って学校の教育実践の方向を決めるのが、第一の「即し方」である。これに対して親たちの価値観に基づいた教育要求とは別に、あくまでも子どもの人間形成という観点に基づいた教育的要求に基づいて――これは青少年の「逆社会化」あるいは「予期的社会化」などと呼ばれる――教育の方向を決定するという「即し方」がある。つまり、○○を否定し、新しいものを創造する方向である。前者の方向は実態に対する「現状肯定的即応」、後者は実態に対する「現状否定的即応」と呼ぶことができるであろう。

この二つの解釈は、全く正反対の方向をもった解釈である。相互に矛盾しあう解釈である。しかし、学校経営においては、この二つの解釈は二者択一のそれであってはならない。学校経営は、つねに、この矛盾しあう二つの解釈の下で、地域の実態に即していくことが課題とされなくてはならない。つまり、「即した」の肯定的解釈と否定的解釈とをいかに止揚するかということが学校経営の重要な課題の一つでなくてはならない。

2. 「地域」の意味

右に述べたように、「即した」には肯定的と否定的と二つの解釈が可能であり、学校経営はこの二つの解釈の止揚をその重要課題の一つとしなくてはならない。それではいかに止揚するか。これは、まさに、「地域の実態」がどのようであるかによって異なるであろう。また学校教育目標によって、さらに「人」「物」「金」といった学校経営の構成要素によって異なるであろう。また、短期的に考えるのか、あるいは長期的な展望の下で考えるのかによっても異なるであろう。

学校経営や指導システムに関して「最適化」という概念が使われることがあるが、これは二つの解釈の止揚という意味を内包した概念である。つまり、「最適化」というのは、一定の制約条件の下で、目標を可能なかぎり達成できる複数の代替案を設定して、その費用や効果などを評価して、最も優位な手法や方法を決定することである。しかしだからといって、「最適化」の目的は決して現状維持でも、現実の政策への奉仕でもない。教育学的に望ましい条件を明らかにする科学的研究を排除するものではもちろんない。それどころか教育的にみて望ましい条件に現実の条件を近づけることこそが、行政や経営の重要な目的でなくてはならないのである。

最適化というのは、行政や経営が、現実の制約条件下における効果の最大化という短期的な目標の達成をめざしながら、究極的には現実の条件を教育学的に望ましい条件に近づけるという長期的な目標の達成を志向することを意味している。つまり、短期的には「肯定的」な「即し方」をしながら、長期的には「否定的」な「即し方」をするのが「最適化」の基本的概念であるといってよいであろう。したがって、学校経営は、短期的には地域の実態に「肯定的即応」をしながら、究極的には「否定的即応」をすることを基本的な課題としなくてはならないということになる。少しちがった角度からいえば、地域の実態は、学校経営にとって短期的には制約要因として作用するが、長期的には「つくり変えられる」対象としてとらえられなくてはならないということを意味している。このことはさらに敷衍するならば、「地域」というものがただ単に「在るもの」としてではなく、意図的に「形成するもの」としてとらえられるべきだということになる。「地域」は静態的概念としてではなく、動態的概念として考えられなくてはならないのである。

3．肯定的即応から否定的即応

地域の実態に肯定的に即応するということは、地域を「在るもの」として考え、それを基にして学校経営を行うということである。それに対して、地域の実態に否定的に即応するということは、地域を意図的に「形成するもの」としてとらえるということを意味している。このことをもう少し具体的に考えてみよう。

伝統的には地域＝コミュニティは、特定の目的の達成や、特殊な利害関心の追求を行う組織体であるアソシエーション（association）とは対照的に、不特定の多くの生活関心を同時に充足する場であった。教育もそのような生活関心の一つであった。青少年たちは地域の中で、教育や訓練を受け、成人となるための準備を与えられた。地理的な境界によって定められた地域内の子どもたちは、その地域内の成人たちによって、「われわれの子ども」として教育された。つまり、地域は教育力をもっていた。

しかし、現代社会においては地域のメンバーは近隣関係をもちながら、同時に、異なる利害関係に根ざすさまざまの集団に属している。現代人は程度の差はあるにしても、たった一つの地域だけのメンバーであるのではなく、複数の集団（＝機能的な地域と呼ぶこともできるであろう）のメンバーであるのが一般的である。産業社会の発展過程はこのような地域の機能的集団化の過程であった。このような状況の下においては、地理的な圏域としての地域に対してわれわれはもはや共属感情をいだくことは少なくなってしまった。都市においては特にこの機能集団化が著しい。

地域のこのような機能集団化は、地域がその教育力を喪失していく過程でもあった。そして地域が失った教育力を学校の中に取り入れていく過程であった。現代の学校はこのようにかつては地域が果たしていたさまざまの教育的機能を徐々に自己の役割として取り入れてきた。しかし、学校はそのように増大した役割を遂行する能力をもってはいないのである。そのために機能麻痺を起こしているのが現代学校の問題状況である。この原因は地域を「在るもの」としてしか考えなかったことによる。「在るもの」としての地域は教育的ではないので、学校が一身にすべての教育課題を背負わなくてはならないと考えたことに機能麻痺の原因がある。

それではこの機能麻痺状況を解消するためにはどうしたらよいだろうか。それには地域を「在るもの」としてみるのではなく、「形成するもの」として考えることである。これは地域の教育力を回復する方向である。地域の教育力を回復し、学校の中に集中化した過大な教育課題を再び地域の中にもどすことである。言葉を変えていえば、学校を地域の中の唯一の教育機関としてではなく、地域の中の重要ではあるが一つの教育機関としてとらえ、地域の中に潜在的に存在しているさまざまの教育的な物や人を有機的に関連づけて教育的に活用することである。そのようなネットワークが学校を中心にしてつくられることによって地域はその教育力を回復する契機を得ることができるであろう。

第4節　地域の諸資源を含んだカリキュラムの開発

1．カリキュラムのとらえ方

第五章において、学校に基礎をおいたカリキュラム開発について述べたが、地域社会学校の創造において重要なことは、前節で示唆したように、地域の諸資源を含んだカリキュラムを開発することであろう。

カリキュラム開発は、いま、各学校の最大の課題となっている。しかし、その概念は十分に理解されているようには思われない。教育課程の編成と同じことくらいにしか考えられていないことが多い。

教育課程は、もともとはカリキュラムに対応する日本語として使われていたものであるから、どちらの用語を使っても同じことのようであるが、教育課程という言葉ではなく、カリキュラムという用語をあらためて使うのは、別に舶来品を指向しようとしているのではない。それなりの意味があるのである。わが国は、明治以来適切な訳語をつくり出すことによって、科学や文化の発展を遂げてきたという面が強い。教科課程や教育課程もそのような訳語の一つともいえるであろう。しかし、適切な訳語がみつからないばあいには、原語をカタカナ文字で表して外来語として導入してきた。

いま、カリキュラムという用語をあらためて使うのは、それに対応する適切な言葉がいまのところないからである。従来は、カリキュラムを教育課程と称しても内容的にたいした相違はなかったのであるが、最近は、カリキュラムという言葉によって内包される内容が拡大しているのである。

一方、「教育課程」は、小学校のばあいであれば各教科、道徳、特別活動、「総合的な学習の時間」によって編成され、その基準は学習指導要領によって示されるものであることが学校教育法施行規則に規定されている。

つまり、教育課程というのは、いわば制度化された用語であり、それは各学校にとってまさに編成されるべきものであり、開発されるべきものではない。開発というのは、新しいものをつくり出す、といった意味をもっており、編成とは基本的に異なっている。編成はすでにある諸要素を組み合わせることであるのに対して、開発は新しい要素を創造することである。

学校に求められているのは、教育課程の編成だけではなく、カリキュラムを開発することである。つまり、学習指導要領に基準として示されている各教科やその目標、内容などを各学校の実態に応じて編成するだけでなく、新しい要素をつくり出すことである。

それではその新しい要素とはどのようなものであろうか。

教育基本法、学校教育法、学習指導要領などには規定されていない教育の目的や目標を設定したり、学習指導要領にはない、新しい教科や内容を導入したりすることであろうか。

そうではない。学校の課題は、教育基本法第一条に定められている「教育の目的」、学校教育法に規定されている「目的・目標」、学習指導要領に提示されている目標・内容とは異なる目的・目標・内容を開発することが学校の課題なのではない。これらはすべて目的と手段の系列として定められている。つまり、学校教育法が定めている目的・目標は、教育基本法が定める目的を実現する手段であり、学習指導要領に提示されている目標・内容は、学校教育法が定めている目的・目標を実現するための手段である。

したがって、各学校にとっての課題は、学習指導要領に明示されている目標・内容を実現するための手段について創意工夫をこらすということになる。カリキュラム開発というのは、ひらたくいうならばこの創意工夫ということである。

教育課程の編成も、学習指導要領に定められた目標・内容を実現するための手段である。しかし、学習指導要領における目標・内容を達成するには、教育課程を編成しただけでは十分ではない。編成された教育課程が現実に機能するためには、それを支えるさまざまな資源が確立している必要がある。カリキュラムという用語の意味内容が、最近拡大してきていることはすでに述べたが、具体的には、カリキュラムは教育課程だけでなく、それを支える諸資源をも含む概念として使われるようになってきているということなのである。

2. 重要な三つの教育資源

以上に述べてきたことからわかるように、カリキュラム開発において、各学校がまず第一に取り組むべきことは、どのような資源が確保されていることが必要であるかを明らかにすることであろう。

あらためていうまでもなく、教育を行うためには、適切な教材、それを使って指導を行う教師、適切な場・

環境などが必要である。また、現実に教育は、教師がさまざまの教材を使って、教室という場において行われている。しかし、学校の現場に今日多くの難問が発生していることからも推察されるように、現実にみられる教師、教材、場にかかわる資源は決して適切なものであるとはいえない。つまり、学校の中にある資源だけでは、各学校に与えられている目標・内容を実現することはきわめてむずかしいのが現実である。

ここに、学校をとりまくところの地域のさまざまの資源が見直されている理由がある。

カリキュラムとしては、校内における組織であるとか人間関係、そこから生み出される学校の文化、あるいは風土なども重要であるが、それと併せて各学校は、地域の中にあるさまざまの資源をカリキュラムとして位置づけていくことによって、教育的効果の向上を図ることが求められているのである。

それでは地域の中のどのような資源を教育的資源とすればよいのだろうか。具体的には各地域の実態によって異なるべきものであるが、一般的にいうならば、地域の教育資源は、

(ア)　教材をつくるための資源
(イ)　地域のさまざまな人材
(ウ)　教育や学習のための場

という三つのカテゴリーに大別することができるであろう。

(ア)は地域の教材化ということであるが、これには二つの意義がある。一つは、教材に生活の基盤としての地域というリアリティをもたせることによって、子どもたちの知識が、断片的な知識ではなく、人間の生き方にかかわるものとなったり、より高度の知識を獲得するための基礎となったりし得るということである。もう一つの意義は、教材を地域に求めることによって、子どもたちの地域への愛着を強め、地域を自分のふるさととして発展させる子どもの目を育てることができるということである。

この二つは車の両輪のようなものであるが、いずれをより重要視すべきかは、地域によって異なるであろう。

近年は、地域の崩壊（地域社会の崩壊というべきかもしれない）現象の中で、多くの地域はわれわれの生活の基盤としての意味を失っており、当然のことながら地域は子どもたちにとってもリアリティを失っている。そのためにせっかく地域を教材化しても、それは子どもたちにとっては、外国を教材化したのと大差ないことになってしまうことが多い。このようなばあいには、地域の教材化は、まず、地域に対する子どもの知識や愛着を深め、それを基にして知識を生きたものにするという方向で考える必要があるであろう。

3．学校の画一性の打破

さて、ここで問題となるのは、地域が教師にとってもリアリティの薄いものだということである。というより地域は子どもにとってよりも教師にとってのほうが縁が薄いのである。地域出身の教師がいることはきわめて珍しいことである。

したがって、地域の教材化を図るためには、地域の教育資源の第二のカテゴリーである(イ)の「地域のさまざまな人材」に頼ることが必要となる。教師自身が、またばあいによっては子どもたちが、地域の歴史に明るい古老を訪れて話を聞くのも一つの方法であろう。

また、地域の中に、地域の歴史、生活、文化について資料や情報を整理した博物館や図書館などが整備されているばあいには、そのような資源（ウ)・第三のカテゴリー）の活用を図ることも必要であろう。

以上のように、学校はカリキュラム開発にあたって地域のさまざまな教育資源の活用を図ることが必要であるが、ここで指摘したいことは、地域資源を活用することが、地域をふるさと化したり、知識を生きて働くものにしたりすることだけに意義があるのではないということである。地域の教育資源をカリキュラム化することは、基本的には現代の学校のもつ画一性、閉鎖性を打破するためにこそ求められることなのである。

教育というと、制度化された資格をもった教師から、決められた時間に、画一的構造をもった教室という空間において、あらかじめ決められた知識を教えられることであるという観念が一般化している。このような観念とそれに支えられた現実は、わが国において特に強い。教育の個別化、個性化は、いまだにお題目の域を脱してはいない。

「そういわれても、受験体制という現実の中では非現実的です」という言葉によく出合う。つまり、学校として創意あるカリキュラム開発をやろうにも、受験体制という厚い壁があってできない、というわけである。しかし、ここで問いたいのは、受験体制は本当にイノベーションの壁なのかということである。イノベーションの結果、受験に不利になったということを実証するデータが果たしてあるであろうか。厚い壁は受験体制ではなく、受験体制を壁と考える教師の意識なのではないだろうか。受験体制は、イノベーションの導入を回避するための口実となっているとさえいえなくもない。

4．学校は地域との厚い壁を破れ

もちろん問題は学校の側にだけあるのではなく、親の側にもあるというべきであろう。「そんな教育の仕方では、受験に不利になるので困る」と学校に対し直接・間接に圧力をかける親が多いのである。しかし、大部分の親は、もっと充実した教育を期待しているのではないだろうか。

学校は親の聞こえぬ声におびえすぎているのではないだろうか。受験体制と併せて、イノベーション回避の口実として「親の声」が使われているともいえるのではないだろうか。いま、学校に求められるのは、受験体制から脱却することの必要性を親に説得する専門性と見識であろう。

つまり、学校は子どもだけでなく親をも指導することが必要なのである。両親教育は学校の本来の役割ではないかもしれないが、子どもの教育をよくするためのカリキュラムとして位置づけることができるであろう。元来、地域の中では学校と並んで家庭が子どもの重要な教育資源であったが、現実に家庭が教育資源として機能していることはきわめて少ない。ここに学校が大きな責任を負わせられている大きな原因があるのである。そこで学校が、あるべき教育機関の姿を回復するためには、親の意識の変革が必要となる。

それではどうしたらそれが可能となるであろうか。

学校が地域の教育資源を積極的にカリキュラム化し、その結果を示す以外に方法はないのではないだろうか。学校は、地域の実態に即してその活動を考えていくことを求められている。「地域の実態に即した学校経営」は、学校経営のいわば基本原理の一つである。しかし、「即する」とはいかなる意味を表しているかが明確ではない。一般的にとらえると、「実態に即する」というのは、「実態の枠の中で」というようにとらえられるであろう。つまり、親が受験教育を学校に期待しているというのが実態であれば、学校はその期待にこたえるように努力するというのが、この実態への即し方である。

しかし、果たしてそれだけの即し方でよいであろうか。「実態を変える」という即し方もあるのではないだろうか。前者が実態肯定的な即し方であるのに対して、後者は実態否定的な即し方である。

いま、学校になによりも求められるのは後者の即し方ではないだろうか。「ふるさと」はいま、都市はもちろんのこと地方においても失われつつある。一年に一度か二度、都会に出た者が満員の列車に乗って帰る地方は存在する。しかし、生活の場としてのふるさとはない。

学校はこれまで地域との間に厚い壁を設けて教育を行ってきた。しかし、これからは、ふるさとをつくる仕事に学校はかかわっていかなくてはならないのではないだろうか。

地域の教育資源の積極的活用により、学校そのものを地域社会化することを通じて、地域をふるさとにつくり変えていくことが期待される。

●注

(1) シェリー・ホッグ「英語教育における〝楽天主義〟の欠落」『IDE』一九八三年一月号

第十一章

教育経営におけるリーダーシップ1

これまでに述べてきたような多くの学校経営の課題を達成するには、管理職などスクール・リーダーの力量が求められる。しかしその力量とは何かを改めて問うてみると、その答えは必ずしも明確ではない。そこで本章と次章においては、この力量の問題について考える。なお、スクール・リーダーは校長や教頭といった管理職だけでなく、校務分掌上リーダーとしての役割を与えられている者すべてを含む。以下においては、主として管理職の問題として論じているが、それは大方すべてのリーダーに当てはまると考えてよいであろう。

第1節　学校における管理職とは

1．外的管理と内的管理

学校教育法は第五条において「学校の設置者は、その設置する学校を管理し、法令に特別の定のある場合を除いては、その学校の経費を負担する」と規定している。つまり学校の設置者が学校の管理者であるわけだが、ここで学校の設置者というのは、学校教育法第二条が「学校は、国、地方公共団体及び私立学校法第三条に規定する学校法人のみがこれを設置することができる」と規定していることから国、地方公共団体、私立学校法

第三条に規定する学校法人である。具体的には、国立学校は文部科学大臣（国立学校設置法第一条第二項）、公立大学は、これを設置する地方公共団体の長である知事・市長（地方教育行政の組織及び運営に関する法律――以下においては「地教行法」と略称する。――第二四条第一号）、大学以外の公立学校は教育委員会（地教行法第二三条第一号、第三二条）、私立学校は、学校法人の理事会（理事長）である。

以上のように学校の設置者が学校の管理者である。しかし、これはいわゆる管理職とは異なる。設置者による管理は一般に「外的管理」と呼ばれており、広義には管理職のカテゴリーに入れることもできるかもしれないが、一般には管理職とは呼ばれていない。管理職というのは、法律上管理または監督の地位にある職員の占める官職であると規定されているとおり、その管理は「内的管理」を意味しているのである。

2. 学校における管理職

国家公務員については、人事院規則一七―〇（昭和四十一年七月施行）、地方公務員については、都道府県の人事委員会規則、または公平委員会規則が、管理職員の範囲を定めることになっている。その一部を例示すると次のようである。(1)

国立大学――学長、副学長、評議員、教授（大学が人事院と協議して定めるもの）

国立大学学部および教養部――学部長、教養部長、附属学校部長、学部主事、事務部長、事務部次長、課長、事務長、課長補佐（管理）、事務長補佐、人事係長、庶務係長。

国立大学附属学校――校長、園長、教頭、部主事（盲学校、ろう学校および養護学校に置かれるものに限る）。事務長（附属学校部又は高等学校に置かれるものに限る）。

東京都、区、市、町、村立の学校（大学、高専を除く）――校長、園長、教頭、舎監長、事務長。

しかし、右に掲げたものすべてが管理職なのではない。右に示された範囲は、管理職組合との関係で規定された管理職員等であって、全員が管理職ではない。ここで管理職員等というのは、管理若しくは監督の地位にある職員だけでなく人事といったような機密の事務を取り扱う職員をも含む概念である。管理職というのは、あくまでも、管理または監督の地位にある職員の占める官職であり、学校のばあいであれば校長と教頭がそれに当たる。校長については学校教育法第二八条第三項が「校長は、校務を掌り、所属職員を監督する」と定めている。また、教頭は、昭和四十九年九月より、学校教育法第二八条第四、五項によって、正式に管理職となったものである。学校教育法第二八条第四、五項はそれぞれ次のように定めている。

「教頭は、校長を助け、校務を整理し、及び必要に応じて児童の教育をつかさどる。」

「教頭は、校長に事故があるときはその職務を代理し、校長が欠けたときはその職務を行なう。この場合において教頭が二人以上あるときは、あらかじめ校長が定めた順序で、その職務を代理し、又は行なう。」

3. 主任制と管理職

いわゆる主任制は、長い間、教育界において、中間管理職か否かをめぐって、対立があったが、昭和五十年十二月に、学校教育法施行規則の改正によって主任制が制度化されることとなった。したがって、これを管理職とみなすか否かが問題となるが、主任制が法制化される二十日前の昭和五十年十二月六日、当時の文部大臣であった永井道雄氏は、一つの見解を示している。学校教育法施行規則第二二条の二（校務分掌）は、「小学校においては、調和のとれた学校運営が行われるためにふさわしい校務分掌の仕組みを整えるものとする」として、三項以下においてそのような校務分掌をつかさどる職、つまり主任を掲げたのであるが、永井氏の見解は、この「調和のとれた学校運営について」のものである。永井氏によると、「調和」とは、学校における「管理（行政）」と「教育（指導）」両面の調和である。行政官庁や企業体とは異なる学校においては、その運営を管理の側面からのみとらえるのではなく、教育指導をも重視しなくてはならない。しかし、従来は、この面が軽視されてきたきらいがある。今後は教育指導の重視を明確にしていかなくてはならないが、それは主任の役割である。以上が永井氏の見解のあらましである。つまり、主任は管理職ではなく教育職あるいは指導職であるというわけである。しかし、これはあくまでも文部大臣の見解であって、教育現場はそれを必ずしもストレートに受け止めているとは限らない。主任手当の新設ともかかわって、「指導」という名の「管理職」であるという危惧を抱いている教員も少なくない(2)。

以上に述べたように、学校における管理職は校長と教頭であるので、ここでも校長と教頭を主として念頭において考察をすすめることにする。しかし、機能的に考えるならば、教育を行う単位としての組織――学級、学年、学校など――の運営に当たる者はすべて管理職であるともいえる。管理職でなくてはならない、ともいえる。したがって、以下において考察することは、単に校長、教頭についてだけでなく、教師すべてに適用可能なことが多いと考えていただきたいと思う。

第2節　管理職の力量が問われるのはなぜか

いま、管理職の力量が問われていることははじめに指摘したが、それは一体なぜなのだろうか。力量について考えるに当たって、まず、これが問われている背景について考察を加えておくことが必要であろう。それは力量の内容はそれが問われている理由から導き出されるべきものと考えるからである。

1．学校教育の改革の必要性

学校における管理職の力量がいま特に問われる第一の背景は、学校教育がいまさまざまの問題に直面しており、その新しい在り方の確立が待たれているからである。今日の教育改革の原点ともいえる昭和四十六年六月に出された中教審答申「今後における学校教育の総合的な拡充整備のための基本的施策について」いわゆる「第三の教育改革案」は、第1編第2章「初等・中等教育の改革に関する基本構想」において次のように述べている。

「わが国の近代的な学校教育は、百年の歴史をもち、先人の努力によって諸外国にもひけをとらない内容を具備してきたとみることもできる。しかし、その伝統の上に安住して将来への積極的な努力を怠るときは、学校教育は時代の進展の原動力となりえないばかりでなく、その重大な障害ともなるであろう。また、敗戦後の占領下という特殊な事情のもとに取り急いで行われた学制改革によって生み出されたものを、いつまでも唯一の望ましい学校教育として維持すべきであると考えることは、教育を生生発展する社会的機能の一環としてとらえることを拒むものといえよう。今日われわれが直面しつつある問題は、人間社会がこれまで経験したことのない新しい時代からの挑戦であるともみられる。教育が百年の計であるとすれば、今日指摘されている問題だけでなく、これからの問題を予測し、それらに対して弾力的に対応できるような態度をもって、積極的な改革にいまから着手しなければならない」。

右に述べられているように、いまわが国は学校教育の改革に積極的に取り組むことが求められているが、それは単に国や行政の役割であると考えられるべきではないであろう。それぞれの学校が新しい学校の在り方の模索に積極的に取り組むことが要請されているというべきであろう。

また、今回の新教育課程の下で、各学校に創意工夫が求められ、いわゆる自由裁量時間が設けられたのも、同様の文脈においてとらえるべきものである。

2．地域社会の変ぼう

各学校は、「地域や学校の実態及び生徒（児童）の心身の発達段階と特性を十分考慮して、適切な教育課程を編成する」（学習指導要領総則）ことが求められている。しかし、学校をとりまく地域は、どこでも急速に変ぼうを遂げつつある。どのように変わったのか、また、どのように変わっていこうとしているのか、についてとらえることが次第に難しくなりつつある。

また、地域の急激な変ぼうは、地域社会の崩壊を意味しており、新しく地域社会をつくること――コミュニティ形成などと呼ばれている――が求められているが、学校はそれに中核的な役割を果たすことも期待されているのである。つまり各学校は地域の実態をふまえて教育計画を立てなくてはならないが、それは地域の実態を変えるという視点も入れたものでなくてはならないのである。なぜかといえば、地域社会の崩壊は、子どもの成長・発達に重大な影響を及ぼしており、コミュニティの形成は子どもの望ましい成長・発達を保障するためにも重要となっているからである。

地域社会との関係でみると学校には、図に示したような三つの類型を考えることができるが[3]、従来の学校は③のタイプであった。いま求められている学校のタイプは①のコミュニティ・スクール（地域社会学校）なのである。

図 11－1　学校と地域社会との関係

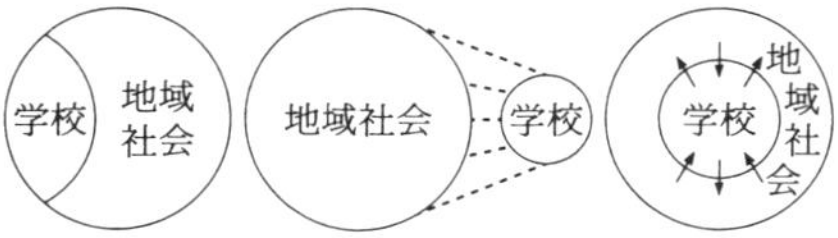

①　コミュニティ・スクール（地域社会学校）

②　地域社会のモデルとしての学校

③　地域との間に厚い壁をつくった学校

3．親の教育意識・学校への期待の多様化

地域社会の変ぼうは、一つには人口の急激な移動によってもたらされているが、そのことから、学校をとりまく地域の住民構成も急激に変化している。土着の旧住民に新しく流入した新住民が加わり、住民の構成はますます複雑さを増している。そして、それに伴って、子どもの教育についての親の意識、したがって、親の学校教育への期待――たとえば学習指導重視か生活指導重視かなど――も多様化しつつある。

このように多様化する期待にいかに対応すべきかが現在学校の大きな課題となっているのである。また、国民全体の学歴の高度化によって、教師の高学歴――親の低学歴というかつてみられた教師と親との間の学歴格差は、いまや逆転しているばあいも多く――特に大都市の住宅地域においては――これが教育活動や学校経営に難しい問題を生んでいるばあいもみられるのである。

4．児童・生徒の多様化

親の多様化は当然のことながら子どもの多様化を意味する。子どもたちは、さまざまな意味において多様性を増している。身体的にも心理的にも、また将来へのアスピレーションも一様ではない。これにどう対応するか。これこそまさにこれからの学校教育の進むべき基本的方向を考える最も重要な視点であるといってよいであろう。

第3節　管理職の力量を考えるための理論的枠組

管理職の力量を考えるに当たって参考になると思われる理論には以下のようなものがある。(4)

1．役割論（role theory）

従来は、校長の職務分析（job analysis）や個業分析（task analysis）に基づいて、管理職のなすべき仕事の内容を考える方法が盛んであったが、最近は、役割期待（role expectations）を中心とした行動分析という方法を使った役割論が注目されるようになってきた。

これは、たとえば、校長が実際に果たしている役割と、まわり（教師など）から果たすべきだと期待されている役割との間のギャップに注目することによって改善の方向を探るという方法である。

全国公立学校教頭会は、昭和五十六年二月から三月にかけて、校長、教頭と教諭、教育委員会、一般社会人を対象にして、学校管理職の在り方について、記述式によるアンケート調査を実施しているが、(5) これは右のような役割論の線に沿った調査であるといってよいであろう。

2. リーダーシップ論

リーダーシップというのは「集団の成員が自ら進んで集団の活動に参加して集団の目標達成に貢献するように誘導し、しかも成員相互の連帯性を維持させるような、集団生活における本質的な機能の一つ(6)」と定義されており、これは管理職にのみ求められる機能ではないが、学校という組織体においては、企業などの他の組織体以上に、集団の成員——教師や児童・生徒など——が自主的に教育活動に参加することが求められる。その意味において、リーダーシップ論は管理職の力量を考えるうえで重要な示唆を与えてくれるであろう。

3. 意思決定論

意思決定も管理職のみの問題ではないが、管理職は特に全校的——ばあいによっては地域的——広がりにおける重要問題について責任を有するわけであるから、意思決定論も管理職の力量を考えるうえで大いに参考になるであろう。具体的には、意思決定論には、経営管理過程アプローチ(Plan-Do-See のマネジメント・サイクルなど)やシステム分析などがある。

4. 組織論

従来、わが国においては、学校を組織としてとらえる視点が弱かったが、最近は、学校を組織としてとらえるべきだという主張が強くなっている。わが国でいま各学校に求められているのは学校組織(school organization)というとらえ方なのである。したがって、組織論（organization theory）も、これからの学校管理職の力量の考察に当たって依拠しなくてはならない理論の一つであるということになる。

5．以上の諸理論の限界

以上の諸理論は既述したとおり、学校管理職の力量を考えるうえで、重要な基礎を提供してくれることが期待される。しかし、それらは、いずれも、学校をどういう状態からどういう状態に変革するには、管理職はいかなる力量を求めるれるか、という問いには直接的には答えてはくれない。

そこで次章においては、以上の諸理論をふまえながら、第2節において考察したような諸々の要因を考慮した管理職の力量を考えてみたいと思うが、その前に、古典的な指導論の一つであるマックス・ウェーバーの論について述べておこう。

第4節　マックス・ウェーバーの指導者論

マックス・ウェーバーのばあいには、「支配の社会学」のいっかんとして提起した「支配の諸類型」の中に指導者論を見出すことができる。そこで以下においては、その「支配の諸類型」論についての考察を行うことにする。[(7)]

1．「支配」とは

ウェーバーのいう「支配」とはどういう意味であろうか。ドイツ語のHerrschaftのことで、わが国では一般に「支配」と訳されているが、ウェーバーの「支配」には独自の意味がこめられている。一般的には、「支配」は命令や指図に人々を服従させることを意味しているが、ウェーバーのいう「支配」には「服従させる」という能動的な意味はない。単に、与えられた命令がそれを受けた者によって服従される可能性を意味しているにすぎない。「支配する」というニュアンスはないのである。したがって、「支配」という訳が適切であるとは必ずしもいえないが、それに相当する日本語がないために「支配」が一般的な訳語になっているのである。英語のばあいも同様である。タルコット・パーソンズは、英語には Herrschaft に相当する適切な言葉がないと指摘したうえで、imperative control とか、imperative co-ordination という訳語を当てている。[8] 一方、レイモンド・アロンは、その訳をウェーバーの考え方からかけ離れているとして、ラテン語の dominus に起源をもつ domination を使っている。Herrschaft の Herr と同様 dominus も master という意味をもっているというのがその理由である。[9]

このようにウェーバーのいう Herrschaft には「支配する」という能動的な意味はなく、単に、それは服従される可能性を意味しているのである。したがって、他者に対して「力」や「影響力」を及ぼしうるあらゆる種類の可能性がすべてウェーバーのいう「支配」なのではない。ウェーバーの「支配」は、命令を受けた者の側に、多少とも服従の意欲、すなわち服従することに対する利害関心があるばあいに限定されている。別の言葉を使うならば、命令を受けた側に服従への「動機」があることがウェーバーの「支配」という概念のポイントである。

実は、この「動機」を重視するという点は、「支配」のばあいに限らず、ウェーバー社会学を支配する基本的側面なのであるが、「支配」については、この「動機」の他に、「正当性への信仰」という要素が概念成立の要件に加えられている。すなわちウェーバーは「支配」が成立する（命令が服従される）ためには、命令を受けた者が服従しようという動機をもたなければならないが、その動機は命令が正当なものであるという信念に根差しているというわけである。

したがって、ウェーバーは以下に述べるように、「支配」を類型化するが、それは命令や指図を受ける側の「正当性への信念」とそれに裏づけられた「動機」の内容によってである。このような観点にたった「支配」をウェーバーは「正当的支配」と呼んでいる。

2．正当的支配の三つの純粋型

ウェーバーは、命令を受け取る側に「正当性への信念」がないばあいには、「支配」は不安定なものとなるといっている。「支配」は「純粋に利害状況によって、すなわち、服従者側における、利害得失の目的合理的考量によって、生み出されたものであることもある。あるいはまた、単なる『習俗《ジッテ》』によって、習い性となった行為に対する無反省な慣れによって、生み出されていることもある。あるいは、支配は情緒的に、被支配者の単なる個人的な好みによって基礎づけられていることもある。しかしながら、このような諸基礎だけに基づいている支配は、比較的不安定なものであろう。むしろ、支配は、支配者と被支配者とにおいて、権利根拠、つまり支配の『正当性』の根拠によって、内面的に支えられるのが常であり、この正当性の信念を動揺させるときは、重大な結果が生ずるのが常である」というわけである。

では、「正当性」の根拠という観点からみたとき、「支配」にはどのような型があるであろうか。ウェーバーは、完全に純粋な型としては、「合法的支配」(legale Herrschaft)、「伝統的支配」(traditionale Herrschaft)、「カリスマ的支配」(charismatische Herrschaft) の三つがあるだけであるといっている。

(1) 合法的支配

合法的支配というのは、「制定規則による」支配で、「最も純粋な型は、官僚制的支配」である。支配する者(ウェーバーは個人だけでなく集団も問題にしているのであるが、以下においては支配者としておく)は選挙あるいは任命という方法で決定される。

このような「支配」では「個人が、彼のもつ固有の権利のゆえに、服従されるのではなく、制定された規則に対して服従がおこなわれ」るのである。また、だれが服従するか、いかなる範囲の人間が服従するかも、規則によって決められている。さらに重要なことは、支配者も規則に基づいて命令を出さなければならないということである。

このばあいにおける支配者の型は「上司」である。その支配権は、規則に定められた権限の範囲内でのみ正当化されている。規則に定めのない命令に対しては、服従者の側に「正当性への信念」は生まれないのである。

(2) 伝統的支配

伝統的支配は、「昔から存在する秩序と支配権力との神聖性」に対する信念に基づく支配で、最も純粋な型は家父長制的な支配である。

このような「支配」においては、「個人が、伝統によって聖化された彼自身の権威によって、ピエテートの念から、服従される」のである。ここでウェーバーのいうピエテートというのは、大まかにいって、「肉親の情」ともいうべきもので、それは「長上に対しては『孝悌恭順』の情として、同胞に対しては『兄弟愛』『肉親愛』として現れる」ようなもので、打算といったものとは対照をなすものである。

このばあいにおける支配者の型は「主人」である。命令の内容は合法的支配のばあいのように規則によって定められているのではなく、「伝統によって拘束されて」いる。「Herr の方でこの伝統を無思慮に破るときは、専ら伝統の神聖性のみに基づいている彼自身の支配そのものの正当性を、危殆に瀕せしめることになる」のである。「伝統的規範に反する新たな法を作ることは、原理的に不可能と考えられている」のである。

(3) カリスマ的支配

カリスマ的支配というのは、「支配者の人と、この人のもつ天与の資質（カリスマ）、とりわけ呪術的能力・

啓示や英雄性・精神や弁舌の力、とに対する情緒的帰依によって成立する」ような支配である。「永遠に新たなるもの・非日常的なるもの・未曾有なるものと、これらのものによって情緒的に魅了されること」を源泉とする個人的帰依によって成立する支配がカリスマ的支配である。

このばあいにおける支配者の型は指導者である。カリスマ的支配においては、「専ら純粋に指導者個人に対して、彼の個人的・非日常的資質の故に、服従が捧げられるのであって、彼の制定法上の地位や伝統的な権威の故に、服従が行われるのではない」のである。したがって、服従は、「これらの資質が彼に帰されている間だけ、すなわち、彼のカリスマが証によって実証されている間だけ」捧げられるのであって、「彼の英雄力や民衆の彼の指導者資格に対する信頼心が失われるときは、彼の支配は崩壊する」のである。

3．さまざまな支配類型の混合

ウェーバーは、以上のように、命令に服従する者の動機という観点から「支配」を三つに類型化しているが、これはあくまでも理念型であって、現実にみられる「支配」はこれらのいずれかに分類されるというよりも、三つの理念型が混合したものである。

現実にみられる「支配」においては、いかなるばあいも、服従の根拠は、支配者のもっている「威信」への信仰である。支配者ではなく規則への信念が服従の基本的根拠となる合法的支配のばあいでも、「決して純粋に合法的な信仰なのではない」のであって、「合法的信仰も『慣れ親しまれた』ものであり、したがってそれ自体伝統によって底礎されたもの」である。したがって、伝統が破壊されてしまうならば、服従者側における命令のもつ合法性への信念は失われてしまうことにもなりうるのである。また、合法性への信念といえども、その法の執行が失敗の連続であるようなばあいには、支配体制は破滅せざるをえない。そうすれば法の執行者たる合法的支配者の威信は破壊され、カリスマ的支配者の登場が期待されるようになる。このように考えるならば、合法的支配はカリスマ的な性格ももっている、というのがウェーバーの考え方である。

4.「支配」の三類型と行為の類型との関係

さて、ウェーバーは社会的行為についても次のような四つの類型を設定している。

① 目的合理的行為（zweckrationales Handeln）
② 価値合理的行為（wertrationales Handeln）
③ 感情的行為（emotionales Handeln）
④ 伝統的行為（traditionales Handeln）

目的合理的行為というのは、目的を達成するうえで適切な手段を選択する行為である。すなわち、結果を意識した行為が目的合理的行為である。ここで重要な点は、他者の目からみて行為が目的達成という観点から適切であるかどうかではなく、行為者自身が適切であると意識しているということである。

それに対して、価値合理的行為は結果は念頭におかずに、行為自体に内在する価値を守るために行う行為である。たとえば、戦艦とともに沈む勇敢な船長の行為がそれである。船長の行為が合理的であるのは、特定の、その船長にとって外的な目的を達成するためではなく、沈みゆく戦艦といっしょに沈むことが名誉であるとする価値を実現しようとしているからである。すなわち、名誉という自分自身の信念に忠実でなければならないという価値を実現するという点で合理的であるというわけである。

感情的行為というのは、母親が手におえない子どもを思わずたたくばあいのように、感情に左右されて行う行為である。よい人間に育てるという目的やたたくことがよいしつけであるということは意識せずに、感情にしたがってとる行為である。

最後に、伝統的行為というのは、慣れっこになった刺激に対してぼんやりと慣習にしたがって反応する行為のことで、習慣化した日常的行為の多くはこの類型に近いといえる。

このようにウェーバーは、社会的行為を四つの類型に分類しているが、「支配」の三類型とどのような関係にあるのであろうか。ウェーバー自身はとくに関連づけを行ってはいないが、なぜに社会的行為は四類型で「支配」は三類型なのであろうか。

合法的支配は目的合理的行為に、伝統的支配は伝統的行為に、また、カリスマ的支配は感情的行為にほぼ対応しているといえるが、価値合理的行為に対応する「支配」の類型が欠落しているのはなぜであろうか。

アロンは現実の個々のケースにおける心理的な動機と「支配」の類型にかかわる抽象的な動機とは必ずしも一致しない点に注目して説明している。たとえば、交通信号にわれわれが服従するのは、「支配」の類型に当てはめるならば、合法的支配ということになるであろうが、現実にわれわれが交通信号にしたがって行動しているのは、いちいち法律を意識してではなく、単なる習慣にすぎないというのがアロンの見解である。すなわち、信号が赤のばあいにストップするという行為自体が価値をもってしまっているということであろう。

このことを学校というばあいで考えてみよう。支配者たる校長の命令に他の教員がしたがうのは、それが法にうらづけられているか（合法的支配）、その内容がその学校の長年の伝統であるか（伝統的支配）、校長の人柄や見識の高さによる（カリスマ的支配）のではなく、ただそう行為することが自己の習慣あるいは信条であるというばあい（価値合理的行為）も多いのではないだろうか。

しかし、ウェーバーの考えでは、このような行為に頼る支配は、はじめに述べたように、不安定な支配である。

●注

(1) 皇晃之「管理職」『教育学大事典』五一五〜六ページ。

(2) 昭和四十六年六月の中教審答申においては、「校長を助けて校務を分担する教頭、教務主任、学年主任、教科主任、生徒指導主任などの管理上、指導上の職制」という表現がとられていた。ここでは「管理上」というのが教頭だけを意味するのか、主任をも含むのかは不明である。

(3) 拙稿「学校経営と地域社会」『小学校学校経営事典』小学館、昭和五十六年、四五ページ。

(4) この点の記述は、牧昌見『学校経営と校長の役割』（ぎょうせい、昭和五十六年）に負っている。

(5) その結果は、『学校運営』、No.237. 昭和五十六年四月号に掲載されている。

(6) 浜島朗他編『社会学小辞典』（有斐閣、昭和五十二年）三九〇ページ。

(7) M・ウェーバー著・世良晃志郎訳『支配の社会学I』創文社、一九六〇年、三二ページ。以下、本文中の引用は、本書または『支配の諸類型』からのものである。

(8) *The Theory of Social and Economic Organization*, ed. with introduction by Talcott Parsons, The Free Press, p.152.

(9) Aron, Raymond, *Main Currents in Sociological Thought 2*, Penguin Books, p.240.

第十二章

教育経営におけるリーダーシップ2

第1節　リーダーシップの強化

1．ヘッドシップからリーダーシップへ

わが国においては、戦前から校長は存在し、学校の制度組織の整備につれて、その身分資格も次第に確立してきたが、戦前は、つねに教員との「兼任」であった。たとえば、明治二十三年の小学校令第五九条には、「市町村立小学校長は府県知事其の学校の教員中に就きて、これを兼任するものとする」と規定されていた。昭和十六年の国民学校令第一六条では、いわゆる任官補職制を校長にも適用して、「学校長及教頭は其の学校の訓導の中よりこれを補す。」とあり、職名は校長であったが、身分は訓導であった。このように戦前における校長は教員との兼任であり、校長が現在のように独立専任の職となったのは、戦後、昭和二十二年に学校教育法が制定されてからである。同法は第二八条で「小学校には、校長、教諭、養護教諭及び事務職員を置かなければならない」と、校長の必置を定め、その職務権限は「校務を掌どり、所属職員を監督する」（同条第三項）としたのである。

そして、昭和二十四年に制定された教育職員免許法においては、校長免許状の規定が設けられた。それによ

ると校長は、①教育評価（精神検査を含む）、学校教育の指導および管理、②教育行政学（教育法規、学校財政および学校建築を含む）、③教育社会学および社会教育、の各科目について各三単位以上を含み、その他の教職科目を合わせて合計三〇単位以上（一級）、同じく一五単位以上（二級）を履修していることが必要であった。この規定は昭和二十九年の改正で廃止されたが、当時、校長の職務遂行上必要と考えられた教職教養の内容がうかがえておもしろい。現行規定では、校長の資格として必要とされるのは、①教諭の一級普通許状を有し、かつ②五年以上教育に関する職にあった者、である。

以上のようにいわば制度としての「校長」の性格は歴史的に変化してきているが、いずれにしても校長は法的に規定されている職であり、その職務権限も法的に定められている。しかし、現実の校長の行動は、必ずしもそのような法的権限に基づいて行われているとはかぎらない。法的権限に忠実であろうとする人もいるだろうし、法的権限を与えられているからといって、それを必ずしも行使しない人もいるであろう。また、法的権限を行使するだけでなく、それを超えて行動をとる人もいるにちがいない。どのような校長がよい校長といえるのであろうか。

学校における教育活動の在り方が中央であると地方であるとを問わず、学校の外において細かく規定されているようなばあいには、校長の重要な役割は、その規定を忠実に実施することである。一般の教師たちがあらかじめ決められていることを実施するよう指揮し監督することである。したがって、法的権限に忠実であろうとするタイプの人、つまりヘッドシップを発揮しようとする人がうってつけということになろう。

しかし、一般的な基準に基づきながらも、学校や子どもや地域の実態に照らして、創意ある教育課程を編成し展開することが要請されているばあいには、単にヘッドシップだけでなく、というよりもむしろヘッドシップではなく、リーダーシップが必要となるであろう。それではどのようなリーダーシップが必要とされるであろうか。

ストッグディル（R. M. Stogdill）は、リーダーに共通した特性として、次のようなものをあげている。

①能力――知性、機敏さ、発言能力、独創性、判断力
②業績――学識、経験、体力
③責任感――信頼性、創造性、持続性、積極性、自信、優越感
④参加態度――活動、社交性、協議性、適応性、ユーモア
⑤地位――社会的・経済的地位、人気

右のような人格特性をそなえていれば、必ずリーダーシップを発揮するとはかぎらないが、フォロアーの人格特性や問題状況との関係において、リーダーシップを機能させる重要な要素として注目すべきであろう。

また、マックス・ウェーバー（Max Weber）は、よき政治家、よき指導者の資格として、

①人間に対して影響力をもっているという自覚
②人々を支配する権力に参加しているという自覚
③歴史的に重要な現象の神経中枢を掌中に握っているという生き生きとした感情

の三つをもっていることをあげている。これは政治家についての心構えであるが、校長の力量の前提をなす原則でもある。法的権限をもった者の発言は、フォロアーに大きな影響を与えるであろう。また、校長は一つの学校の指導者であるが、それと同時に教育行政当局のもつ権力に参加している。だからこそ影響力が大きくなる。また、校長は教育の歴史の中で重要な意味をもっている新教育課程が果たして教育実践として実現されるかどうかを決める中枢にいるといってよい。したがって、校長がリーダーシップを発揮するには、まず右のことを自覚していることが必要といえよう。それでは校長が、こういう自覚をもつべきだということは、どういう意味をもっているのであろうか。

2．先導型からプロフェショナル・マネージャーに

糸川英夫氏がアメリカのマネージャーのスマートさについて大変興味深い話を書いておられる。(1) 糸川氏が、アメリカのNASA（航空宇宙局）のアポロ計画本部を訪ねたときに経験した話である。氏は日本でキャッチできない人工衛星の軌道を、アメリカに追跡してもらうことを頼みに出かけて行ったところ、先方は早速それについての会議を開いてくれたのだが、そのときに出てきたNASAの担当部長、つまりリーダーが実に印象的であったという。

会議は三時間に及んだとのことであるが、彼は最初から一七八分間沈黙しており、最後にあと二分ぐらいという段階になって、発言した人の意見をすべて、これとこれは非常によいとか、だれだれの発言には全く同感だというようにコメントをつけ、それらをつなぎあわせて、実に見事なレポートをまとめ上げてしまったというのである。

部長はまだ二八歳の若さであったが、部長に抜擢されるほどの人物だから、頭はものすごく切れるにちがいない。それが約三時間沈黙を保ったというのである。糸川氏も語っておられることであるが、この部長は決してアイデアが貧困であったために黙っていたのではないであろう。むしろ豊富なアイデアをすでに頭の中にもっていたにちがいない。しかし、それをはじめからスタッフに話してしまったのでは、彼よりも年上のスタッフのほうが逆に沈黙してしまい、結局、仕事へのモラールが低下し、よい結果は生まれなかったであろう。ところが彼はだれの発言をもけなすことなく、この点はよいところだから採用したい、というように話す。お蔭で日本がやっと打ち上げた五個の人工衛星について、アメリカ側は素晴らしい追跡をやってくれたのである。

彼は「人間に対して影響力をもっているという自覚」をもっていたからこそ沈黙を保ったのである。おそらく彼にとっては、沈黙より自分で発言するほうがはるかに楽だったにちがいない。この意味でこの「沈黙を続け

る」というのはリーダーの一つの重要な力量である。これは先導型のリーダーではなく、プロフェショナル・マネージャー型のリーダーである。

創意ある教育課程を編成するためには、校長はこのようなプロフェショナル・マネージャーとしての力量をもつ必要があるのではないだろうか。創意ある教育課程を編成するには、校長自身が創意をもたなくてはならない。しかし、校長はその創意を、自分の創意としてではなく、各教師の創意の結集としてまとめていくのでなくては、せっかくの創意も実践されることはないであろう。創意ある教育課程というのは、究極においては一人ひとりの子どもの能力・適性・興味・関心をひき出し伸ばしていくことのできる教育課程のことであるが、このような教育課程を編成するためには、一人ひとりの教師の能力・適性・興味・関心を生かした協働体制がつくられなくてはならない。そのためには指導者は自分自身がアイデアをもちながらも、それを前面に出さず、沈黙を保つ力量をもっていなくてはならないであろう。

3．積極的傾聴としての沈黙

ところで、沈黙というのは、ただ黙っているという消極的な態度を意味しているのではない。アメリカ最高の臨床心理学者カール・ロジャーズ（C. R. Rogers）の唱える非指示的方法、積極的傾聴法とその原理を同じくするものである。この方法は相手の言うことを受動的に聞くのではなく、相手に対して、自分も同じだという「一致」(congruence)を示し、相手を「無条件的積極的に尊重・受容」(unconditional positive regard, acceptance)し、相手に「共感的理解」（empathetic understanding）を与える、ということを原理としている。つまり、沈黙をしているといっても、右の三原則を態度や言葉によって示すことが重要であろう。たとえば、相手の発言にうなずくとか、時によっては、相手の話の内容を復唱するとか、相手の話の中に表れている感情を復唱する、といった方法をとるのである。

この積極的傾聴としての沈黙というのは、

「人を信じ、行いは信ずるな」

「軽薄な品さだめをするな」

「事実を素朴な目で見る」

といった原理にもつながるものである。これは人間の多様性を生かす最も重要な原理である。子どもの多様性をそれぞれ平等の価値をもつものとして伸ばしていくためには、まず教育にあたる教師一人ひとりの多様性が生かされる必要がある。教師の多様性が生かされている、あるいは教師の多様性を生かそうとしている、ということは創意ある教育課程を編成するための基本的な条件であるだけでなく、そのこと自体がカリキュラムなのである。前者は顕在的なカリキュラムであるが、これは潜在的なカリキュラムである。教育の成果をあげるためには、単に顕在的なカリキュラムを改善しただけではだめで、同時に、潜在的なカリキュラムの改善が伴うことが必要である。潜在的カリキュラムというのは、必ずしも確定した定義が存在するわけではないが、要するに、子どものパフォーマンスに影響を与える要素で、顕在的なカリキュラムを除いたものということができる。したがって、潜在的カリキュラムの内容はきわめて多様であるが、どのような潜在的カリキュラムが適切であるかは顕在的カリキュラムにおいて示されている基本方針や教育目標との関係において判断されるべきものである。

たとえば、非民主的な人間を育成することがもし目標とされているならば、非民主的で権威主義的な校長によって管理される学校環境がまさに適切な潜在的カリキュラムだということになる。しかし、もし民主的な人間を育成すること、一人ひとりの人間の個性を伸ばしそれを生かしていくことのできる教育を行うことが目標とされているならば、民主的な人間関係が確立された環境が適切な潜在的カリキュラムである。子どもに「ゆとりと充実」を与えるためには、教師自身がゆとりと充実をもてるような環境が必要といえよう。それから創意ある教育課程を編成するには、すでに述べたように、教師一人ひとりの創意が生かされることが必要であり、積極的傾聴はそのための重要な方法である。

積極的に傾聴するということは、まず第一に相手を知ることであり、そのことによってはじめて相手を生かすことができる。そこで積極的な傾聴にはそのための視点が必要である。そこで重要と思われるいくつかの視点について指摘しておきたい。

第一の視点は、相手の価値観を知ることである。たとえば「子どもにとって最善なものは何か」といった面についての考え方である。児童観などもこの中に含まれるであろう。

第二の視点は、イノベーション（革新）の効用についてどのように考えているかを知ることである。果たして懐疑的であるのか、あるいは科学的な知識をもっているか、といったことを知ることである。

第三の視点は、新しい教育指導の方法を実践するための知識や技術をもっているかいないかを知ることである。

第四の視点は、新しい教育指導の方法について、心理的な面で抵抗をもっているかどうかを知ることである。

これらの視点は例示にすぎないが、右のような点をふまえることによって具体的な対応の仕方も明確になるというものである。

右のようなことを把握する能力も創意ある教育課程を編成するために必要とされる校長の重要な力量である。

一般的にいうならば、組織体としての学校の計画は、①具体目標と、②教師の諸要求の満足（参加の満足、目標達成への貢献に対する報償、達成による満足）の両方が同時に極大になるばあいに成功し、双方がアンバランスになるか、同時に極小になるばあいには挫折する。しかし、やはりなんといっても教師の諸要求の満足は、創意ある教育課程の編成にとって最も重要なことであり、それを実現できるかどうかが校長の力量ということになるであろう。

第2節　言語コミュニケーション能力

前節では学校の内部的な組織を潜在的カリキュラムとしてとらえることが管理職に求められるということについて述べた。このことは別の言葉でいうならば、教育の内容・方法すなわち教育指導と管理運営組織の統合といってよいであろう。

そこで次に、学校の内部組織について、特にその重要な側面の一つである意思の伝達という観点から考えてみることにする。

1．部下に対する意思の伝達

まずはじめに、管理職が部下に対して意思を伝達するばあいに留意すべき点について考えてみよう。

労働行政にもたずさわられ、中小企業診断士や経営コンサルタントなどもされた石川淳二氏は、『生きがいのある職場——人の活かし方28章——』という興味深い著書において、従業員に対する上役（経営者、幹部、監者）の指示の仕方について述べている。(2)

石川氏は「指示が不十分なため、従業員はやる気を起こさないし、何を、いかにやったらよいかわからないこともあります」と指摘しているが、企業にかぎらず、わが国のばあいには、言語による意思伝達が不十分であるという特徴があることは内外の多くの人々によってつとにいわれてきたところである。それでは、「不十分な指示」というのは具体的にはいかなる指示であろうか。石川氏は次のような指示が不十分な指示だという。

(ア)　舌たらずの指示
(イ)　アイマイな指示
(ウ)　押しつけの指示

(エ)　やる気を失わせる指示
(オ)　クドすぎる指示
(カ)　手おくれの指示
(キ)　見当ちがいの指示

「舌たらずの指示」というのは、「上役が自分だけわかっていて、従業員からみるとわけのわからない」指示、「アイマイな指示」とは、「このあとしまつを適当にやっといてくれ」といったたぐいの指示のことである。「押しつけの指示」というのは、「僕は出かけるから、この手紙の返事を残業して書いといてくれ、というように、相手の状況を確かめないで一方的に押しつける指示」、「やる気を失わせる指示」は「君みたいな未熟者がやったって、どうせロクなことはできないだろうが、試しにやってみたまえ」といったような指示、「クドすぎる指示」は、「相手の従業員の能力、やり方、性格をよくのみこんでいないので、その事柄についてくわしいうえに熟練している従業員に対して、初心者に指示するような細かすぎる」ようなもの、「手おくれの指示」とは、「上役が部下に行動を起こさせるタイミングを失って」しまった指示、最後に「見当ちがいの指示」というのは「上役が問題の核心をつかみそこねて」しまった指示である。

「不十分な指示」というのは右のような指示を意味しているが、ここで特に取り上げようと思うのは、「舌たらずの指示」、「アイマイな指示」、「押しつけの指示」である。なぜならば、この三つの指示は、日本の社会文化の特質ときわめて深い関係があると思われるからである。

中根千枝が『タテ社会の人間関係』の中で考察して注目をあびたように、わが国の社会においては、タテの人間関係が支配的であるが、このタテの人間関係の中におけるコミュニケーション（意思の伝達）は「不十分な指示」によって行われる点が特徴的である。つまり、上司、年長者、管理職などは、部下、年少者、ヒラ職員に対して、何らかの行為を要請するばあい、行為の内容を具体的に示すこともなく、また、なぜそのような行為が要請されるのかということにも言及せずに、抽象的な言葉によって、命令的に指示をするというのがタテ社会の特徴である。しかし、命令的指示がすべてのタテ社会に共通した特徴であるとはかぎらないであろう。わが国のばあいについて考えるならば、わが国において指示が「舌たらず」で「アイマイ」であるのは、タテの人間関係が強いということによるだけでなく、社会が同質的であるということとも深い関係があるであろう。もっと正確にいうならば、社会が同質的であるということが暗黙のうちに前提されているために、「舌たらず」で「アイマイ」な指示が支配的となるということもあるのではないだろうか。日本は一言語、一国家であり、価値観や物の考え方が共通しているため、十分に言葉をつくさずとも、自分の考えていることは、相手に通ずるであろうという意識が日本人の間には強い。われわれ日本人は言葉が「舌たらず」で「アイマイ」であっても、相手はその意を十分に理解してくれるはずだと決めてしまっている。理解すべきである、とさえ考えている。

　以上に述べたことから推察されるように、意思の伝達に使われる言葉の内容や構造は、その言葉を使う人間が属する社会の人間関係がタテ型であるかヨコ型であるか、またその社会の構成員の価値観や言葉自体が同質的であるか異質的であるかという二つの軸によって分類される四つの社会類型によって異なっていると考えることができる。つまり、図12－1に示したように、社会は右のような二つの軸を基にして、同質的タテ型社会（I）、同質的ヨコ型社会（II）、異質的ヨコ型社会（III）、異質的タテ型社会（IV）という四つの類型に分類することが可能であるが（もちろんこれは実証されなければならない一つの仮説モデルである）、おそらく、言語コミュニケーションにおいて使われる言葉の構造や具体性の程度などは、右のように分類される各社会類型ごとに異なっているといえるのではないだろうか。これも仮説の域を出るもので

図 12－1　四つの社会類型

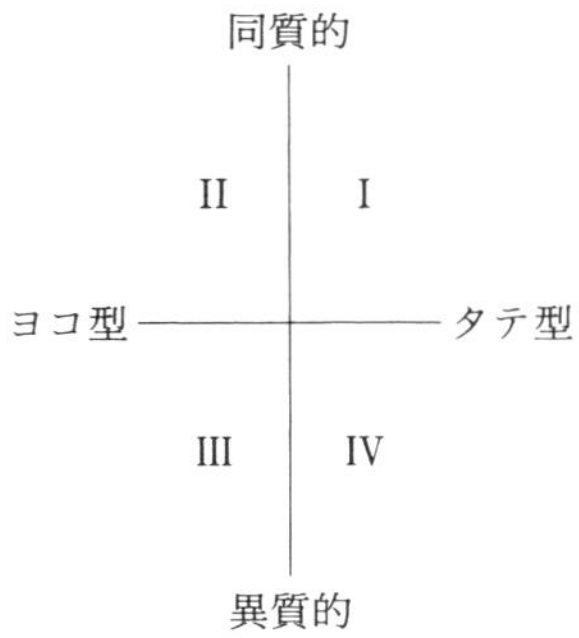

はないが、言葉のアイマイ性（主観的にはアイマイでないことも多いであろうから、正確には客観的なアイマイ性というべきであろう）の程度は、同質的タテ型社会において最も高く、同質的ヨコ型、異質的ヨコ型、異質的タテ型の順に低くなっていくと考えられる。あるいは、同質的タテ型──→異質的タテ型──→異質的ヨコ型──→同質的ヨコ型の順かもしれない。しかし、いずれにしても同質的タテ型社会のばあいに、アイマイ性が最も高くなることには変わりがないであろう。

さて、右の類型は、M・ウェーバーが社会科学方法論の基礎的概念の一つとして提起した「理念型」(Idealtypus)であるから、特定の国をいずれかの類型に当てはめてしまうことはかならずしも適切ではないが、一応、日本は同質的タテ型社会であるといえるであろう。また、中根千枝が日本の対極にあるとしたインドなどは異質的ヨコ型社会であるといってよいのではないかと思う。

さて、わが国における上司から部下への言語コミュニケーションが「アイマイ」で「舌たらず」であることが多いのは、右に述べたような日本社会の特質によって説明することが可能であるが、次に問題としたいことは、果たして現代の日本社会を同質型タテ型社会であるととらえてよいかどうか、ということである。確かに、わが国の社会は、他の国々との比較においてみるならば、同質的タテ型社会の特色を強くもっているといってよいであろう。しかし、急速な社会変動の過程において、価値観がきわめて多様化しつつあることは種々の調査の結果が示すところである。おそらく学校組織においても同様であろう。また、タテ型の人間関係も弱まりつつある。より高い社会的地位についたり、管理職についたりすることに対するアスピレーション（願望）は、そのことがたとえ高い学歴を獲得しても、かつてのように可能でなくなりつつある状況の中で、次第に弱くなりつつある。つまり、立身出世に対する志向性は弱まり、人生エンジョイ型の人間が増えている。そしてその結果として、自分より地位の上の者に対して、地位が上であるというだけの理由で尊敬の念を抱いたり、従順な態度を示したりするタイプの人間は少なくなりつつある。つまり、さまざまの面において急激に変化する現代日本社会では、誰もが一様に高い地位を志向するのではなく、そのような志向を強くもつ者とそのような志向をもたない者との分化が顕著になりつつあるのである。これは社会一般にみられる状況であるが、学校においてはどうであろうか。

学校という組織は、その経営の在り方を考えるばあい、企業組織との類比でとらえられることがある。しかし、組織内におけるフォーマルな人間関係についてみると、学校と企業は対照的に異なっている。また、組織を構成するメンバーの意識も大きく異なっているであろう。

企業のばあいであれば、財務、雇用、購買、製造、運搬、貯蔵、販売といったような、企業に不可欠な本来的活動を分担遂行するライン部門と、ライン部門内の命令系統上に位置するさまざまのレベルの管理者(係長、課長補佐、課長、次長、部長など)としてのラインと、そのラインの諸活動が円滑に遂行されるように専門的立場から助言、勧告などによって援助するスタッフによって組織されているが、一般には、ラインが本流であり、スタッフはいわば補助部隊である。つまり、企業はフォーマルにはタテ社会である。したがって、ラインにいる者は本流意識を、またスタッフにまわされた者は傍系意識をもつことになる。

ところで企業の本流をなすこのラインは、生涯雇用、年功序列を基本としたわが国のばあいであれば、一応、同質的タテ型社会であるといえるであろう。したがって、そこにおいては「舌たらず」で「アイマイ」な指示もその意味を理解してもらえる可能性が強い。おそらく能力主義の原理に基づいて、企業間移動によって地位の上昇を図ることが一般的であるアメリカの企業のばあいには、同じラインでも同質的であるというよりは異質的であるといえるであろう。したがって、アメリカの企業組織においては、「舌たらず」で「アイマイ」な指示は通用しないのである。わが国のばあいには、生涯費用、年功序列体制をベースにした同質的タテ型社会が、「舌たらず」で「アイマイ」な指示による命令や意思の伝達を機能させてきた。

しかし、わが国においても最近は右のような体制がくずれつつあるといわれ、同質的タテ型社会から異質的タテ型社会への移行がみられる。ラインの中での地位の上昇が次第に困難になってきていることも右のような移行を促進していると考えられる。いま不十分な指示が問題とされるようになってきたことはこのことを如実に物語っているのである。

2. 学校と企業の相違

それでは学校のばあいはどうであろうか。

学校は企業と二つの点において基本的に異なっている。

まず第一の相違は、組織についてである。企業のばあいには右に述べたようにラインというタテ型の人間関係を中心として組織されているが、学校のばあいには、校長・教頭を除く他の教師は、フォーマルには、年功にかかわらず同列に位置づけられている。大学を卒業したばかりの新任の教師も二十年の教職経験をもつベテランの教師も、給与の差は別として、教育指導における役割という点においては何らのちがいもない。もちろん、インフォーマルには、若い教師がベテランの教師に指導・助言を求めることはあるであろうし、そのことは重要なことであろう。しかし、それはあくまでもインフォーマルな関係であって、学校の教師はフォーマルにはすべて同じ資格において教育指導にかかわっているのである。この意味において、学校はタテ型社会ではなくヨコ型社会だといえる。最近は主任制が導入されたことによって、タテ型の要素が強まったともいえるが、これは企業のばあいにおけるラインというよりは(教師の中にはラインと意識している者もいるかもしれないが)、むしろスタッフであるので、学校はやはり基本的にはヨコ型社会だといってよいであろう。

学校と企業との間における第二の基本的相違は、両組織の目標の相違である。企業の目標は、生産過程を通じて生産物を生み出し、それの販売を通じて利益をあげることである。もちろん、いかなる生産物をどのくらい生産するかは、市場などとの関係で決まってくるものであるにしても、企業である以上、売上高を増大させることは重要な目標であり、この点については企業組織のメンバーの間に意見のくいちがいはないであろう。このように企業のばあいには、その目標が比較的明確であるのに対して、学校の目標は、人間の形成という価値にかかわっているため、具体的にはコンセンサス（合意）を得ることが容易ではない。一般的な目標や抽象的な目標は、教育基本法、学校教育法、あるいは学習指導要領に規定されている。これらはすべての学校に共通のものである。しかし、各学校は、「地域や学校及び心身の発達段階と特性を十分考慮して、適切な教育課程を編成するものとする」（学習指導要領の総則）とされており、具体的目標の設定は、各学校の課題である。しかし、この具体的目標やそれを達成するための具体的方法などについては、企業のばあいのように明確ではなく、多様な考え方があるであろう。つまり、学校は具体的な目標や方法については異質的である。

以上に述べたように、学校は企業とは異なり、異質的ヨコ型社会としてとらえるべきであろう。「舌たらずの指示」や「アイマイな指示」によって管理職が指示の内容を十分に相手に伝えることができないのは、学校がこのように異質的ヨコ型社会であるからである。管理職の指示が現実には「舌たらず」で「アイマイ」であるのは、学校が異質的ヨコ型社会であるにもかかわらず、日本の社会全体がこれまで同質的タテ型社会であったところから、学校もそれをとりまく社会全体と同じであると前提してしまっているからであろう。しかし、実際には右に指摘したように、学校はもともと異質的ヨコ型社会であるとするならば、管理職としては、そのことを前提としたコミュニケーションの方法をとる必要があるのである。

石川氏は、「やる気をおこさせる指示」の条件として、「指示の必要性を示す」ことや「一方的にいわない」ということをあげている。つまり、指示する内容となる事柄、部下にある行動をさせることがなぜ必要であるのか、ということを、「一方的にいわないで相手の反応を理解し、その反応に即応しながら話しあい」によって示さなくてはならないと述べている。

このような指示は、言語社会学者として世界的に著名なB・バーンステインの分類に従うならば、精密コード（elaborated code 推敲コードとも訳される）による指示ということになるであろう。バーンステインは、言語コードを、限定コード（restricted code 制限コードとも訳される）と精密コードに分類しているが、限定コードのほうは、文法的にも単純であり、使用される単語も、「あれ」とか「それ」といったような、それだけではその意味が不明なものが多く使われており、したがって自分とは異質的な相手に対して意味を伝えることができない言語コードであるのに対して、精密コードのほうは、その表現どおりに、意味を異質的な相手に対しても精密に伝えることの可能な言語コードである。

　バーンステインは、役割の分担を形式的な地位（夫か妻か女か男か年が上か下かといったこと）に基づいて決めているような地位志向型家族（positional family）では限定言語が支配的であるのに対して、役割の分担を個々人の能力や状況なども考慮して、話し合いによって決めていくような個志向型家族(person-oriented family)では、限定言語だけではなく、精密言語も使われているということを指摘しているが、このことは単に家族についてだけいえることではなく、学校という組織についても適用できる。学校はすでに述べたように、異質的ヨコ型社会であるが、これはバーンシュタインの家族分類概念を使うならば、個志向型社会と呼ぶこともできるであろう。

　このような社会を動かしていくためには、言語コミュニケーションは、精密コードによることが要請されるのである。つまり、学校の管理職には、精密コードを使う力量が必要だということになる。

　最後に、付け加えておきたいことは、管理職と一般教師との間の言語コミュニケーションの在り方は、生徒にとっての潜在的カリキュラムでもあるということである。

第3節　教師のモラールを高める力量

1．モラールとは

組織体の活動が成果をあげるためには、その組織体を構成するところの各成員が高いモラールをもっていることが必要であることについては改めて述べるまでもない。しかし、どのようにしたらそのようなモラールが高められるかについてはさまざまの見解が存在する。それは大別すると次のような四つになるであろう。

(ア)　**集団のユニークさの自覚**……第一の見解は、組織を構成する成員の集団＝教師集団が、その集団を「特別で、ユニークである」と感じたときにモラールが高まるというものである。この見解に従えば、管理職にとって重要なことは、教師集団の勤務条件の改善を図るよりは、教師集団にそれが「特別で、ユニーク」な性格をもっているということを自覚させることであるということになるであろう。有名なホーソン実験(Hawthorne experiment)はそのような見解を支える貴重なデータを提供してくれた。この実験は一九二四年から一九三二年にかけて、アメリカのウエスタン・エレクトリック会社のホーソン工場で行われたもので、作業能率や生産性は物理的環境条件や作業方法と一義的に結びつくものではなく、人間関係、監督の在り方、作業者個々人の労働意欲などと密接な関係があることを明らかにしたのである。苦情の聴取による意思疎通の開発、インフォーマル・グループ、インフォーマル・リーダーの存在をも明らかにしている。

(イ)　**組織目標の受容**……第二の見解は、組織の目標の受容に対する同一化の程度が高いほど、モラールは高まるというものである。つまり、教師が組織の目標を認知し、それを自分自身の目標として受容する程度が高いほど、モラールは高まるというわけである。学校のばあいについて具体的に考えてみると次のようになるであろう。もし教師が仕事の中で自分の個人的および社会的な欲求を満足させることができると感じたばあいに、その教師は「帰属意識」をもつ。しかし、ここで重要なことは、その目標の重要性を認めるというだけでは十分ではない。その目標の達成に自分自身も貢献できると自負したときに、モラールの高揚は一層大きくなるということである。

(ウ)　**フォーマルな組織とインフォーマルな組織との結合**……第三の観点はフォーマルな組織とインフォーマルな組織の両方が有機的に結びあっているばあいにモラールが高まるというものである。たとえば、コーヒーでも飲みながら意見の交換を行うのはインフォーマルな組織の一部であるが、その意見の内容がフォーマルな組織についての不満であるならば、つまりインフォーマルな組織とフォーマルな組織との間にコンフリクトが生じているようなばあいには、モラールは当然のことながら低いであろう。

(エ)　**仕事への個人的適応**……第一〜三の見解は、集団または組織を単位として考えていたが、第四の見解は、個人の仕事への適応が高まればモラールが高まるというものである。適応を高めるには、欲求を充足させることが必要であると考えるのである。われわれは自分の欲求が満たされたときには満足し、それが満たされていないときには不満をもつ。したがって欲求を充足させることがモラールを高める道につながるわけであるが、ここで重要なことは不満が低下すれば満足が高まるとは限らないし、また満足を支えている要因が欠如すると不満が高まるとは限らないということである。つまり、「満足」を生む要因と「不満」の原因となる要因とは異なっているのである。「不満」は待遇その他の勤務条件のような世俗的な欲求が充足されていないときに起こる感情であり、「満足」は積極的に自分の専門性が実現されたときに起こる感情である。したがって「不満」感情は世俗的欲求を充足すれば解消することが可能であるが、「満足」感情は不満を解消したのでは高まらない。ここで問題になることは、「満足」を高めるためには、まず「不満」を解消しなくてはならないかどうか、ということである。マズローの唱えた欲求段階説、つまり欲求は低次元から高次元までの階層的な構造をなしていて、より高次の欲求を充足させるためには、それより低次の欲求を充足させなくてはならないという説に従うならば、「満足」を高めるにはまず第一段階として「不満」の解消を図らなくてはならないということになろう。しかし、現実には、「不満」をもちつつ「満足」しているというばあいも多いであろう。「不満」を解消しても、「満足」が高まるとは限らないことは容易にわかるが、逆に、「満足」を高めても、「不満」が解消するとは限らないのである。したがって、モラールを高めるには、「不満」を解消することも重要ではあるが、なによりも「満足」を高めることが必要なのである。

以上にみたように、モラールといってもそれは決して単次元のものではなく、多くの要素からなっているのである。したがって、モラールを高めるためには、さまざまな次元への働きかけが必要なのである。

2. モラールの測定――積極的傾聴法

次に複次元からなるモラールを測定する方法について考えることにする。

細かくみるならば、かなりたくさんの方法があるが、大別すれば、面接法と質問紙法の二つになるであろう。しかし、各学校の管理職にとって重要な方法は面接法である。面接法にも、構造化された指示的な面接法(structured or directive interview) と構造化されない非指示的な面接法 (unstructured or nondirective interview) とがあるが、管理職にとって特に重要となるのは後者である。つまり、あらかじめ質問項目を用意しておき、それに従って質問をしていくのではなく、面接をする相手との間に自由で許容的な雰囲気をつくることによって、相手に組織についての認知などについて自由に語らしめることが重要なのである。ロジャーズの主張する「積極的傾聴」(active listening)という方法がそれに当たる。そこでは面接者の質問は、被面接者の表現を助けるためにのみ行われるのである。この方法の習得には、かなりの訓練と経験がいるが、管理職にはこの方法を身につけることが必要であろう。

しかし、積極的に傾聴するにしても、これまでの諸研究の成果について十分な知識を得ておかなくてはならない。その意味で、次にこれまでの研究の成果の中で、重要と思われるものについて、概観し、その意義を考えてみることにする。

3．教員の特性とモラール

スエール（Suehr, John H.）は、文章完成法なども使って、教員の特性とモラールとの間に次のような関係があることを明らかにしている。(3)

(ア)　女子教員より男子教員の中にモラールが低い者が多い。(4)（3倍）
(イ)　教員の知能（intelligence）が高いほどモラールが低い。
(ウ)　末っ子の教員はモラールが低いことが多い。
(エ)　自分の容姿が平均であると感じていた教員はモラールが低い。
(オ)　平均以上の自信をもつ教員はモラールが低い。
(カ)　アスピレーション（願望）が高い教員はモラールが低い。
(キ)　教育の中で自己の可能性を十分に発揮していると自覚している教員はモラールが高い。
(ク)　両親の期待に応えている教員はモラールが高い。
(ケ)　教職経験が長いほどモラールが高い。
(コ)　くよくよしない教員はモラールが高い。
(サ)　中流階級出身の教員はモラールが高い。
(シ)　子ども時代の家族生活が親密であった教員はモラールが高い。

以上はスエールが提起している仮説のすべてではない。また、それがわが国の教師に当てはまるかどうかはわからない。しかし、ここで考えてみなくてはならないことは、右のような研究の結果が管理職にとってどのような意味をもっているか、ということである。果たして、男子教員の中には女子教員よりモラールの低い者が多いからといって、男子教員の採用は行うべきではない、ということになるであろうか。

答えは明白である。右のような結果はあくまでも集団（統計的な意味での）の特性である。つまり、男子が女子よりモラールが低いといっても、男子全員のモラールが低いというのではない。男子教員という集団の中には、女子教員という集団の中によりも、モラールの低い者が相対的に多いというにすぎないのである。また、もう一つ注意しなくてはならないことは、右のような教員の特性とモラールとの関係は統計的意味での相関関係を示しているにすぎず、原因と結果の関係を示すものではないということである。男子教員にモラールの低い者が多いといっても、男子であるということがモラールを低めているのではなく、原因は、男子のほうが女子よりも教育に対する熱意とかアスピレーションが高いことが原因である、というように、さまざまの角度から追求していかなくてはならない。

つまり、右のような調査研究の結果は、モラールを規定する諸要因についての理解を深めるための基礎的なデータとして価値があるのであって、管理職はこのようなデータを基にして、個々人を把握する力量をもっていることが求められるのである。

4. 意思決定とモラール

教員のモラールは意思決定とも深い関係を有している。

まず第一に、教員のモラールは、意思決定の責任主体について教員が明確に認知しているばあいに高くなると考えられる。たとえば、生徒の問題行動についての決定は誰が下すのか、あるいは視聴覚教材を請求するには誰のところに行けばよいのか、といったことについて知っているのといないのとでは教員のモラールに大きな相違が出てくるのである。

第二に、教員のモラールは、教員が当然自分の責任領域であると信じていることについての意思決定を自分で行うことができると確信したとき、あるいはそのような決定に少なくとも影響を及ぼすことができると確信したときにも高まると考えられる。たとえば、教員は校庭に木を一本植えるかどうかといったことの決定過程に参画しなければならないという意識はそれほど強くもっていないであろうから——もっているばあいもあるであろうが——その決定に参画しないからといってモラールが低くなることはないであろう。しかし、教材や使用教科書の決定は自分の責任領域に属すると考えているのが一般的であろう。したがって、教材や教科書の決定過程に自分がかかわりをもてないばあいにはモラールは低くなるであろう。

以上のように学校の意思決定過程が教員モラールの重要な決定要因であることは、一九五五年にシャーマ(Sharma, C. L.) が明らかにしている。[5] 彼は教員がさまざまの決定がどのレベルで行われるべきかについて明確な期待をもっていることを明らかにしているのである。したがって、決定主体が教員の期待と一致する度合いが高いほど満足は高いということになる。満足度の高い教師は、自分が関与したいと望んだ領域の決定に影響を及ぼしたと答えているのに対して、満足度の低い教師は、自分に重要な関係のある領域の意思決定に参加することができなかったと答えている。

右の結果は管理職の望ましいタイプが一義的には決められないということを示唆している。民主的なタイプの管理職が望ましいとする見解があるが、右の結果はそれをくつがえす意味をもっている。ビッドウェル(Bidwell, Charles, E.) は、教員が期待する管理職のタイプとして、「民主型」(democratic)、「独裁型」(autocratic)、「自由放任型」(laissez-faire) の三つのタイプを析出している。[6] したがって、教員が「独裁型」の管理者を期待しているばあいに、実際には「民主型」であるならば、モラールは低くなるということになる。教師と生徒との間に適性処遇交互作用があることについてはすでに述べたところであるが、交互作用は管理職と一般教員との間にもあるのである。

しかし、一般には、チェイス（Chase, F. S.）も明らかにしているように[7]、教員の教育に対する熱意は、教員が意思決定に参加した程度と密接に関連していることは否定できない。

5．カリキュラム開発とモラール

コッフマン（Coffman, W. E.）は、コロンビア大学で開発された Teacher Reaction Inventory を使って、教員のモラールとカリキュラム開発との関連を分析し、次のような五つの結論を提起している。[8]

(ア) 教員のモラールは、カリキュラム開発についてのスタッフの見通しと関連がある。

(イ) カリキュラム開発は、教員が自分の仕事に喜びをもち、上司や部下と人間関係がうまくいっているような学校において成功する。

(ウ) カリキュラム開発において高いモラールを生むうえで、校長はキー・パースンである。

(エ) 給与についての教員の感情は、カリキュラム開発についてのそれを比較するならば、それほど重要ではない。

(オ) カリキュラムについての満足度が高くても、学習指導に変革がもたらされるとはかぎらない。

カリキュラム開発は、教員の仕事の中で、専門性を発揮すべき最も中心となる領域である。その意味で、カリキュラム開発とモラールとの間に深い関係があるであろうことは、コッフマンの研究に待つまでもなくうなずけるものである。

わが国においても、国立教育研究所の調査（昭和三十七年）などによって、モラールが個々の学校の内部における人間関係的要素に関する満足度とならんで、教育活動の本質にかかわる研修活動が組織的に進められ、教師に積極的な研修意欲をもたせるようにすることが、教師のモラールを高めるうえできわめて大事であることが明らかにされている。[9]

6．教師・生徒関係とモラール

教師・生徒関係とモラールとの間にも深い関係がある。というよりも、教師・生徒関係こそモラールと最も深い関係があるともいえる。モラールが高いのに、自分が教えている生徒集団を嫌いだという教師はおそらくいないのではないだろうか。同僚との関係がいかによくても、勤務条件がいかによくても、また、いかに経済的待遇がよくても、生徒との関係がうまくいっていなければ、モラールが高くなるわけはないであろう。実際、諸調査の結果をみても、自分が教える年齢集団を好きな教師ほど仕事に対する満足度も高くなる傾向がある。

全米教育協会（NEA＝National Education Association）が一九六八年に行った調査によると、調査対象になった教師の約四分の三は、もう一度生まれてきても必ずあるいはおそらく教職を職業として選択するであろうと答えているが、教職に満足している理由は、生徒へのいわば教育愛である。しかし、逆に、そのような良好な教師・生徒関係をつくることができなくなったときには、教職への情熱は消滅してしまう。

実は、一九八二年十一月一日から六日まで、アメリカのフロリダ州ウエスト・パーム・ビーチで開かれた「国際学校改善プロジェクト」(International School Improvement Project-ISIP《イシップ》と略称されている）についての会議（フロリダ会議）に出席の途次、ワシントンにあるNEAの本部に立ち寄ったが、そこで聞いたアメリカにおける当時の最大の教育問題の一つは、教師のバーンアウト（Teacher Burnout）であるということであった。バーンアウトというのは、火が燃えつきることであるが、これは、公立学校の教師が教育に疲れ切って転職する現象を表す言葉として使われている。理由としては、暴力、施設・設備の破壊（バンダリズム）、オーバーワーク、不本意な人事異動、親の干渉、学級の過大化、不十分な待遇などさまざまな要因があげられているが、なかでも暴力とバンダリズムが深刻のようであった。NEAが行った一九七九年の全国教員意見調査の結果によると、十二万人の教師——これは二十人に一人の割合になる——が、一九七八〜七九年度において学校内で生徒から暴力を受けている。さらに十万人が学校外で暴力を受けている。また、十人に一人が、近い将来、暴力をふるわれるかもしれないと答えている。教師のバーンアウトはこのような状況の中で生じているのである。わが国でも中学校の教師については同様の傾向がみられるが、アメリカの状況はわが国の比ではなかった。これは教師・生徒関係とモラールとがいかに密接に関連しているかを示すものといってよいであろう。おそらく教師と生徒との関係が改善されないかぎり、待遇がいかに改善されても、教師のバーンアウト現象は解決しないであろう。

さて、ここで考えてみる必要のあることは、燃えつきて教職を去る教師は、生徒を好きではないのか、という問題である。この問題は次のようにいい変えることもできる。子どもを好きだということは教師に本来的にそなわっている素質であって、子どもいかんにかかわらず、あるいは何を教えているかにかかわらず変わらないものだろうか。

これまでに行われた諸調査の結果によると、子どもへの好き嫌いは多くの要因と関連を有している。たとえば、担当教科や担当学年によって異なっている。また、生徒の質によっても異なっている。

しかし、ここで重要な点は、右に述べたことが調査の結果にすぎないということである。つまり、右のような関係は統計的な傾向を示しているのであって、個々の事例についてどのような決定を下すべきかは、右の傾向からだけでは明らかとはならないのである。教えている相手が児童であるから、子どもが好きなのだということもできないし、また、子どもが好きだから小学校の教師になるともかぎらないであろう。これまでの研究ではなぜ右のような関係が存在するのかについては明らかにされていないのである。

7. 給与とモラール

経済的待遇が劣悪なばあいには、仕事への不満 (job dissatisfaction) が高まる可能性が強い。しかし、経済的待遇が改善されたからといって必ずしも、仕事への満足度（job satisfaction）が高まるとはかぎらない。給与の改善は、不満の解消に役立つだけで、満足を高めるとはかぎらないのである。もちろん給与はモラールの向上にとって重要なファクターである。教師にモラールの向上に関係のある諸要因を、関連の深さの順に並べてもらうならば、給与がトップにくることが多いのである。ミラーの研究でも、給与がトップで、生徒のアチーブメント、施設・設備がこの順で続いている。(10)

給与の額ではなく、給与体系とモラールの関係についての調査も数多くみられる。特に能力評価を取り入れた給与体系とそれを取り入れていない給与体系とでモラールにどのような相違が生まれるかについての研究も多いが、これまでのところでは、給与体系がモラールと有意な関連を有するという結果はみられない。

8．パフォーマンスとモラール

仕事での満足度やモラールに関して最も重要なのは、それが高まることが果たしてパフォーマンス、つまり仕事の成果とどの程度関連をもつかということであろう。

常識的には、モラールの高揚は直接的にパフォーマンスの増大に結びつくと考えられるであろう。事実、一九五〇年代の中ばごろまでは、学問的にも、モラールとパフォーマンスとは深い関係があるものという仮説が支持されていたのである。

しかし、一九五五年におけるブレイフィールドとクロケットの調査(11)と、一九五七年におけるヘルツバーグらの調査(12)は、「高い満足は高いパフォーマンスをもたらす」という仮説は実証的に検証することができないことを明らかにした。

また、一九六八年にポーターとローラーは、初期の研究がほとんど概念的に未熟であるか、構造において単純化されすぎていることを指摘している。(13)彼らによれば、満足と成果との関係は短絡できるような単純なものではなく、複雑である。彼らはまず満足が生ずるのは特定の欲求が充足されたときだという仮説を立てている。つまり、仕事についての満足は、個々人が自分の仕事から報酬を受けたときに生まれるというわけである。というよりも報酬（昇任や精神的認知なども含まれる）が自分の仕事の成果に基づいていると認知したときに、満足が高まる、というのである。逆に、たとえ報酬が高まっても、それが自分の仕事に基づいたものではないばあいには、満足は高まらないことになる（教育のばあいではないが、自分はそれほどたいした仕事をしていないのに、給与が不当に高すぎる、というのでその会社をやめた人を知っている）。

右のような仮説から、管理職の力量についての重要な示唆を引き出すことができる。つまり、管理職には、有能な教師が最も満足度の高い教師であるように配慮することが求められるのである。重要なことは、満足をできるだけ大きくすることではなく、満足度とパフォーマンスとの関係を可能なかぎり強めることである。パフォーマンスとは関係のないところで、たとえば仕事を終わってからのレジャーのことで――それも重要ではあるが――満足度が高まっても、パフォーマンスが高まらなければ何の意味もないということになる。

以上に考察したように、初期のモラール研究の焦点は、集団の結束とか組織目標の内面化の程度に向けられていた。それは集団の「われわれ感情」(we-feeling) や組織目標へのアイデンティティが高いことは、仕事における態度や仕事満足度やモラールにプラスの効果を与えるであろうという仮説に基づいていた。

しかし、次第に、モラールには組織へのアイデンティティや集団の精神的結束以上のものであるということが明らかになってきたのである。教員集団のモラールを高い水準に維持するためには、組織へのアイデンティティや団結心以外の条件が存在していることが必要なのである。アチーブメントはそのような条件の中でも最も重要な条件である。つまり、教師であれば教師としての本質的な仕事の成果があがることによって高まるモラールが重要なのである。

9．態度調査

さて、これまでの経験が示すところによれば、教職員のモラールを高めるための管理職の課題として態度調査を行うことも重要であることが明らかにされている。つまり、態度調査は、スタッフ・ディベロップメントのための現職教育の目標や内容などを決めるための重要な基礎となるべきことを明らかにしているのである。それでは具体的に態度調査はどのような意義をもっているであろうか。

バーンは態度調査の意義として次の六点を指摘している。(14)

①　問題の所在を診断することができる。……スタッフの悩みの原因やどのような問題が最も緊急であるかといったことについて診断すること。

②　スタッフの福利厚生に管理職が関心をもっていることを示すことができる。……スタッフに意見を求めることによって、スタッフの側に、管理職に対する尊敬や、解放感などを高めることができる。

③　双方向的コミュニケーションを図ることができる。……個々人が組織内のメカニズムを通じて、下から上に向かって意思を伝達する方法よりも、無記名による質問紙調査のほうが、検閲への不安もないため、システム内の全成員の意思を管理職が把握するには適しているといえる。

④　参加意識を高めることができる。……管理職にとって最も重要性の高いと思われる側面についてスタッフに意見を求める調査を行うことによって、スタッフの参加意識が高まることが期待される。

⑤　問題のリアリティを高めることができる。……解決すべき問題に最も近くにいる人の考え方や感情を分析することによって、問題の解決が容易となることが期待される。このばあい、調査結果の分析を教師たちにやらせると一層効果があると思われる。したがって、調査の分析方法についての研修を行うとか、分析のための時間を確保するなどといったことも管理職の重要な仕事といえるで

あろう。

⑥　組織のチームワークを高めることができる。……学校教育目標を達成するために必要な行為についての理解を深め、受容を容易にすることができる。また、そのような行為の責任分担を図り、行為を効果的にすることもできる。また、学校内の共通の利害や合意をつくり出すこともできる。

10．学校の問題解決能力

以上、教師のモラールについて種々考察してきたが、要するに教師のモラールの高揚は学校を改善するために求められているということを指摘したかったのである。

このことは単にわが国についてだけでなく、いま世界各国で問題となっていることである。一九八二年十一月にアメリカのフロリダ州ウエスト・パーム・ビーチにおいて、ＯＥＣＤ（経済協力開発機構）の内部機関ＣＥ《セ》ＲＩ《リ》（教育研究革新センター）の主催で「国際学校改善プロジェクト会議」が開かれたことはすでに述べたが[15]、このことは学校改善がいま各国の大きな関心事となっていることを示している。

学校改善というのは、「一校あるいはそれ以上の学校がその教育目標をより効果的に達成することを最終の目標として行う教授学習過程及びまたは学校内部の諸条件の変革[16]」と定義されているが、ここで重要なポイントは、学校改善は行政によって主導される教育改革ではなく、あくまでも学校をベースにした教育の改革だということである。

そこで右のプロジェクトで最も重要なテーマは、学校の内部における校長およびその他の変革主体であるととらえられている。また、学校外部の諸機関は、学校に対して改善を要請する主体ではなく、あくまでも学校自身の改善努力を助けるところのサポート・ストラクチャーとしてとらえられている。

この学校改善は一九八〇年代以降において特に重要性を増したものであるが、学校改善の必要性を高めた主な社会的問題としては以下のようなものがあげられていた。

(ア)　学校の政治的・行政的環境の変化

　①　地方分権の強い国における中央集権化

　②　中央集権の強い国における地方分権化

(イ)　公費の削減

(ウ)　社会の多元化

(エ)　技術革新

(オ)　若年失業

右のような社会的背景をもとにして、ＩＳＩＰは次のような目的をもつものとして一九八五年までの三年間にわたり行われた。

「学校改善過程の機能についての知識と洞察力を高め、教育行政と意思決定のさまざまのレベルの技術および小規模と大規模両方の学校改善過程の計画・運営について指導者を開発すること」

右の目的は、これからのわが国における教育経営の最重要課題の一つであるといってよいであろう。

●注

(1)　糸川英夫「逆転の発想――アイデア社長時代は終った」『リーダーシップ』河出書房新社、昭和五三年、五五～五七ページ。

(2)　石川淳二『生きがいのある職場』日本労働協会、昭和四四年、一二五ページ。

(3)　Suehr, John H., "A Study of Morale in Education Utilizing Incomplete Sentences," *Journal of Educational Research* 56 (1962), pp.75-81.

(4) このことは一九五二年にシュルツ (Schultz, R. E.) も "Keeping up Teachers Morale," *Nation's School* 50 (1952) pp.53-56 において、明らかにしていたところである。

(5) Sharma, C. L., "Who Schould Make What Decisions ?," *Administrator's Notebook* 3 (1955), pp.1-4.

(6) Bidwell, Charles E., "The Administrative Role and Satisfaction in Teaching," *Journal of Educational Sociology* 10 (1956) : pp.1821-1822.

(7) Chase, F. S., "Factors for Satisfaction in Teaching," *Phi Delta Kappan* 33 (1951), pp.127-132.

(8) Coffman, W.E., "Teacher Morale and Curriculum Development : A Statistical Analysis of Responses to a Reaction Inventory," *Journal of Experimental Education* 19 (1951), pp.305-332.

(9) 「学校経営と教職員のモラール」『国立教育研究所紀要』第53集、昭和四十二年、国立教育研究所。

(10) Milles, Antoinette, "Teachers Say Better Salaries Boost Morale," *Texas Outlook* 43 (1959), pp.14-16.

(11) Brayfield, Arthur H., and Walter H. Crockett, "Employee Attitudes and Employee Performance." *Psychological Bulletin* 67 (1955), pp.13-53.

(12) Herzberg, Frederick, et al., *Job Attitudes : Review of Research and Opinion,* Pittsburgh ; Psychological Service of Pittsburg, 1957.

(13) Porter, L. W. and E. E. Lawler, "What Job Attitudes Tell About Motivation," *Harvard Business Review* 46 』1968), pp.118-126.

(14) Burns, Robert K., "Attitude Surveys and the Diagnosis of Organization Needs," *Personnel Series,* No.157, New York : The American Management Association, 1952.

バーンは学区 (district) 単位での調査を考えているが、本稿においてはそれを学校内の問題として解釈して論述した。

(15) 日本からは奥田真丈氏と筆者が出席した。

(16) W. G. van Velzen, *Conceptual Mapping of School Improvement,* OECD, CERI, October, 1982, p.2.

第十三章

開かれた教育経営1

いま進められている教育改革を実現する重要な要として「開かれた教育経営」が求められているが、そのとらえ方は多様である。前章までに述べてきた地域社会学校は地域に開かれた学校ということになるが、このような学校を実現するには、その経営が開かれたものにならなくてはならないが、「開く」とはどのようにとらえたらよいだろうか。前章までに述べてきたことも、せんじ詰めればすべて「開かれた教育経営」につながることであるが、本章と次章において、この問題について改めて考えてみることにしよう。

第1節　開かれた教育経営の二つの方向

1．地域に開かれた教育経営

開かれた教育経営には大別するならば二つの方向がある。一つは学校の外——地域——に向かって開く方向であり、もう一つは学校の内部を開かれたものにするという方向であるが、このような意味で学校が開かれなくてはならないのはなぜであろうか。

学校は、学校外との連携が求められているが、必ずしもそのことの意義を十分に理解されているとはいえないように思われる。政策的に提言されているからとか、時代の趨勢だからしょうがない、といった形で受け止められているばあいが多いのではないだろうか。つまり、学校外との連携を学校は外圧として感じているということである。学校が主体的に、教育を展開していく過程で出てくる問題にどう対応したらよいかという内発的な認識の発展としていわれているわけではない。

最近は地域の人材として、お年寄に特別活動の部分に参加してもらうなどの取り組みは盛んになりつつある。そして、そのような取り組みをしている学校では、それが子どもたちにとってもお年寄りたちにとっても、有意義であるということの認識を深めている。しかし、学校が学校外と連携しているのは、学校教育の周辺的な部分において、というより、学校が周辺的と考えている部分においてであるというのが大勢であろう。

それは教師が教えることに力点を置いた学校から児童・生徒自身が主体的に学ぶ学校への転換の要請を深刻に受け止めていないからであろうと思われる。教師が教えるばあいには、建て前としては、教師が教えられることを教えるのであるから、他との連携は必要ではない。もし、教えるべきことを教えることができなければ、できるように研修をしなくてはならない。これまでの学校教育、教員養成、現職教員の研修においては、これが基本的な考え方であった。

しかし、何をどう学ぶかを子どもの主体性に委ねるということになると、教師では対応しきれない課題が噴出するであろう。それを、教師が対応できないという理由で抑制してしまったのでは本末転倒である。

それでは教師の責任転嫁ではないかという意見がある。教師がやるべきことを、学校外に出すことによって、教師が身軽になろうとすることは問題ではないかという者もいる。しかし、このような意見や考え方には、大きな勘違いがある。学校が学校外の応援を仰ぐということは、自分で教科書を使って一人で授業をやるよりもはるかに大変であろう。学校内部で、他の学級・学年・教科の教師と協働して、ティーム・ティーチングを行うことも大変だという理由で、なかなか日常化していないというのが現実であるが、学校外との協働ということになると、大変さはそれ以上になる。学校の同僚であれば、それぞれの得意なところをある程度知り合っているであろうが、学校外の人材や機関ということになれば、それについて十分に知るためにはそれなりの努力が必要であろう。最近は人材バンクといったものをつくっているところが増えているが、ただバンクに掲載されているというだけで、協力を要請することはできまい。直接その人と接触して、その人について十分に理解し、また、その人に学校が行おうとしていることを理解してもらわなくてはならないであろう。それだからこそ、学校はなぜ学校外との連携なのかということを十分に認識することが重要なのである。

一言でいうなら、学校が学校外との連携で期待されているのは、児童・生徒の学習ニーズに応えることである。学習ニーズという言葉は成人を対象とした生涯学習においてよく使われるが、学習ニーズを尊重しなくてはならないのは、成人だけではない。子どもの学習ニーズも重視しなくてはならない。そうでなくては、成人を対象にした学習機会は画餅となり、生涯学習社会の実現はおぼつかないであろう。

では、以上に述べたような学校と学校外との連携の意義を教職員が十分に理解するにはどうしたらよいだろうか。

まず第一は、授業自体を多くのことを教えることから、子どもたちに学ばせる方向に転換する努力をすることである。そうした努力が行われるように校長・教頭・教育委員会、特に指導主事がリーダーシップを発揮することが重要である。従来は、指導層はややもすると各教師の創意工夫に対して、抑制的であるばあいが多かった。それにはそれなりの理由がある。学校はつねに機会均等とか平等性という理念を尊重しなくてはならないという理由である。これは子どもによって、学級によって、学校によって実践していることがまちまちであることは、機会均等・平等性の原理に反するという考え方である。

しかし、子ども一人ひとりの興味・関心、すなわち子ども一人ひとりの学習ニーズに応えることが真の機会均等・平等性である。それでは社会性の育成、国民、地域市民、住民といった面からの共通性の社会化という点で問題が起こると懸念する者も多いであろう。しかし、子どもは自分のニーズを単独で、あるいは集団で、学校外の世界を知る中で社会人として必要な資質を内面化していく。このことを教職員が理解するには、教職員自身が、学校外の世界に入る機会を行政、管理職において配慮することが必要であろう。

学校が地域と連携する具体的な在り方としては、たとえば次のようなことが考えられる。

① 学校として計画した児童・生徒の体験的活動を社会教育に委託する。

② 児童・生徒に、一人で、あるいはグループで、社会教育その他地域で行われている講座や体験的な活動への参加を促し、それをしかるべく評価して、学校教育活動の一部として認定する。

③ 教員に社会教育主事の資格を取得させ、社会教育分野で子どもの学習にかかわれるようにする。

④ 支援ボランティアを養成・確保する。

2．教師間の連携により校内の開かれた関係をつくる

学校が他領域・機関との連携・融合を図るためには、まず第一に教師が連携する校内が開かれた学校の創造が必要であろう。学校を外に向かって開くためには、校内が開かれていなくてはならないであろう。では、教師間の連携を図るにはどうしたらよいだろうか。若干の提言をしてみたい。

(1) 教職員などの得意な領域・分野を示した校内人材バンクを作成する

第一に提言したいのは、校内における人材バンクを作成することである。教師だけでなく、養護教諭、用務関係のスタッフ、給食関係のスタッフなど、学校の中にいる職員全員について、それぞれ何が得意であるかを報告してもらって、それを示した校内人材バンクを作成するのである。

地域の人材バンクをつくっているところはあるが、おそらくこれまでのところ、校内の人材バンクを作成している学校はきわめて少ない。内外に開かれた学校を創造するには、校内人材バンクの作成が重要である。

ここで得意な領域・分野といっているのは、教科にかかわる専門性だけではなく、趣味なども含めた広い意味での領域・分野である。教師は互いに、あの先生はスキーが上手、歌がうまい、登山家である、写真が趣味だ、といった程度のことは知り合っていることであろう。隠しているわけではなくても、それをまわりに知らしめる機会がないようなものもあるであろう。ひそかにボランティア活動をやっている者だっているにちがいない。また、誰しもさまざまな体験歴をもっているであろう。そうした広い意味での得意な領域・分野を記した人材バンクを作成するならば、そこから教師間のさまざまな連携が生まれてくるのではないだろうか。

このようなバンクを作成するということになれば、得意な領域・分野を積極的につくっていこうとする意欲・関心・態度も強くなることであろう。また、このようなバンクを児童・生徒にも配布するならば、教師間の関係だけでなく、教師と児童・生徒との関係も親密化することが期待できる。

教師間の連携を密にするには、まず意識改革が重要であるとよくいわれるが、意識改革は掛け声だけでは難しい。校内人材バンクのようなものをつくることによって意識改革のきっかけができるのではないだろうか。なお、人材バンクをつくるために、教師から自分の得意な領域・分野を報告してもらうばあい、あまり強制的だと抵抗も生まれるであろうから、どのようなことを報告するかは、各人の自由意志にまかせるようにしたほうがよい。そうして作成されたバンクをみて、あの先生があんなことを報告しているなら、自分にもこんなことがあるというように、次第にバンクの内容が充実していくであろう。その意味で、バンクを立派な冊子にして、一度作成したら、すぐには改訂しないというのではなく、適宜に追加・修正ができるような形のものが望ましいであろう。

(2)　教科書や各教師が作成した教材の展示コーナーを設置する

教師間の連携ということは、学級や教科の間の壁を低くするということであるから、教科書や各教師が作成して使っている教材を、他の教師が知る機会として、それらの展示コーナーのようなものを設置することも重要であろう。これは、すでに多くの学校で実践され、総合学習の推進に効果を発揮している。これは教師間の情報交流の一つの方法としても有効であろう。

(3) ティーム・ティーチングを日常化する

校内人材バンクが作成されれば、それをもとにして、さまざまなティーム・ティーチングの形が生まれてくるであろう。

教育活動のどのような場面で、どのような教師が、どのような形で協働するかについては、決まった形があるわけではない。それをどうするかは各学校が創意工夫するべきところである。異動によって職員構成が変わり、職員の得意領域・分野が変われば、それに応じてティーム・ティーチングの在り方も修正する必要が出てくるばあいもあるであろう。

さて、ティーム・ティーチングを行うばあいに、学校が認識すべきことは、それが教えるための組織ではなく、児童・生徒に学ばせるための組織であるという点である。このことを踏まえていれば、教師だけのティームでは、児童・生徒の興味・関心、個性などに対応しきれないということがわかってくるであろう。そこから、ティームの中に地域の人材にも参加してもらおうとか、地域の活動に一部を委託したり、「第四の領域」に委ねようという方向が生まれてくることが期待される。ティーム・ティーチングなのだから、教えること＝ティーチングが目的だと考えてしまうと、学社連携、学社融合の方向は生まれてこないであろう。

ティーム・ティーチングと関連して最後に強調したいことは、学習集団の編成の柔軟化である。現代の学校における教育指導の基本的な単位である学級を、指導の目的・方法などに応じて、適宜解体し、学習集団を編成し、それと教師のティームとの組み合わせによって、「学び舎」としての学校をつくることが重要である。最近は、児童・生徒の数の減少により教室に余裕が生まれているので、そのような柔軟な指導体制が可能になっている。いわゆる「空き教室」は、学校を地域の人々も利用できるようにするための重要な空間でもあるが、それも含めて、学習社会としての学校の創造のための重要な空間と考えるべきである。「空き教室」といういい方自体、学級に固執した教育観の名残りである。

以上、学校が外と内の両方向で開かれなければならないということについて述べてきたが、ここで強調しておきたいことは、学校の教育システム自体が、児童・生徒の関心・意欲・態度などに影響を及ぼすカリキュラムであるということである。学校という環境が、教師が一方的に教えるという形になっていれば、それは児童・生徒には「教えられなさい」というメッセージとなる。いま学校に期待されていることは、児童・生徒に、「学び」というメッセージを受け取ってもらうにはどうしたらよいか、創意工夫をこらすことであろう。マクルーハンがメディアはメッセージだといったように、言葉だけが子どもにメッセージを伝える手段ではない、というより、環境こそメッセージだというべきであろう。

第2節　開かれた学習環境

前節においては、開かれた教育経営の二つの方向として、地域に開く方向と内部を開く方向について述べた。それは子どもの学習環境を学校外も含めて広くとらえるということになるが、学校内の学習環境として、空間的な側面についても注目する必要がある。

1．空間的なゆとり

一つの注目すべき事実から話をはじめることにしよう。昭和五十三年春から、約一〇か月間、ある山村の教育調査を行った。小学校四校、分校三校、中学校一校、児童・生徒数は約九五〇名の小さな村である。隣の村に県立普通高校があり、この村の中学校卒業生のほとんど全員がそこに進学している。小学校四校のうち一校においては、第三学年と第四学年、第五学年と第六学年について、複式学級による授業が行われている。調査の中で注目されたことは、この複式授業を行っている学校出身者の中学校での成績が、他の小学校出身者に比べて、平均して高いということであった。複式授業実施校出身者は、皆、中学校では成績が中以上なのである。われわれはこれを複式授業の効果ではないかと考えた。もちろん短絡的に考えることは危険である。しかし、無関係ではなさそうな気がしたのである。複式学級では、別に学年のワクをとりはずして無学年制で授業を行うわけではないから、教師が一方の学年の子どもに学習指導をしている間は、他の一方の学年の子どもは何らかの作業を課せられることになる。

この作業の時間に、子どもたちは、教師から一方的に教えられるのではなく、自らの力で学習をしなくてはならない。この作業時間は子どもたちが、教師から教えられたことを自らのものにしていく重要なプロセスである。これは授業・学習過程の中における一つの〝ゆとりある〟時間といえよう。

一般的には〝ゆとりある〟教育は、所定の授業時間のワクの外に〝ゆとりある〟という形容詞をつけた時間を特設することによって実現されようとしている。しかし、右に述べた事例においては、所定の授業の中に〝ゆとり〟の時間を導入することによってよい効果をあげている。

複式学級は理論的には単式学級編成をなし得るばあいにも導入することがあり得るとしても、実際には、特に今日では、児童・生徒数が少なく、同時にそれに対応して教師・教室数も少ないばあいにやむを得ずとられる方式である。したがって、行政的にそれを解消することが重要な課題となる。このことを否定しようというのではない。また、所定の授業時間のワクの外に〝ゆとりある〟時間を特設することの意義を否定しようというのでもない。「ゆとりある教育」は「ゆとりのない教育」と並列的に行う別系級の教育ではないということを主張したかったのである。

さて、右に述べたように、教育におけるゆとりは教育活動のあらゆる側面に導入されなければ意味がないが、それは単に「時間的」なゆとりにとどまらない。「時間的」なゆとりを実質的なものにするためには、合わせて「空間的」なゆとりも必要であろう。

ここで「空間的なゆとり」というのは、単なる「広さ」をいうのではない。学習者がゆとりのある学習活動を行うための空間的な環境のことである。以下、この空間的環境をつくるうえで重要な要素になる、学校の施設設備について考えてみることにしたい。

最近は、すばらしい施設設備をもつ学校が増えている。しかし、そのような施設設備の改善は、必ずしも「ゆとりある教育」とは結びつけて考えられてはいない。

校舎新築後間もない公立中学校（以下O中）と私立高等学校（以下R高）において、教師、生徒、親（中学のみ）に、主として施設設備に関する意識調査を行ったことがある。その際、教師に対し「ゆとりある教育に対応するには、どのような面が特に重視されるべきと考えるか」について質問したところ、次のような結果が出た（三項目指摘、単位％）

	O中学校（N＝三六）	R高等学校（N＝二九）
設備・備品の充実	二五・〇	七・二
教材の充実	一六・七	七五・九
校舎の拡充	―	―
特別教室の拡充	二・〇	―
多目的ルームの新設	八・三	一三・八
スポーツ施設の拡充	二二・二	一三・八
教員の研修・研究	二七・八	六九・〇
教員定数の改善	八八・四	二四・一
学校運営費の増大	八・三	六・九

地域の人的・物的資源の活用	八・三	三・四
教育制度の改革	六一・一	二七・六
学歴至上主義の排除	二五・〇	三四・五

右にみるように、O中では、教員定数の是正と、教育制度の改革、教員の研修・研究が、またR高校では教材の充実、教員の研修・研究、学歴至上主義の排除が、「ゆとりある教育」に対するうえで重要であると考えられており、施設設備は、教育環境整備の対象としてはあまり重視されていないことがわかる。

これは、この調査の対象となった学校、特に中学校が、校舎新築間もないことにもよるであろう。しかし、他のさまざまの調査の結果などから判断すると、右の結果はかなり一般性があるように思われる。つまり、「ゆとりある教育」を行ううえで、施設設備に関する条件はあまり重要でないと考えられているのである。これまでも施設設備に関してはさまざまな問題点が指摘されてきた。たとえば、施設については、配置計画について次のような問題があげられる。

(ア) プール、屋外の遊具等施設の配置が悪い
(イ) 管理がしにくい
(ウ) 運動場との関連が悪い
(エ) 室内導線が悪い
(オ) 搬出入がしにくい
(カ) 敷地から影響がある

右のほか、採光・直射日光が入るといったような物理的環境の問題、面積の狭さなどの問題もある。また、教室などの設計についても、次のような課題がある。

(ア) 教育機器の利用を容易にするように設計がなされていない

(イ)　教科別等の特色を組み入れた設計がなされていない
(ウ)　低学年、高学年別といったように子どもの発達段階に即した設計がなされていない
(エ)　学習や遊びや集合を可能にするゆとりある設計がなされていない
(オ)　教室の中に教材置場や教師コーナーなどを組み込んだ設計がなされていない

また、協力指導、いわゆるティーム・ティーチング（T・T）の導入を図るうえでの施設設備上の不備、教具・校具類の不足、集団活動用の場所の確保難、教材・教具・器材の不足、などもよく指摘されるところである。

2. カリキュラムの一環としてのカーペットの効果

以上に列挙した施設設備にかかわる問題点はあくまでも例示であって決っしてすべてではない。細かく列挙しだしたらきりがないであろう。しかし、いずれにしても、右にみたような諸問題はすべて、「不足・不備」の問題、つまり、マイナスの問題である。

ところで、「ゆとりある教育」を考えるうえで、こうした「不足・不備」の解消を図るだけで十分であろうか。さらにプラスを付加することについても考えてみる必要があるのではないだろうか。たとえば、最近新築の学校では、カーペットを導入するところがある。われわれの行った調査の対象校二校のうちR高校のほうは全校にカーペットを敷いて約三年を経過していた。

中学のほうは、やはり五年前に五つの中学校を統合してつくられた新しい学校で、生徒数は約千名であるが、普通教室二七のほか、教科教室二、理科室四、音楽練習室三、美術室二、技術室三、家庭科室二、クラブ室四、教材室二、資料室三、生徒更衣室六、ラウンジ六、準備室八、職員研修室四、職員更衣室二、L・L教室、アナライザー教室、M・L教室、図書室、視聴覚教室など各一で、多くの特別教室やラウンジなどには、やはり

カーペットが敷かれている。

したがって、これらの学校では施設設備の「不足・不備」問題は、少なくとも他の学校との比較において考えるならば、きわめて小さいといえる。そこでカーペットというプラスの条件がいかなる効果をもつかが注目されるわけである。

われわれの調査の結果からは、全校にカーペットを入れたR高校のばあいには、

(ア) 生徒が勉強に集中する
(イ) 図書室の利用が多い
(ウ) 校舎内行動がよい
(オ) 清掃をまじめにやる
(カ) 教室の騒々しさがない

といったプラスの評価が出ている。カーペットを一部にしか敷いていないO中のばあいには、右の点についてのプラスとマイナス評価が二分されているが、O中においても、図書室、ラウンジなどにおけるカーペット敷設に対する教師の評価はきわめて高い。カーペットを高く評価する生徒においては、図書室の利用率も高まり、「教室も静か」という評価が高い。

ラウンジのようなオープンスペースについてみると、「休み時間に友だちとすわって遊んだり寝ころんだり」することが多く、「グループ相談」「本を読む」といった積極的活用はまだ多くはみられない。しかし、将来の可能性として、そのような積極的活用が考えられると思われる。

また、カーペットの敷き方に創意工夫をこらすことによって、カーペットの機能が変わってくることも考えられる。昭和五十三年の夏、新島、式根島の学校を訪れる機会を得たが、新島の若郷小学校では、廊下のカーペットの一部に他の部分と異なった色のカーペットを円形にして敷いたところ、それまで廊下であまり遊ばな

かった子どもたちが、相撲をとったりして、積極的に遊ぶようになったという話を聞いた。

アメリカでは学校におけるカーペットの敷設効果についての研究が行われている。たとえば、オハイオ州立大学の教育学部ではカーペットの音波環境、生徒の態度、学習などの効果について研究を行っている。これによると、カーペットの敷設と非敷設との間に必ずしも統計的に有意な差が出ているわけではないが、可能性として、生徒の学業成績の向上、パーソナリティ発達の促進などが期待できることが示唆されている。

これは音波環境への影響と関係があるのだろうか。つまり、一般的に、カーペット敷の教室では音の振動数は少なくなるが、話される言葉の振動数は同じようには減少しない。そこで学習によって好ましくない音は減少し、一方で教師・生徒間、生徒間のコミュニケーションは増進され、学習がはかどるということが、この調査から引き出される結論となっている。

以上、カーペットの教育的効果について述べたが、カーペットを推奨しようというのでは必ずしもない。施設設備の付加的要素としてカーペットが最も望ましいということをいわんとしたのではない。施設設備も広い意味においてカリキュラムの一環として位置づけて考える必要があるということをいいたかったのである。

教育課程、教材、成績評価、児童・生徒の懲戒などの教育内容・方法に関する事項は内的事項（インターナ）と呼ばれ、また、教育施設設備の設置、教育財政、教職員人事、学校制度などは外的事項（エクスターナ）と呼ばれる。この教育に関する諸事項の二類型は教育行政上の概念で、歴史的にみるとプロイセンの行政思想では、内的事項こそが国家の事務であり、外的事項は地方公共団体の事務であるとされた。

戦前の日本ではこの思想が受容されていた。それに対し、イギリスでは伝統的に外的事項には国の指揮監督が及ぶが、内的事項には国の統制を加えるべきではない、と考えられてきた。日本の戦後の教育改革の理念の中には、この考え方が受け継がれたといってよい。このような事情から、外的事項は行政の責任で、学校や教師はもっぱら内的事項に関心を注ぐべきだという考えが生まれてきた。「ゆとりある教育」のためには、施設設備条件はそれほど重要ではないと意識されているのはこのことの証左である。

このことのためにたとえどんなに立派な施設設備ができても、それは学校や教師にとってはいわば外から与えられたものになり、学校や教師は、単なる利用者の立場に置かれることになる。もちろん学校の新築、増築などの際には、学校側の要望が参考にされるであろう。しかし、いわゆる内的事項と外的事項とを有機的に関連づけるためには、学校側は、日ごろから、教育的視点から、どのように施設設備を改善したらよいかについての研究をも行っていくことが必要であろう。そこで次に、施設設備改善を検討するばあいの重要な視点を二つ指摘しておきたい。

第一の視点は、施設設備に限らず、「存在」としての教育環境は、よくも悪くもないということである。環境の善悪はあくまでも教育者、学習者のそれとの主体的なかかわりあいの中で決まるものである。「存在」としてはまったく同一の環境も、あるものにとっては逆機能的に働き、他のものには順機能的に働くのはそのためである。施設という言葉は、人的組織をも含む機関の意に使うばあいと、単に不動産的な物件の意味に使うばあいとがあるが、教育の観点からすれば、施設は、教師だけでなく子どもも含めた人的要素を内包した概念として考えるべきである。

第二の視点は、第一の視点とも関連するが、施設設備の改善は、単に教育する側の立場、つまり、教授者の立場からのみではなく、学習者たる児童・生徒の立場から考えるべきだということである。はじめに述べたように、真の「ゆとりある教育」は一人ひとりの児童・生徒が自主的・主体的に学習に取り組むことによって、はじめて成立する。教師が言葉によって子どもに独立学習を促すのではなく、自然に子どもたちの学習意欲に刺激が与えられるような環境が構造化されなくてはならない。教育環境ではなく、まさに学習環境の改善に創意と工夫をこらはなくてはならない。

第十四章

開かれた教育経営2

前章では、開かれた教育経営の方向として、地域に開く方向と内に向かって開く方向について述べた。また、開かれた教育経営の重要な視点の一つとして空間としての学習環境の重要性について考察した。そこでも示唆したが、空間とともに重要な学習環境は時間である。そこで以下においては、教育経営を開かれたものにする視点として時間の問題を取り上げることにする。

第1節　時間観念の転換と「知離れ」

科学技術のめざましい発展によって、社会は直線的に時間の推移とともに高度化していくという進歩観が生まれた。昨日より今日、今日より明日は優れているという考え方である。この考え方は、地球上の国あるいは社会の比較において適用された。先進諸国とか後進国といった概念はそれを示している。また、この考え方は、人間の評価にも適用されるようになった。スローラーナー＝学習遅進児という概念はそのことを示している。

近代以前の社会においては、生産物にしても人間にしても、その質によって評価された。その生産にどれくらいの時間がかかったか、その能力の形成にどのくらいの時間がかかったかということではなく、あくまでも、その物や人間の質自体が問われた。ところが近代社会においては、それが一八〇度変わってしまった。すなわち、生産にどれくらいの時間がかかったかによって評価が下されるようになった。あくまでも時計によって計られた物理的な時間によって評価が行われるようになったのである。決められた時間を越えて修得した知識は、決められた時間内に修得した知識よりも低く評価される。スローラーナーというのは決められた時間内に決められた内容の学習が達成できない者である。このことは近代における社会生活においては、人間にとって時間が——空間もであるが——均質化されたということを意味している。午前中の時間も午後の時間も、また、体育の前の時間も後の時間も、また、日曜日の後の月曜日の時間も休日前の金曜日の時間も同質であると評価される。近代以前の社会生活においては、人間にとって時間や空間は異質で多義的であった。

このような近代への転換はガリレイが測定術を開発したことによって、効率をあげるという観点から、ある地点からある地点への長さをできるだけ直線に近づけて計る必要が生まれ、自然が数学化されたことが発端だといわれるが、そのおかげで科学技術の発展がうながされ、産業が発達し、われわれの生活は物質的に豊かになった。しかし、人間の生活は機械のリズムに支配されるようになってしまった。

近代以前の農業社会では、時間の単位は自然のリズムに従って区切られていた。農業時代において重要なことは、いつ種子を蒔いたらよいか、いつ収穫したらよいかを知ることであった。したがって、農民は、種子を蒔く時期から収穫までの時期というような、比較的長い時間の計り方については、驚くほどの正確な知識をもっていた。一方、彼らは短い時間については精密な単位をもっていなかった。彼らの時間の単位は大きく、せいぜい一日もしくは半日が最小の単位であった。週は知られていなかった。

ところが今日においては、時間はグリニッジ標準時に基づいて標準化されている。社会生活の多くの場面は秒単位で仕切られている。ある学校の公開授業のおり、こんな風景に遭遇した。生徒も全員着席し、教師のほうも教室にすでに入り授業の準備態勢はできているのに、教師は腕時計を真剣なまなざしで数分間沈黙のまま眺め続け、チャイムが鳴った瞬間に、「さあ、授業を始めましょう」と声を出したのである。会議などでは予定の開始時間より多少早くても、「みなさんお集まりのようですので、多少早いですが会議をはじめさせていただきます」ということが多い。逆に、終了時間前であっても、「だいたい意見が出尽くしたようですので、今日はこのへんで会議を終わりにいたします」ということもある。会議に遅れても、議事録に遅刻と書かれることはない。早く退席しても早退と記録されることはない。また、最近は多くの企業においてフレックスタイム制がとられている。このように、一般社会においては、直線的で均質的な時間体制の中で、一定の限界の中においてであっても、それに抗する工夫がとられるばあいがみられるようになっているが、学校は近代の時間のシステムに最も強く支配されているように思われる。

さて、時間が近代になり、以上に述べたように、異質で多義的なものから均質で直線的なものに転換したことによって、知識についての観念に異変が生じることとなった。

近代以前においては、いつ種子を蒔いたらよいか、いつ収穫したらよいかを知ることが農民にとって重要であったが、その「知」は地域によって同じではなかった。それは自然のリズムが地域によって異なっているからである。雪が降り始める時期、雪がとける時期は地域によって同じではない。また、同じ地域でも、畑によって雪がとける時期は異なっている。したがって、農業を営む者は、近代以前においては、自分の村では、また、自分のあの山のあの畑では、いつ種子を蒔けばよいかを個別に知らなければならなかった。ここで重要なことは、このような「知」が書物から得られたのではなく、長年の経験、すなわち、自分の経験だけでなく、おじいさんや父親などの経験に基づいて得られたものであるということである。

そこでは当然のことながら、書物に書かれている抽象的な知識（「抽象知」）よりも、経験に基づいた具体的な知識（「具体知」）により高い価値が置かれた。ところが、科学技術が発達し、雪をとかす技術、雪に強い品種などが開発されることによって、また、温室栽培が可能になることなどによって、農業経営にとって経験よりも書物に書かれている科学的知識のほうが重要になった。いいかえるならば、「具体知」よりも「抽象知」により高い価値が置かれるようになった。科学の発達によって、具体性の程度の高い「知」を底辺に、抽象度の高い「知」を上位に位置づけた「知」のヒエラルヒー（上下の位階関係に整序されたピラミッド型の秩序ないし組織）が形成され、ヒエラルヒーの頂上に近い「知」ほど高い権威が付与されるという価値意識が生まれるところとなった。

このような意識は現代の人間すべてを支配しており、学交も例外ではない。というよりも、均質的・直線的時間観念にもっとも強く支配されている学校は、「知のヒエラルヒー」にもっとも強く支配されている。学年、学校段階が上にあがるほど、指導内容は抽象の度を加えていく。学歴が高いほど社会的威信が高くなるのは、このように指導内容が学年や学校段階を昇るにつれて抽象度が高くなり、抽象度が高いほどより高い権威が付与されているからである。

授業の展開の中にも、抽象知に高い価値をおく「知のヒエラルヒー」は反映している。算数という数学に比べると具体性の高い教科の授業においても、消費税はどうするのかという子どもからの問題提起に教師がとまどったり、それを無視したりするのは(このような場面を実際に観たことがある)、そのことを示している。いま「学校知」という言葉が教育界に流行しているが、これは学校で教えられる知識が、生活という具体的なコンテクスト（脈絡）から遊離していることを問題視するための概念装置なのである。

子どもたちが「知離れ」を起こしているといったときの「知」は「抽象知」を意味しているのである。しかし、本当に青少年たちは「知離れ」を起こしているのであろうか。より高い学歴を望み、しかも、職業学科のような具体性の高い学校よりも抽象性の高い普通学科のほうへの進学アスピレーション（願望）が強いことや、地方から都会への移動志向が強いことは、依然として学校知への高い価値付与が青少年によっても行われていることを示しているといえないだろうか。

教育改革の狙いの一つは、学歴偏重意識の打破であるが、この改革目標を実現するには、このような青少年、教師、学校制度など、さまざまなレベルにおける学校知へのこだわりを打破しなくてはならないということになるであろう。つまり、「知離れ」を起こさなくてはならないということになる。

教科の間の壁を開いて授業を展開する「総合的な学習の時間」の導入、「学校と地域社会などとの連携」の促進、「体験」の重視などには以上に述べたような均質的・直線的時間観念やそれと密接に関連して生じている「知のヒエラルヒー」といった近代の問題を解く契機があるように思われる。

教科において教えられる知識は、基本的に抽象的であり、その度合いは、学年、学校段階を昇るにつれて増していく。それに対して、総合的な学習においては、具体的な問題が取り上げられるであろう。そこでは抽象知と具体知との関係は教科ごとの授業と逆転する。教科の学習指導においては、具体的な問題は抽象知を理解する教材として取り上げられるのに対して、「総合的な学習の時間」などにおいては、具体的な問題を解決したり考えたりする手掛かりとして抽象知が取り上げられる。そのことによって抽象知は具体知となる。「総合的な学習の時間」などにおいては、「知のヒエラルヒー」は抽象知を底辺に具体知を頂上にするものに転換する。このことによって、子どもたちの「抽象知離れ」を起こし、「具体知」重視の精神育成への契機が生まれるのではないだろうか。

第2節　時間割の転換

1．タスク・オン・タイムからタイム・オン・タスクへ

近代学校においては、前節で述べたような直線的な時間観念の下で時間の割り算によって時間割を編成してきた。割り算というのは、一定の数または一定の量を等しい数または量に分割することを意味している。たとえば、四割る二というのは、四を二と二に分割することで、一と三に分けることではない。これが数学におけ

る約束である。数学以外の世界においては、割るというのは、平等に分割するということを意味するとは限らない。支払いを割勘にするというばあいの「割」は等分という意味であるが、瀬戸物が割れたというばあいには、割れた破片の大きさは同じではない。

「割る」という言葉の元来の意味は、「固体などに強い力を瞬間的に加えて、ひびをいらせてそこから自然と分かれる状態にする」（広辞苑）ということであるが、数学の世界における「割る」はあくまでも等分するということである。したがって、数学での「割る」は、自然と分かれる状態ではなく、不自然な状態をつくるということを行っているということである。社会の近代化の中で、数学的思考様式がわれわれの生活の中に深く浸透するようになり、いつのまにか、不自然なものを自然であるかのように錯覚するようになってきてしまっているが、教育の世界も例外ではない。この不自然なものを自然であると自明視する意識からまず脱却することが、時間割の発想転換の第一の課題であろう。

現代の学校では、子どもたちを学校にとどめさせる時間（正確にいえば、時計で計れる物理的な時間）を、四五分とか五〇分という等量の時間に分割し、そこに知育内容を不自然に分割して配分し、残余の時間を休息、給食などの時間に配分するというのが近代学校の時間割の基本形となっている。すなわち、等量の時間＝タイム（time）が設定され、その上＝オン（on）にやるべき課題＝タスク（task）を配分するというタイム・オン・タスクというシステムが構造化されてきたのであるが、これからの学校を、中央教育審議会答申がいうように、子どもの視点にたって、学校が「あまりに多くのことを教える」体制から、子どもの「自分さがしの旅」をたすける「真の学び舎」に転換するためには、まず、学習活動の内容や方法（タスク）の上（オン）に時間（タイム）を決めるタイム・オン・タスクというシステムに大転換をしなくてはならないであろう。

教育課程審議会は、「総合的な学習の時間」について、「ある時期に集中的に行うなどこの時間が弾力的に運用されるようにする」ということを提言しているが、これは、各教科についても同じであろう。弾力的にしなくてはならないのは、単に単位時間だけではない。学校の時間全体が弾力化されなくてはならない。すなわち、タイム・オン・タスクが重要なのは、授業の単位時間についてだけでない。現代の学校は、一日の時間について割り算を行ってきただけではなく、一年間の時間も、一週間という単位で割り算をして時間割を編成している。各週の時間割は、行事、季節などによって多少のバリエーションがあるとしても、基本的には同じである。一週間をワン・サイクルとして年間の時間割がつくられているのである。一年間は季節という自然のリズムによって決まっているが、一週間は自然のリズムではなく人工的なものである。現代社会の組織はすべて、休日は異なるにしても、七日で構成される週を単位として活動が行われている。しかし、学校のように、同じ曜日の同じ時刻には同じ種類の活動が行われることはまずないであろう。学校は現代社会の中で割り算による最も不自然な時間割システムによって運営される不自然な組織体なのである。「生きる力」、「ゆとり」、「自分さがしの旅をたすける」、「真の学び舎」というキーワードによって創造することが期待されている新しい学校は、こうした不自然な時間システムから脱却しなくてはならない。

単位時間だけでなく、時間割周期をも弾力化することが重要であろう。

また、どのように周期を定めるにしても、年間計画を年度始めに固定的に決めてしまうのではなく、一つの周期が終わったところで次の周期について計画を立てる柔軟な編成システムをとることも必要であろう。そんなことが現実にできるか、という声が聞こえてくるが、実際に行っている学校は点としてではあっても、決して少なくはないのである。

2．直線的時間観から円環的時間観へ

次に、時間割に関連して強調したいことは、直線的時間観念を払拭することである。先に述べたように、現代の学校の時間割は時間の割り算によって編成されているが、そのばあいの時間は物理的に規定された直線的

な時間である。過去から現在を経て未来に続く時間であるが、このような時間観のもとでは、いったん過ぎ去ってしまった時間は取り戻すことが不可能だと考えられる。教育に敷衍していうならば、教えたのに学ばなかったならば、学ばなかったのが悪く、もはや挽回することはできないとみなされる。「落ちこぼれ」とか「スローラーナー」とかいうのは、このような時間観を背景にして社会的につくられた概念であるといってよい。いったん落ちこぼれた者は、覆水盆に返らず、学び直すことはできないし、決められたタイムの中で学ぶことになっていることを、そのタイムの中で学べなかった者にもっと多くのタイムを保障することはないのである。学年という制度もこのような時間観に根差しているといってよいであろう。冬が過ぎれば再び春が来るように、今年できなかったことは来年できるというように、時間を円環的に考えることが重要であろう。

その意味で、教育課程審議会が、「各学校が創意工夫を生かし特色ある教育を展開すること」という教育課程の基準の改善のねらいの一つとして、「各学校段階や各教科の特性に応じて、目標や内容を複数学年まとめて示すなど内容等の示し方を大綱化」すべきだという視点を打ち出したことが注目される。このような大綱化が行われれば、子どもの学習は一年を単位として完結しなくてもよいということになる。二年とか三年というより長い時間単位で、子どもの学習の成果を見守れるということになる。

教育目標についてこのような転換が行われるならば、それに対応して、学級も異年齢の児童・生徒で編成するいわゆる無学年制というシステムも適宜必要になってくるのではないだろうか。中央教育審議会は例外措置ということで、特異な能力をもった者については、例外的に一般より早く大学に進む道を開くことを提言したが、もっと重要だと思われることは、高校から大学への進学の時点の弾力化だけでなく、すべての教育の過程において、時間を取り戻すことができる仕組みを導入することである。

第3節　教育時間と学習時間

以上、時間観念の転換という観点から、時間割の転換について述べたが、時間割上の時間は教育する時間であって、子どもが実際に学習する時間と同じではない。開かれた教育経営においては、この問題を視野に入れておかなくてはならないであろう。

1．第一の問題――教師の教育時間と子どもの集中時間との同一視

第一の問題は、子どもは、教師が教えている時間、すなわち、教育時間（instructional time）の最初から最後まで集中しているわけではないという問題である。

これについては米国などにおいて種々の研究が行われているが、時間割に従って配当されている時間のうち、児童・生徒が積極的に参加している時間あるいは学習している時間（student engaged time）の占める割合は一〇〇パーセントではない。大学においてしばしばみられるように、教師が授業に遅れてきたり、早く終わったりするようなばあいには、教師の遅刻時間と早退時間を差し引いた時間が実質的教育時間ということになるが、そのばあいでも、教師が講義をスタートしても、すぐに学生のざわつきが静まるわけではないので、学生の学習時間は実質的教育時間よりさらに少なくなる。

教師としては、子どもの集中時間を教育時間に近づけるべく、努力することが必要であるが、ある授業時間に完全に集中して学習をしたために、疲労してしまい、次の時間には注意力が散漫になるということもあるであろう。したがって、学校内における教育時間と学習時間の関係は、一つの授業におけるそれだけではなく、学校における一日の教育総時間と学習総時間とのそれを問題にしなくてはならない。

一日単位ではなく、一週間あるいは二週間を単位にして、子どもが楽しみにしている活動の配置の仕方を工

夫することによって、一週間あるいは二週間における教育時間に占める学習時間の比率を向上させることができるかもしれない。米国では、一生懸命に学習して効果があがれば、一週間の最終日である金曜日に、子どもが楽しみにしているポップコーンパーティを行うようにした時間割のもとでは、そうでないばあいより、学習成果があがったという実践的実験結果についてはすでに述べたところである。

また、教育時間に占める学習時間の比率は、教育時間の長さの関数でもある。つまり、教育時間の単位の相違によっても学習時間がそれに占める比率が異なってくるということである。たとえば、授業の単位時間が四五分のばあいと六〇分のばあいとでは、学習時間の比率は同じではないであろう。しかし、授業の単位時間とそこでの学習時間との関係は、子どもの発達段階(学年)、教育内容や方法などによって異なってくるので法則化することはできない。低学年だだから単位時間は短いほうがよいとはかぎらない。

これは筆者が主宰している「教育の時間研究会」が会員の所属する小学校での活動において発見したことでもある。地域人材を活用したそばづくりにかかわる多様な活動の一環として、九〇分単位の授業が計画され、それを研究会として観察させてもらった。児童は課題に応じたグループ（実際に、そばをつくるグループ、それをビデオに記録するグループ、紙芝居に描くグループ、そばづくりを指導してくれた地域のおじさんに感謝の手紙を書くグループなど）に別れて活動を行った。どのグループに属するかは児童の選択にゆだねられた。そこで教師が心配したのは、文章を書くことが苦手な子どもが、手紙を書くグループを選択したことである。果たして九〇分という長い時間を飽きずに活動できるかどうか、途中で立ち上がって教室を歩き始めるのではないかというのが先生の心配であった。

ところがその子を観察していて、教師の心配が杞憂であることがわかった。その子は、最後まで手紙の執筆を熱心に続けたのである。むしろその子にとっては時間が足りなかった。文章を書くことは大の苦手であるから、遅々として筆は進まない。しかし、書く姿は最後まで一心不乱であった。その子は、そばづくりを指導してくれたおじさんに、自分の気持ちを何とかして伝えたかったのである。その日は、そのおじさんは授業に参加していなかったのであるが、何回かの出会いの中で、子どもはおじさんに親密な気持ちをもつようになっていたのであろう。特別な関係がつくられていたかもしれない。これは、授業の単位時間が長くても、教育時間に占める学習時間の比率が高くなる事例として注目できる。

また、教育時間が少ないために子どもに考えさせる時間が十分にとれないという嘆きをしばしば学校で聞かされる。そこでわれわれの研究会で、こんな試みをしたことがある。二つの学校で、ほぼ同じ経験年数の若手の教師に同じ指導内容（算数）を、一方は四五分、他は六〇分で授業を行ってもらい、それをビデオに記録して、授業の流れについてどうちがうかについて比較検討を行った。われわれは、普通であれば四五分で行われるであろう内容の授業を六〇分で行えば、児童に考えさせる時間的ゆとりが生まれるであろうと予想した。この予想については、授業者には伝えなかったのであるが、当然、教育時間が長いほうが、児童が考える時間は多くなるであろうと考えたのである。

しかし、授業の展開はわれわれの予想とは異なるものであった。六〇分授業担当の教師は、一五分長い時間をかけて、子どもの理解を深めるべく、四五分授業担当の教師よりも多くの教材を準備した。あらかじめ教師はその教材を使って行う授業の流れをきちんと計画して、計画どおりに授業を展開しようとした。ところが、子どもたちは、教師が予想したよりも早い段階で理解に到達してしまったために、逆に、まだ理解していないことを前提にして提示された教材に子どもたちは戸惑う姿がみられたのである。教師は子どもが早く「わかった」とわかったら、その段階で、即興的に、計画していた授業の流れを割愛したり、ちがう方向での思考を促すことが必要だったのであろうが、経験の少ない教師にとっては、そのような臨機応変は難しかったということであろう。

このような事例が示唆しているように、子どもに考えさせるために、教育時間を長く設定しても、教師が子どもを考えさせるという面での力量が欠けているばあいには、学習時間の占める比率は相対的に低くなってしまう。すなわち、教育時間と学習時間の関係は、教師の力量の関数でもあるということである。

2．第二の問題――タスク・オン・タイム

以上に述べたように、教育時間と学習時間との関係は、複雑で法則化することは難しいが、教育時間に占める学習時間がどのくらいであるか、という問い方自体にも問題がある。現代学校の教育においては、まずそのための時間（年数、年間授業日数、年間授業時間、単位時間など、まず時間の限度や枠）を決めて、その中に教育知識を配分するという仕組みがとられており、その限度や枠の中で子どもたちに何を学習させるかが構造化されているが、右のような問いはこのような前提を自明視しているという問題である。

すなわち、まず時間＝タイムを決めて、その上に学習という課題＝タスクを考えるタスク・オン・タイム（task-on-time）のシステムについて疑問視することがなかったという問題である。現代の学校では、決められた時間の中で、期待された学習を達成できなかった者は、「落ちこぼれ」とか、「スローラーナー」とか、「できない子」といったように脱落者の烙印を押されてしまうのは、このような「自明視」に最大の原因があるといわざるをえない。

学校を中教審が提言するように「真の学び舎」に転換しようというのであれば、教育時間と学習時間との関係についてこのようなとらえ方自体を転換しなくてはならないのではないだろうか。すなわち、前節で述べたように、子どもの学習時間をまず考え、それに対応して教育時間を決めるタイム・オン・タスク（time-on-task）の原理に従った柔軟な時間割（flexible scheduling）を導入することが必要ではないだろうか。

柔軟な時間割という名の時間割は、すでに多くの学校で導入しているが、これは真のタイム・オン・タスクであるとは限らない。四五分を六〇分にしたり、逆に三〇分に短縮したりしても、それを子どもの学習の状況

にかかわらず、予め決めたとおりに実践するというのであれば、それは静的で不完全なタイム・オン・タスクである。重要なことは、実際の授業の流れに応じて、教育時間の長さを伸縮する「動的なタイム・オン・タスク」を導入してこそ真のフレキシブル・スケジューリング（柔軟な時間割）というものである。タスク・オン・タイムのもとでは、学習時間は教育時間を上回ることはないが、動的なタイム・オン・タスクのばあいには、逆に、教育時間は学習時間より少ないともいえる。少なく教えて、多くを学ばせることこそ、真の教育というものであろう。

3．第三の問題――学習は教育時間においてのみ行われるという錯誤

右に述べたように、真の教育とは、少なく教えて多くを学ばせることといえるが、現実にも、子どもたちの学習は教育時間において行われているだけではない。休み時間においても子どもたちは学習している。その学習は、授業の延長として図書室で何かを調べるばあいのように、授業にかかわりのあるものであったり、遊びを通じた人間関係の学習であったり、さまざまであろうが、いずれにしても子どもたちの学習は、教育時間においてだけ行われているわけではない。

教師による授業という行為が伴っていないと、子どもの学習が行われないわけではない。教師の一言がきっかけとなり、家に帰ってからも学習を発展的に持続させるばあいがあることを考えただけでも、そのことがわかるであろう。逆に、教育時間の在り方によっては、学習は教室の中でも外でも行われないというばあいもあるであろうが……。

いま学校では、「生きる力」をはぐくむことが教育の目標として強調されているが、このような力を、「生涯にわたって学び続ける力」ととらえるならば、たとえ教育時間は十数年の限られた時間であるとしても、期待される学習時間は生涯というスパンで測った時間ということになるであろう。これからの教育においては、学

習時間が生涯時間になるように転換されなくてはならないということである。

どうすればそのような教育の転換が達成されるかについての具体的方策については、簡単に論じることはできないが、少なくとも、以上に述べたような問題を教育関係者が十分に認識することが、まず肝心であろう。

4．第四の問題——教育目標が達成されないと教育は失敗と考える錯誤

最後に指摘しておきたいことがある。教育時間においては、教師は自分が意図したとおりの目標を達成しようとして教育活動を展開することであろうが、子どもは教師の意図どおりに学ぶとは限らないということである。

子どもは子どもなりに、教師が与えようとする教育知識に、社会の環境、将来への展望、おもしろさなどに応じて、教師とな異なった意味——たとえば、こんな知識は自分の将来にとって意味がないといったこと——を付与しているのである。

また、子どもは授業をそれぞれ異化しているということもできる。異化というのは、「ある人物や出来事から、当然と思われているもの、既知のもの、明白なものを取り除くことで、それに対する驚きや好奇心をつくり出すこと」といった意味で、授業のばあいについていうと、教師が自明視して行う日常的な教育行為にひびを入れることによって——言葉によるばあい、行動で示すばあいなどその形はさまざまであろう——、自分にとって疎外的な状況を克服しようとすることである。

このような時間は教師の立場からは、教育の効果があがっていないという意味で教育時間でもなければ、ましてや学習時間でもないと考えられるかもしれないが、子どもはそうした行為を通じて新たな関心を創造しているという面がある。「生きる力」といった学力を養うためには、子どものこのような行為も、限定つきではあっても、それなりに評価していかなくてはならないであろう。

第4節　評価観の転換

以上のように、教育経営における時間観念を転換するということは、そのいわばコロラリーとして評価観の転換を要請する。開かれた教育経営の課題として、最後にこの問題について考えてみよう。

1．学校における「ラベリング」

一つの象徴的な事例から話を始めよう。

ある公立の図書館に一人の小学生が毎日のように訪れ、本をかたっぱしから引っぱり出して楽しそうに読んでいた。それが若い女性司書の目にとまり、やがてその小学生と司書は仲よくなり、小学生はその司書に自分の読んだ本についていろいろと話をするようになった。ところがある日、その図書館に小学生の担任の先生がやってきた。そして先生は司書に、「あの子は登校拒否児、問題児で困っているんですよ」と報告したのである。そのことがあってから司書と小学生との関係は気まずいものになってしまった。司書はそれまで、その小学生を本の好きなたいへんよい子であると考えていた。小学生のほうも、よい子と思われていることを感じていた。ところが、学校の先生が司書に与えた情報は、それまで小学生についてもっていた「よい子」というイメージを破壊してしまった。というより、自分に対するイメージは変わってしまったにちがいないというように、子どものほうの意識が変わってしまったのであろう。やがてその子は図書館にも姿を見せなくなってしまった。

右の事例からは、現代の学校におけるさまざまな基本的問題を引き出すことができるであろう。

まず、第一は、学校における教師の子どもに対する評価の基準が、きわめて固定的であり単一的であるという問題である。たしかに、学校による制度化された評価は決して単一的であるとはいえないであろう。一応、全教科についての成績評価が行われている。国語の成績が悪いなら、体育の成績も悪くつけるというようなことはないであろう。それぞれの教師ごとに、独自の観点から別々に評価が下されているにちがいない。しかし、それはあくまでも制度化された評価である。教師や友だちや親は、また、世間一般の人々は、たとえ体育や音楽が不得意でも、算数や国語といったいわゆる主要教科の成績がよい子どもを「できる子ども」と評価する。逆に、主要教科が不得意であれば、どんなに音楽や体育が優秀であろうと、「できる子」という評価は与えない。つまり、意識化された評価の基準はきわめて片寄った単一的なものである。また、各教科ごとについても、すぐれた力をもっているにもかかわらず、制度化された評価の下では、低い成績しか与えられないことも多い。たとえば、たとえ歌が上手でも、音楽の成績が低いことがある。これには二つのばあいがある。一つは制度化された評価基準の中には、その歌のうまさをプラスに評価する基準が含まれていないばあいであり、他の一つは、教師の子どもの能力を見い出す能力が欠けているばあいである。

司書と小学生の事例から引き出すことのできる第二の問題は、一人の教師のもっている子どもについての情報の意義に関する問題である。教育にあたる者は子どもについて知らなくてはならないといわれる。このことについては疑う余地はない。しかし、教育という営みは、教師と生徒との間の心理的要素に規定されるところが大きい。教師がある生徒をよくできる子どもであると思いこむと、というよりもよくできるはずだと思いこむと、教師は、意識的にも無意識的にもその生徒を普通の生徒よりも熱心に指導する。また、生徒の側にもそのような教師の意識や態度が反映し、「自分はよくできる」、あるいは「自分はよくできるはずだ」という暗示として作用する。その結果、その生徒の成績は実際に向上することになる。このような効果は、前述したようにピグマリオン効果と呼ばれている。ピグマリオン効果というのは、このように、ある可能性を信ずれば、それが現実となるという効果のことである。期待が現実となるという効果である。可能性がないと思うと、現実にそのとおりになるという効果でもある。これはすでに述べた「レッテル貼り理論」(labelling theory)である。つまり、生徒は教師から与えられた「できる子」「できない子」あるいは「よい子」「悪い子」といったレッテルに応じた行動をとるようになる、ということからこのように呼ばれるのである。

さて、司書と小学生との話から引き出すことのできる以上のような二つの問題は、別々の問題なのではない。基本的には一つの問題であるといってよい。つまり、学校では単一化された尺度に基づくレッテル貼りが、意識レベルにおいて行われている、という問題に集約することができる。

このような問題は特にわが国の学校にだけみられる固有の問題ではない。しかし、最近のさまざまの調査の結果をみていると、わが国のばあいにはこの問題が特に深刻なような気がするのである。

図14－1　小・中学生の行動様式と成績

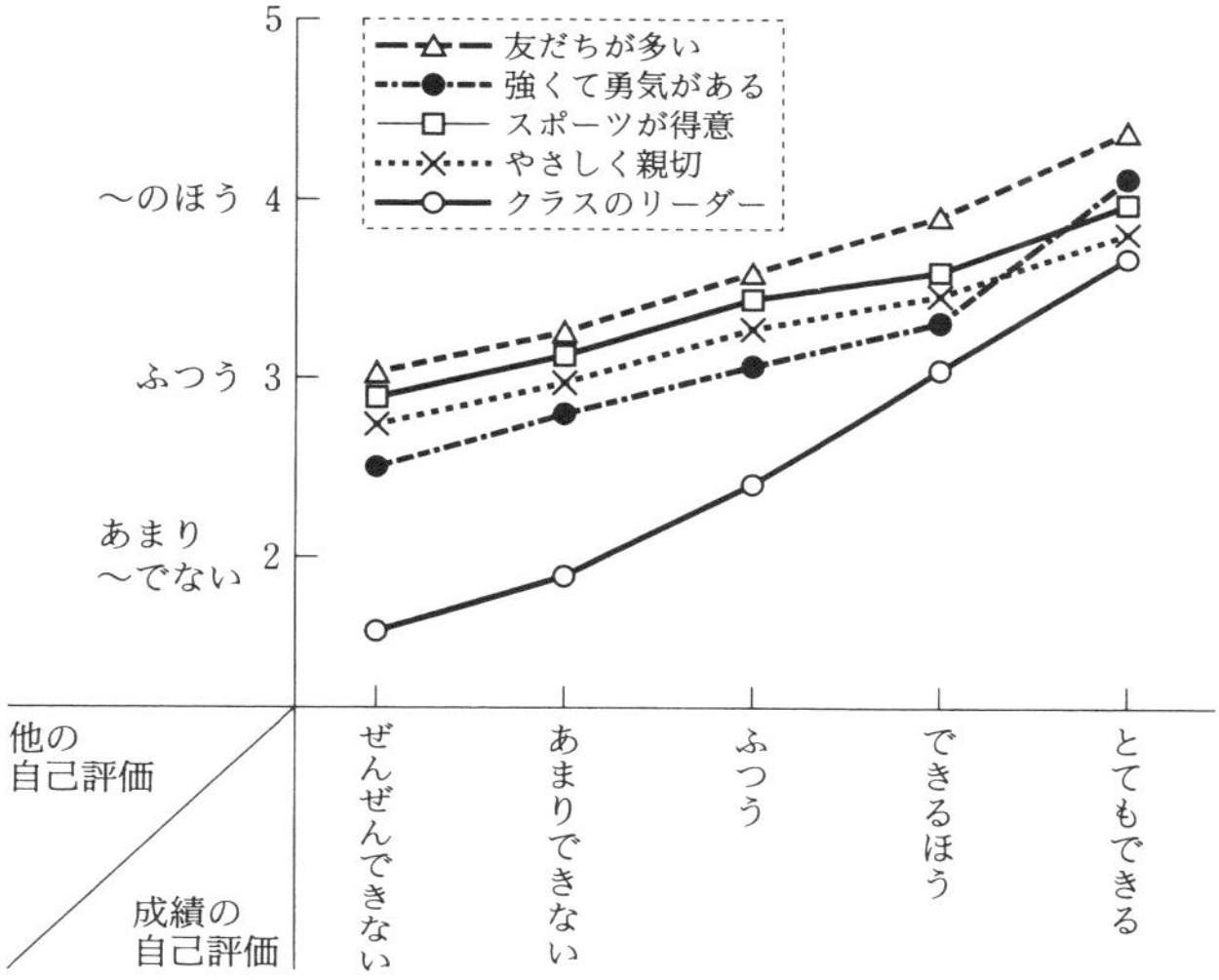

（注）東京都「大都市における児童・生徒の生活・価値観に関する調査」1978年。

東京都において行われた「大都市における児童・生徒の生活・価値観に関する調査」（一九七八年）によると、図14－1にみるように、成績のよい子はスポーツも得意で、友だちも多く、クラスのリーダーで、友だちにやさしく、強くて勇気がある、少なくともそのように自己評価している。成績の悪い子は、勉強以外の領域でも活躍する場を与えられずに自信を失っているのである。

これは「成績がよい」子どもは、学業成績以外の領域でもすぐれているというレッテル貼りが行われていることによるものと考えられる。学業成績、それもいわゆる主要教科の学業成績が、全人的人間評価の尺度になってしまっているのである。

次に、高校生の価値観についてみてみよう。日本青少年研究所が、一九七五年五月に実施した「日米高校生比較調査」によると、図14－2にみるように、日本では「ガリ勉型」と「無気力型」の生徒が、アメリカでは「エリート型」と「エンジョイ型」の生徒が多くなっている。「ガリ勉型」というのは非社会性と勉強志向の強いタイプ、「無気力型」は非社会性と遊び志向が強いタイプである。また、「エリート型」は社会性と勉強志向が、「エンジョイ型」は社会性と遊び志向がそれぞれ強いタイプである。これを成績との関係でみたものが図14－3である。これによると成績が低いほど「無気力型」が多くなっている。これは日米に共通した傾向ではあるが、わが国のばあい特にそれが著しい。しかも、わが国のばあいには、進路希望が国公立大のばあい「ガリ勉型」が最も多く、進路希望が短大、私立大、各種学校、就職、家事の順で無気力化が進行している。成績と進路希望とが対応しているのである。これは成績に基づく、平素からのレッテルはりと、制度化された進路指導によって、生徒が進路を「希望させられている」ことによる。

2. 学校の機能と評価観

それではなぜ、わが国の学校においては、単一尺度による評価が強いのであろうか。

まず第一に考えられる理由は、わが国の学校は、明治期以来、社会的地位の上昇移動を達成するためのパスポートを与える役割を果たしてくれるものとして期待されてきたことである。社会的には、人材の選抜機能が期待されてきたことである。

学校の役割・機能は、具体的には社会により、時代により異なっているが、大別すると国民の形成と人材の育成の二つになる。前者は、国民として共通の資質をそなえた人間の形成であり、後者は社会のさまざまの要請に応えうるさまざまの人間の形成である。いかなる社会であっても、労働の分業がみられるが、特に近代的産業の発達によって、社会的分業化の傾向が顕著になっている。そこで近代的な学校はたんに一般的な国民を

図 14－2　日米高校生の類型

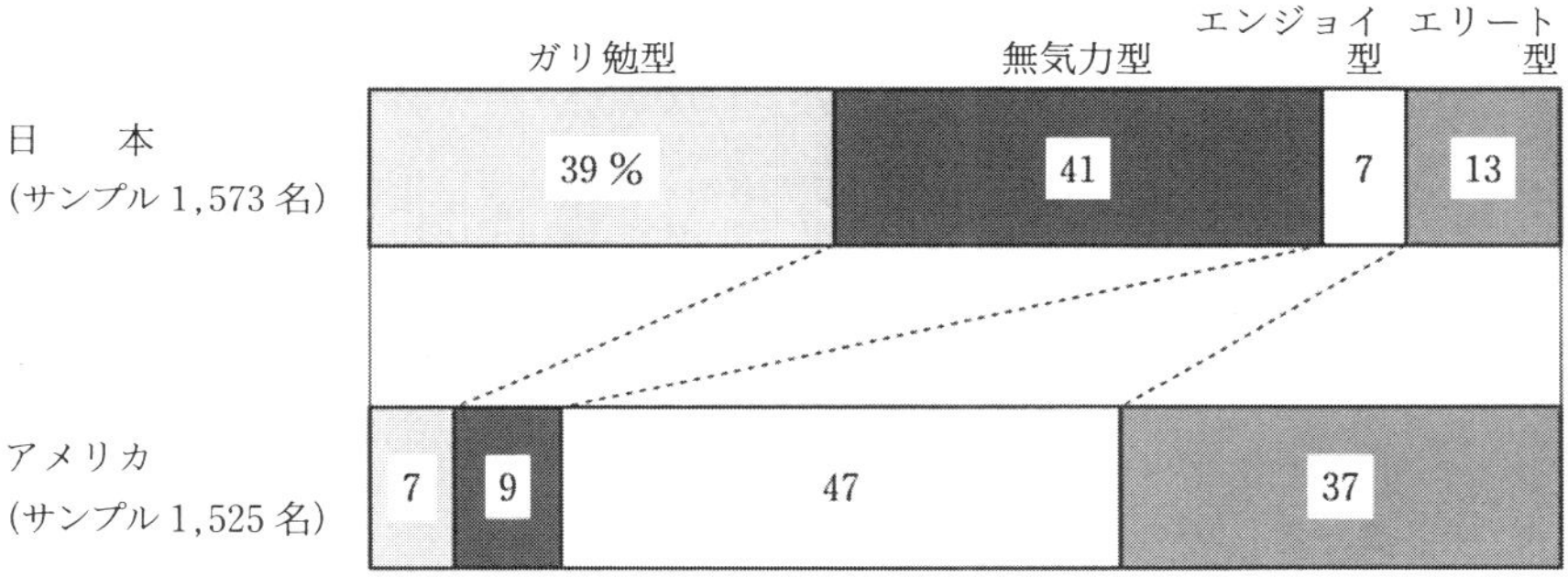

図 14－3　日米高校生の価値類型（国、成績、進路希望別）

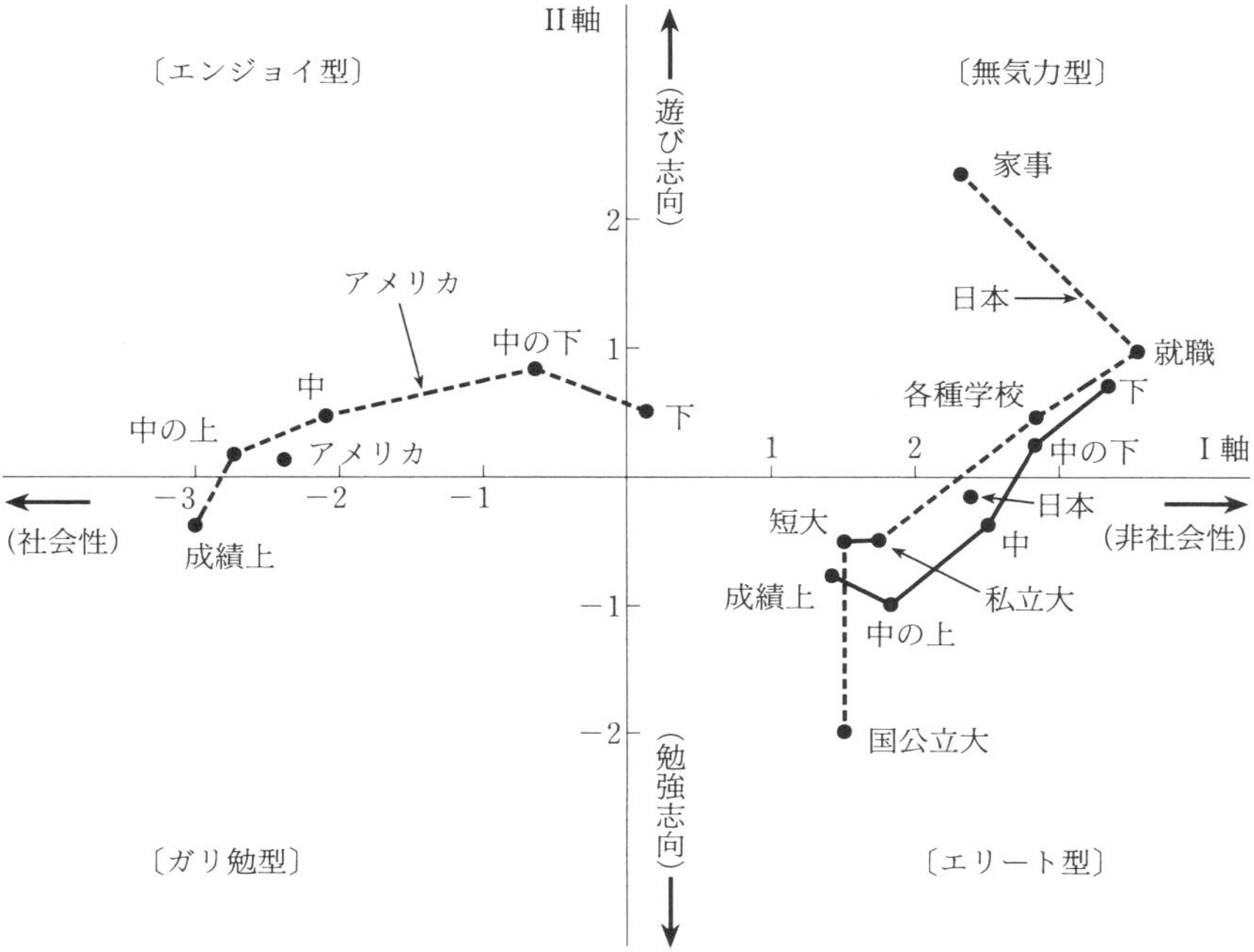

形成するのみでなく、さまざまの「業」にふさわしい人間を育成し、それらの「業」に人間を配分するという役割ももっているのである。前者は「統合」の役割、後者は「分化」の役割ということができる。学校には、教育機能と社会的選抜機能とがあるともいわれるが、前者は学校の「統合」的役割に、後者は学校の「分化」的役割に注目したものである。このように近代学校には二つの役割・機能があるが、わが国のばあいには、「分化」の役割、選抜機能への期待が社会的にも、個人的にもきわめて強かった。ここに、現代のわが国の学校がかかえるさまざまの問題が生ずる原因があるのである。

たしかに、近代的な学校が、「統合」的役割と同時に、「分化」的役割を果たすことを期待されたことには、重要な社会的意義があった。近代的な学校が発達する以前は、さまざまな「業」への人間の配分は、社会的出自に基づいて行われた。それに対して、近代的学校は、教育の機会均等を基本的原理としており、したがって、学校は、さまざまな「業」への人間の配分を、社会的出自にかかわりなく、教育を受ける者の能力のみに応じて行うためのチャンネルとしての役割を果たしてくれるものと期待された。

わが国のばあいには、現実に、学校はそのような期待にある程度応えてくれたのであった。たとえば、明治十一年における東京大学における士族と平民の子弟の割合は三対一であったが、明治十五年には、ほぼ同じ割合になっている。もちろん、当時の士族は国民全体の数パーセント(戸籍調査によると、明治七年において五・六%)を占めるにすぎなかったことを考えれば、平民出身の教育機会は必ずしも均等であったわけではないが、平民出身者の割合が増大していったことは、学校教育の機会均等化の進展を意味している。そして、当時、東京大学を卒業した者には、たとえ平民出身であろうと、高い社会的地位が約束されていたのである。

このように学校の社会的選抜機能には民主的側面がある。しかし、この中に今日の教育にみられるさまざまの病理現象の原因がひそんでいるのである。選抜機能を強く期待される学校においては、教科中心の教育、それも主要教科中心の教育が重視された。戦前の学校のカリキュラムは教科を中心とした「教科課程」であった。

したがって当然、児童・生徒の評価は、教科の成績を中心にして行われた。

ところが戦後、カリキュラムはたんに教科のみでなく、教科外の活動をも取り入れ、「教育課程」に変わった(正確には、昭和二十四年)。現在教育課程は道徳、特別活動など教科以外の領域も含めて編成されている。つまり、現在の学校カリキュラムは、広く人間形成のうえから重要な教育活動を総合的に取り入れているのである。したがって、「分化」よりも「統合」の役割が、タテマエとして重視されているといってよいであろう。これを評価という観点からみるならば、教科の成績、つまり学業成績を中心にした評価から、全人的評価への転換としてとらえることができる。

しかし、現実はどうであろう。そのような転換がみられるであろうか。答えは「否」であることは、改めていうまでもない。これは学校のもつ選抜機能への期待が依然として強いことによる。というよりいっそう過剰なものになっているといってよい。ところがここに皮肉な現象が生まれてきた。学校の選抜機能に期待を寄せ、より高い学歴、よりよい学校歴を求める者が増えたことにより、教育は大衆化し、そのことによって皮肉にも、学校の分化的機能は弱められつつある。高い学歴、よい学校歴は必ずしも高い社会的地位を約束してくれるものではありえなくなりつつある。また、科学技術の急速な発展による知識の爆発的増大と陳腐化現象は、生涯学習の必要性を増大させており、人生の初期の特定の時期に学ぶ学校の社会的選抜は固定的、最終的なものではありえなくなりつつある。

しかし、学校の現実機能がこのように変化しつつあるにもかかわらず、学校の選抜機能への役割期待は依然としてきわめて強い。これからの教育経営においては、この変化に十分に留意して進路指導、生徒指導を行うことが必要であろう。いま、わが国では、「生きる力」をはぐくむということが重要な教育目標として強調されている中で、基礎学力が重視されている。教育経営においては、基礎学力と「生きる力」を相反する力としてとらえるのではなく、生涯学習の基盤形成という観点から、両者を有機的に結びつけて考えていかなくてはならないのではないだろうか。「生涯」はライフロング（lifelong）の和訳である。「生涯」というと生まれてから死ぬまでという時間の流れがイメージされるが、ライフは、生涯、一生という意味だけでなく、「命、生命、生存、生活、人生、元気、精力、生気、弾力、伸縮性」など、きわめて多様な意味を内包する言葉である。したがって、基礎学力と「生きる力」を生涯学習者の形成という観点から行う教育経営においては、このように、評価の観点を、ライフという観点を重視しなくてはならない。これが真の「開かれた教育経営」というべきである。

ユネスコの委嘱によってフォールを中心にまとめられた *Learning To Be* と題する報告書（通称、フォール報告）は、生涯学習とそれを支援する生涯教育の理念を提起したものとして注目されているが、このラーニング・トゥ・ビーというタイトルにおけるトゥ・ビーはあるべき人間存在の様式を示したものである。エーリッヒ・フロムが *To Have or To Be*（佐野哲郎訳『生きるということ』）において提起しているように、人間の存在様式は、「もつ」（To Have）という様式と「ある」（To Be）という様式に分けることができるが、フォール報告は生涯教育・生涯学習の目的をトゥ・ビーという存在様式に置くべきことを提唱しているのである。したがって、学校教育を生涯教育・生涯学習の観点から転機を図るということであれば、学校教育の目的をトゥ・ビーという生き方に置かなければならないということになるであろう。

では、トゥ・ビーというのはどのような存在様式なのだろうか。フロムの述べていることも念頭に置きながら、学校教育の在り方の問題として考えてみることにする。

トゥ・ハブ様式が「もつこと」、「所有すること」に執着する生き方であるのに対して、トゥ・ビーは所有に執着しない生き方ということになるが、これを教育における具体的な事象をあげて考えてみよう。

教師の講義をただひたすらノートに記録し、それを試験の直前になって暗記し、答案にはその暗記された知識のストックの中から適宜に検索したものを書き写すだけの学生はトゥ・ハブ型である。知識はしばらくすると忘れてしまう。その学生にとっては知識はノートとして所有しているだけである。そのことによってその学生が人間として向上するということはない。それに対して、トゥ・ビー型の学生は、自分の人間としての生き方、社会の在り方、学問の在り方などさまざまな観点から問題意識をもって講義にのぞみ、教師の話をただ受動的にノートに書き込むのではなく、それに積極的に反応する。フロムの言葉を使うならば「能動的、生産的な方法」で受け入れ、反応するのである。ここでいう「生産的」というのは、獲得した知識によって、高い点数を取るとか、モノを生産するという意味ではない。自分を高めるという意味として解釈すべきものである。

右の例は「記憶」一般の問題にかかわっている。トゥ・ハブ型の学生のばあいには、記憶の対象は知識だけではない。人間も記憶の対象である。トゥ・ハブ型学生のばあいには知識は自分の身体の外部にあるノートから取り出される。それに対して、トゥ・ビー型学生のばあいには知識は自分の身体に内面化されており、知識の検索はノートに頼らなくてもよい。それと同じように、人間についての記憶にもトゥ・ハブ型とトゥ・ビー型がある。たとえば、教師が廊下で生徒に出会ったとき、すぐに名前が出てくるばあいとすぐには出てこないで、あとで名簿や写真を見て思い出すばあいとがあるであろう。前者はトゥ・ビー型であり、後者がトゥ・ハブ型である。これは記憶力の問題ではない。人間関係の深さの問題である。自分の妻あるいは夫や子どもの名前を聞かれて手帳を開く人はいないであろう。

では、このような意味でのトゥ・ビーという理念を学校における教育課程において実現するにはどうしたらよいだろうか。その重要な視点の一つが、前章と本章で述べてきたような時間観念の転換である。

新学習指導要領では、単位時間の弾力化という方向が提起され、多くの学校でその方向が試行的にあるいは本格的に取り組まれている。しかし、単位時間の弾力化の方向に対する学校現場の反応は概して冷たいように思われる。それは技術的に大変であるとか、その程度のことでたいした教育効果があがるかどうか疑問である、というあたりがホンネであろうが、問題なのは、なぜ単位時間の弾力化なのか、ということについての理念レベルの意義が理解しようとされていないことである。

なぜ、授業時間の弾力化なのだろうか。わたしはそれをトゥ・ハブ、トゥ・ビーという人間存在にかかわる問題に結びつけて考えている。教育の課題は、端的にいえば、教師を媒介として生徒が知識——具体的には教材——といかなる関係を結ぶか、また、教師が、生徒にとっての意味ある他者（重要な他者）として、生徒といかなる人間関係を結ぶかということにかかわっていると考えるのである。

生徒に知識をノートに記録させ、それを記憶させて所有させることをもって教育の課題であるとするならば、授業の時間は画一的な枠にしたがって設定しても、たいしたさしさわりがないであろう。しかし、知識を自分自身の問題として自分の生き方・在り方にかかわらせようとするのであれば、単位時間は知識の内容に応じて変化させることが必要なのではないだろうか。また、授業の流れに応じて、教師の裁量において適宜に伸縮できるようにするべきであろう。機械（時計）によって機械的に区切られた時間は「トゥ・ハブ」の対象でしかない。これでは教師は生徒にとって意味ある他者となることは難しいであろう。

第十五章

学習組織体としての学校――教育経営のパラダイム転換

学校が組織体であることについては、これまで述べてきたところである。特に、第六章においては、学校組織をカリキュラムとの関係において考察した。そこで示唆してきた点は、学校という組織を、教育を行う単なる経営体として、もっと平たくいうならば、教育を行う入れ物としてとらえるのではなく、組織のありよう自体が子どもの学習に影響を及ぼす潜在的カリキュラムであるということであった。すなわち、学校組織はそこで子どもたちが学習する教材でもあるということである。そこで本章では、学校を学習組織体という面から眺め、最後に、これからの教育経営における教育の基本原理を総括することにする。

学習組織体という言葉は learning organization に対応するものであるが、これは一九九四年十一月にイタリア（ローマ）で開催された第一回世界生涯学習会議（The First Global Conference on Lifelong Learning）においても注目されていたが、一九九五年には、カレン・E・ワトキンスとビクトリア・J・マーシックによる *Sculpting the Learning Organization* が刊行された[(1)]。そこで以下においては、世界生涯学習会議での提言やワトキンスとマーシックの著を土台にしながら、教育経営のパラダイム転換について考えてみる。ラーニング・オーガニゼーションという言葉は産業界において企業の蘇生の観点から注目されているが、教育経営のパラダイム転換について考えるうえでも多くの示唆を与えてくれる。わが国では一九六〇年代テーマー（Taylor, F. W.）の科学的管理法に依拠した学校経営近代化論が提唱されたことがある。これは学校を工場をモデルとして経営するという発想に立っているが、ラーニング・オーガニゼーションは、科学的管理法のように能率原理による経営論ではなく、個性尊重の教育と理念的に重なるものをもっている。第一章では補説として、「最適化」について述べてあるが、そこには多くの問題があるであろう。本章と関連させて考えていただきたい。

第1節　ラーニング・オーガニゼーションとは

世界生涯学習会議の結果としてまとめられた報告書であるLifelong Learning Developing Human Potential ; An Action Agenda for Lifelong Learning for the 21st Centuryにおいては、ラーニング・オーガニゼーションとしては、「学習を通してパフォーマンスを向上させる必要と願いを持った、大規模または小規模な、会社、専門家組織、大学、初等中等学校、都市、国家その他人間のあらゆる集団」のような機関を想定している。

これだけの定義では学習組織体を具体的にイメージすることはできないであろうが、学習組織体は決して企業だけを念頭に置いているのではなく、人間によって構成されているあらゆる組織を視野に入れていることがわかるであろう。

では、このように多様な組織を視野に入れた学習組織体とはどのような組織であろうか。

(1)　学習する文化を根づかせた組織

学習組織体の第一のポイントは、組織のすべてのメンバーが主体的に学習する文化を根づかせた組織だということである。学習社会（Learning Society）の提唱者として知られるハッチンスは、「すべての成人男女に、いつでも定時制の成人教育を提供するだけでなく、学習、達成、人間的になることを目的とし、あらゆる制度がその目的の実現を志向するように価値の転換に成功した社会」が学習社会であり、そのような社会はアテナイ人によって実現されたと述べている。(2) アテナイには教育制度が未発達であったという意味で、アテナイ人は無学歴であったかもしれないが、彼らは文化によって教育されたと指摘している。学習組織体は、発想において、ハッチンスのいう学習社会と重なるものといえるであろう。

制度によって学ばせるのではなく、主体的な学習という行為を引き出すような組織が学習組織体である。学校のばあいであれば、学習の主体は子どもと教師である。ここには人間は本性として、生涯にわたり学習を続ける存在だという人間観がある。このことはハッチンスもワトキンスらも指摘しているところである。ハッチンスは福祉国家の先進的地域である北欧を学習社会を実現した社会として注目しているが、ワトキンスらも、スウェーデンでは、「人間は生来積極的で、問題の解決法を自ら探索し、もっとも多くのことを理解しようとして学習する」ものだと考えられていると述べている。

ベテラン教師の書いた著書を読んでいて気になることは、自分の実践を自賛する一方で、他の教師を直接あるいは暗に批判していることが多いことである。たとえば、他の教師たちが手をやいていた生徒が自分の前では素晴らしい生徒であった、といったように。ここには教師の力量不足は教師個人の問題だという誤った認識がある。また、子どもが学習をしないのは、個々の教師の指導の仕方がまずいからだというまちがった認識がある。

それに対して、学習社会とか学習組織体のばあいには、力量を高めるべく教師が学習していないのは、教師が所属している組織の文化が学習を阻害しているからだと考える。また、子どもが学習しないのは、学校という組織体が、学習しようとする子どもの意欲を阻害しているからだと考えるのである。

要するに、学習組織体の発想は、組織のパフォーマンス――学校のばあいであれば、個々の子どもの学ぶ力とか生きる力――を高めるためには、組織を構成する個々の教師を変革するのではなく、組織自体を変革しなくてはならないというわけである。教育を目的としたこれまでの学校組織は、学習を志向した組織、すなわち学習組織体に転換しなくてはならないということになる。臨教審は「生涯学習体系への移行」を提言したが、重要なことは、学習体系よりも学習する文化を根づかせた組織への移行であろう。

(2) 学習しない組織

ワトキンスらによれば、学習組織体は官僚制組織の対極をなすものである。官僚制組織を「学習しない組織」ととらえ、それについて、組織成員の学習が決まりきった手続きや限定された仕事に向けられているとか、結果に対するフィードバックが細かすぎて、個人が自分の行ったことが組織全体の目的達成にどのくらい貢献したかを学習することができないという問題があり、そうした問題が学習を阻害しているという意味のことを述べているが、これは現代の多くの学校にも当てはまるように思われる。

学習が阻害されるということは、いいかえるならば、無力感が学習されるということでもある。積極的に学習しようとしても、抵抗にあったり、制裁を受けたりすると無力感が学習される。

(3) 機械やシステムとしての組織から頭脳としての組織

ワトキンスらは、昨日の組織は機械、今日の組織はシステム、明日の組織は頭脳というメタファーを使って、これからの学習の在り方を考えることができると次のように述べている。これはモーガンが *Images of Organization* (*1986*) の中で使っているもので、単純ではあるが、学習組織体が求める学習に関する考え方の今日的な意義を明らかにするうえで便利である。

「工業化時代には、組織は機械のように機能していた。仕事は明確に定義され、分割され、組織階層上に配置された管理者がそれを全体へと統合していた。そこでは、画一的な訓練を設計することによって、機械を稼働し続けることができた。……

今日では、研究者も、実務家も組織を有機的システムとしてとらえている。たとえば、多くの相互依存する部分から成り立っている人間の体や、一か所を押すとすべての部分が動き出すモビールのようなものとしてとらえている。このシステム・モデルでは、一人または一集団の学習が他のものの学習に影響を及ぼす。……ところが、未来の学習する組織は、このシステム・モデルを基盤としながらも、それを超えたものにならなければならない。一つの考え方として、組織とその中の人間をちょうど頭脳のように機能する、自己組織的、自己監視的、自己修正的な存在であるととらえるものがある。頭脳の機能には、有機的な、神経系による相互連結が含まれる。これを通して、情報がほとんど瞬時に加工されるのである。頭脳のように機能するためには、取り返しのつかないものになる前に問題を認識でき、みんなで考え行動でき、問題を創造的に解決できなくてはならない。(3)」

第2節　学校を学習組織体に変革するにはどうしたらよいか

学習組織体のおおよそのイメージは以上でつかめたと思うが、学校を学習組織体にするにはどうしたらよいだろうか。この点についても、ワトキンスらはさまざまのヒントを提示しているが、学習する組織にみられる共通点として九点をあげている。学校のばあいに多少翻訳してみると次のようになる。

- 綿密に予測を立ててリスクを冒し実験の模範になるようなリーダーの存在
- 分権的な意思決定と教職員のエンパワーメント
- スキルの蓄積と学習能力の評価
- 学習を共有し、それを実践に活かしていくシステム
- 教職員にイニシアティブを与える報酬と構造

・長期的成果と他の人の実践への影響に対する配慮
・機能横断的作業チームの頻繁な活用
・日常の経験から学習する機会
・フィードバックと情報開示の文化

以上の九点は、実際に学習組織体になっていると思われる企業の事例研究の結果抽出されたものであるが、これらの調査研究に基づいて、ワトキンスらはさらに、「学習する組織」の行為原則として次の六点を提示している。(4)

① 継続的に学習機会を創造する。
② 探求と対話を促進する。
③ 共同とチーム学習を奨励する。
④ 学習を取り込み、共有するシステムを確立する。
⑤ 集合的ビジョンに向けて人々をエンパワーメントする。
⑥ 組織と環境を結合させる。

右の行為原則について、それぞれ若干のコメントをしておこう。まず第一に、学習機会の継続的創造については、インフォーマルな学習（たとえば、実践や経験を通して得られる知見）とフォーマルな学習（たとえば、校内研修や校外研修）の両方を遊離させないようにすることが重要であることを強調しておきたい。

第二に、「探求」には、「個人を攻撃するのではなく、一緒になって前提に挑戦するように問を発する」という意味が込められており、そのような探求は、「失敗からその後の的中率を高めていったり、試行錯誤から業績を高めていくといったように、発展的に学習できるような風土がなければ生じるものではない」ということが明らかにされていることに注目していただきたい。

第三に、共同とチーム学習については、それを強化する方法の一つとしてアクション・リフレクション学習が検討されていることに興味が引かれる。アクション・リフレクション学習というのは、リフレクション＝内省を不可欠の要素としたグループでの学習のことであるが、これについて、ワトキンスらは次のように述べている。

「人はふつうは、自分が慣れ親しんでいる前提に疑問を投げかけるような問を発することはしないものである。アクション・リフレクション学習チームはこれらの前提に挑戦する鋭い質問によって、隠れた部分にまでメスを入れる。それは部分的には、チーム編成で『異邦人』を組み入れることで達成できる。チームには、何をなすべきかを指示するような専門家を加えない。学習を妨げ、新鮮な解決案が出なくなるかもしれないからである。素人は『馬鹿な質問』ができ、それが時として新しい洞察を導くのである。」

学校のばあいであれば、地域の人材をいわば客人として学習指導過程に参加してもらうだけでなく、校内での研究会や研修会にも出てもらったり、さらには、保護者や地域の住民を、単に公開授業の参観者として受け入れるだけでなく、公開授業の後に行われる検討会などにも参加してもらうといったことをするならば、アクション・リフレクション学習が実現することであろう。

第四の原則については、「学習する組織は、たとえ離職率が高くても、学習したことを組織の中に蓄積する方法を見つけ出して継続させていかなければならない。また、組織のメンバーがどこにいるかに関係なく、たとえ分散していたとしても他のメンバーから学習できるようにし、学習したことを広めていくための方法を見つけ出さなければならない」と指摘されている。離職率を異動率という言葉に置きかえるならば、この指摘は学校にそのまま当てはまるのではないだろうか。この面で千葉県館山市の北条小学校のカリキュラム管理室などが注目されるが、これからは多様化する現職教育の結果を、それを受けた個々の教師の所有物にとどめておくのではなく、自分の学校の具体的な問題や課題の解決のための学習に結びつけていけるようなシステムを各学校で考えることが重要であろう。

第五の原則で注目されるのはエンパワーメントという概念である。これは男女共同参画社会との関連において最近よく使われるが、筆者なりの言葉で表現するならば、各人にその学習の成果について責任をもてるような権限＝パワーを与えるといった意味である。といってもそれは必ずしも法的な権限というのではなく、組織の構造と文化がメンバーの創造性を支持するようなものでなくてはならないということである。

第六の原則については、環境のとらえ方が重要である。ここでいっている環境というのは、組織が存在するコミュニティから地球環境、国際社会といったもっと広い社会のレベルまで含んでいるのである。

最後に言及しておきたいことは、以上の六つの行為原則が、図15－1に示されているように、個人、チーム、組織、社会という四つのレベルに対応させて考えられていることである。

学校はすべての教師に「個人」として学習する機会を保障するだけでなく、「チーム」として研究をしたり、子どもの指導過程にかかわれるような学校「組織」が創造できるように支援する法・制度・行政・国民の意識など、すなわち「社会」が形成されている必要があるということになるであろう。

第3節　生涯学習の観点に立った教育の基本原理——GTSPフリー——

第一～三章においては、教育経営の原理として、計画性、多様な教育観の調整、柔軟な教育課程経営という視点をあげ、それについて考察したが、最後に、教育の基本原理について総括しておきたい。教育経営は教育の経営であるから、どのように教育をとらえるかが重要である。以下の四つの視点は、特に、生涯学習者の育成のための教育の創造という観点から考えた原理である。

図 15－1 「学習する組織」の行為原則

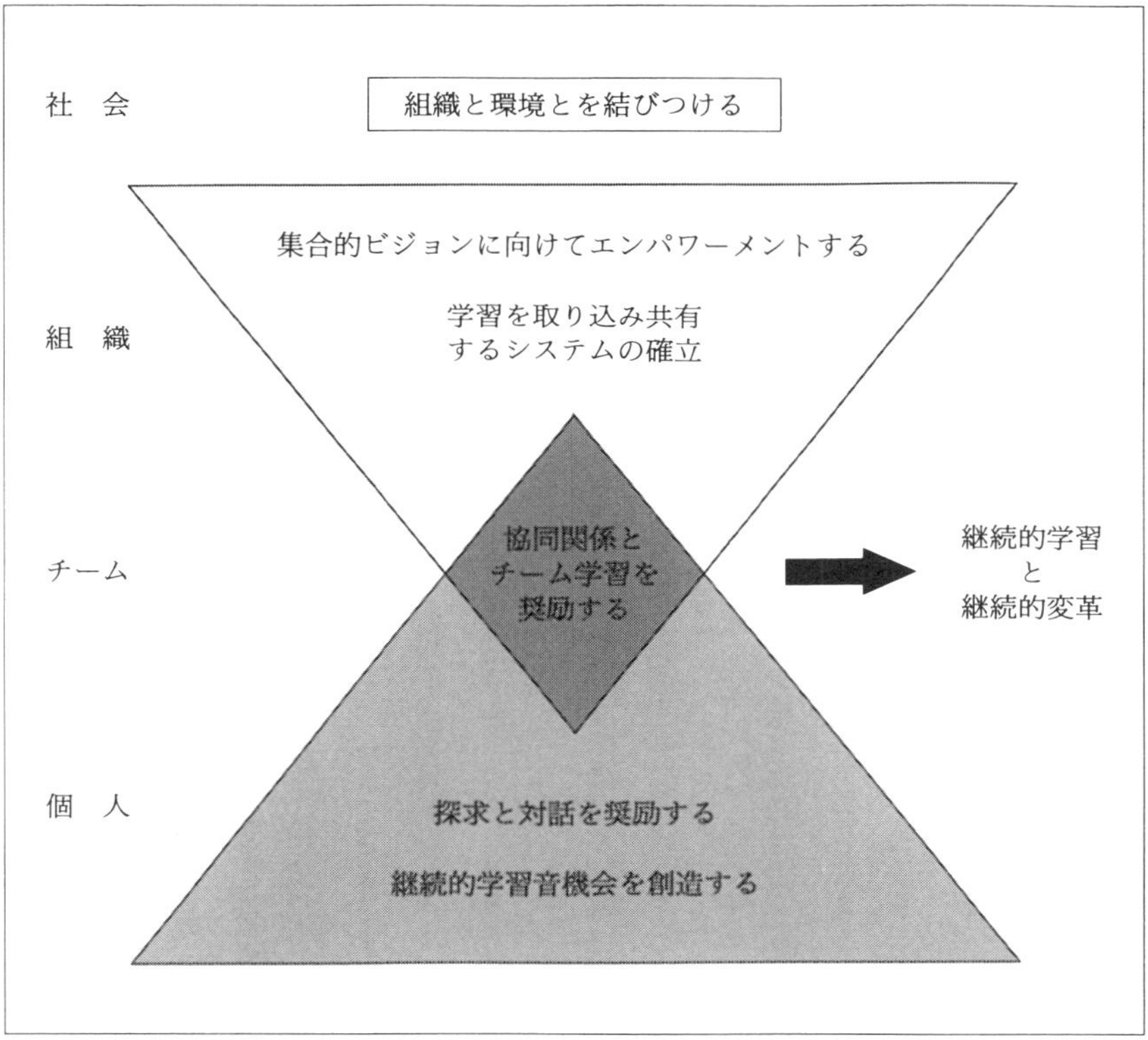

出 所 カレン：E・ワトキンス，ビクトリア・J・マーシック著 神田良・岩崎尚人訳 「学習する組織をつくる」日本能率協会マネジメントセンター，1995， P32

原 典 (Watkins, K.E. and Marsick, V.J. "Towards a Theory of Informal and Incidental Learning in Organizations." International Journal of Lifelong Education. 1992, 11 (4), 287-300)

1．ゴール・フリー

生涯学習の基礎を培うという観点からまず第一に強調したいことはゴール・フリー（goal free）ということである。いい換えるならば、「目標にとらわれるな」ということである。

教育は意図的・計画的な人間形成作用であるから、目標の設定は教育における第一ステップである。しかし、目標にはさまざまなレベルがある。「国際性を身につける」といった一般的・抽象的なレベルから「英語で道を尋ねることができる」といった特殊的・具体的なレベルまでさまざまな目標がある。

各学校において編成される教育課程では、特殊的・具体的なレベルまで目標を分節化しないで、中間的なレベルにとどめるのが一般的であり、特殊的・具体的レベルでの目標設定は実際の授業の過程で行われることである。

生涯学習の観点から強調したかったのは、中間的、特殊的・具体的レベルの目標にとらわれるな、ということである。「とらわれるな」というのは、目標を設定するなということではない。設定した目標にとらわれるなということである。

いい換えるならば、中間目標は一般目標を達成する手段的目標であり、特殊的・具体的目標は中間目標を達成するための手段的目標であるということである。さらにいい換えるならば、中間目標、特殊的・具体的目標は一般目標を達成するための仮説的目標にすぎないということである。

ところが現実には、中間目標や特殊的・具体的目標が絶対視されていることが多い。特殊的・具体的レベルの目標を達成しない子どもは中間目標を達成していないと評価される。したがって、一般目標も達成していないことになる。

親切な心を育てることを一般目標にかかげて、子どもに親切な行為を奨励している学校がある。特殊的・具体的目標は「お年寄りに席を譲ろう」である。校長室には子どもからの報告に基づいて、席を譲った回数がグラフとして掲示されている。校長はグラフが伸びると顔をほころばせ、グラフが下がると朝礼で子どもたちに「がんばれ」と叱咤激励する。そこで子どもたちは、わざわざ電車に乗り、わざわざ席に座り、お年寄りが乗ってくるのを待つ。特殊的・具体的目標にとらわれた教育を象徴する構図である。

席を譲るというのは親切な行為の一つにすぎない。子どもは元気なのだから初めから席には座らないという選択もあるであろう。重い荷物を持ってあげるという行為もある。状況に応じてどのような行為を行うことが他者のために真に親切になるのかを主体的に考えさせることが重要であるはずなのに、席を譲ることが親切のただ一つの行為であると決めてかかっている点が問題なのである。

ことは徳育だけの問題ではない。知育についても同様のことがいえる。

生涯学習は国民各人が自分の必要に応じて、あるいは社会的な期待に応じて、主体的に取り組むべき課題である。決められたモデルに従って受動的に行うべきものではない。

このような生涯学習を実現するには、学校が主体的な人間の形成を行うべく方向転換をしなくてはならない。中間目標、特殊的・具体的目標にとらわれない教育課程、すなわちゴール・フリーの教育課程の編成はその第一歩である。

学校経営の課題としていうならば、ＰＤＳ（計画－実施－評価）の経営過程において、仮説としての中間目標、特殊的・具体的目標を絶えず検証し、必要に応じて修正していくことが重要であるということになろう。

2. タイム・フリー

第二の基本原理はタイム・フリー（time free）、すなわち、「時間からの自由」、「時間にとらわれるな」という原理である。

学校経営における重要な要素としてよく指摘されるのは3M、すなわち人（マン）、物（マテリアル）、金（マネー）であるが、筆者はかねがね「時間」（タイム）を加えることを主張してきた。時間割や生活時程の編成は各学校が苦労して創意工夫をこらしていることであるから、学校にしてみれば時間を要素に加えるまでもないかもしれない。しかし、生涯学習という観点からは、時間の問題をあらためて考えてみる必要がある。生涯学習は各人が主体的にマイペースで取り組むべきものである。そこでは各人が時間を自分で管理する能力が要求される。したがって、そのような能力を学校において養っておくことが成人の生涯学習の基礎を培うことになる。

それでは、いかにしたらそのような能力を養うことができるであろうか。

青年期の教育の在り方を考えるための資料を得る目的でわれわれが退職者を対象にして行った調査によると、大規模な会社組織における決められた時間スケジュールに従って受動的に生きてきた企業戦士の中には、退職してからの自由な時間をもてあます者が多くみられた。

仕事もないのに定期券を買って退職前と同じ時間に家を出、パチンコをして公園をぶらついてから退職前と同じ時間に帰宅するという人もいた。

退職後の人生が余生であった時代であればともかくも、人生八十年時代においてはこれは悲劇である。また、企業や社会一般も、時間を主体的に管理できる人間を必要とするようになっている。

したがって、学校は時間を自分で管理できる主体的人間を養うようにしなければなるまい。しかし、現代の学校のように会社以上に固定された時間区分に従って教育を行っているのでは主体的時間管理能力は育たないのではないだろうか。新学習指導要領が「単位時間の弾力的運用」という視点を従来以上に強調したのも、このような観点から受け止めるべきであろう。

しかし、生涯学習という観点から提唱したいのは、時間割において授業の時間に長短をつけるいわゆるフレクシブル・スケジューリングだけではない。より重要だと思われることは、児童・生徒が時間にとらわれずに活動できる学習環境をつくることである。たとえ授業時間を一〇〇分にしてもチャイムと同時に、子どもはまだ考えているのもおかまいなく「はい終わり」と授業を切りあげてしまうのでは、自分で考える人間が育つことは期待できないであろう。

とはいっても教室での授業の時間を無限にフレクシブルにすることは不可能である。したがって、重要なことは教室での授業が終わっても、時間にとらわれずに思考を持続したり、活動を続けたりするような子どもへの働きかけをすることであろう。

それには結局はあらかじめ決めたフローチャートに従って進める授業を打破することが必要であろう。決められた時間枠の中で、時間にとらわれない授業を展開することが真のタイム・フリーの教育といえるのではないだろうか。

3．スペース・フリー

第三の基本原理はスペース・フリー（space free）、すなわち、「場所・空間からの自由」、「場所・空間にとらわれるな」という原理である。

学校教育は一般に学校という建物＝スペースの中で行われる教育として観念されているといってよいであろう。実際にも学校教育は校舎、教室といった固定されたスペースの中で行われている。生涯学習という観点からはこのようにスペースを限定した教育体制を打破しなくてはならないであろう。

成人の生涯学習も現実には、公民館、カルチャー・センターなどの建物の中で行われている。また、このような施設が開設する講座での学習が生涯学習であると考えている人が多いように思われる。

しかし、生涯学習は本来特定の時間、場所、方法・内容などから自由な学習であることを理念としているのである。したがって、特定の施設で行われる学習だけが生涯学習であるわけではないし、一か所に大勢の人が集合して行われる学習だけが生涯学習であるわけではない。

また、特定の講師から講義を聴くだけが生涯学習であるわけではない。自らの意思で書物を読んだり、だれかのところに教えを請いにいったりすることも生涯学習である。むしろ、それこそ真の生涯学習である。

また、書物を読んだり、講義を聴いたりすることだけが生涯学習ではない。すなわち、座学だけが生涯学習ではない。行動という形態も生涯学習の重要な一方法である。ボランティア活動もそれ自体が生涯学習なのである。

このことは学習の内容も多様であることを意味している。アカデミックな知識だけが生涯学習の内容ではない。職業にかかわる知識だけでなく、生活全体、いいかえるならば人間の生き方・在り方にかかわる知識すべてが生涯学習の内容である。

そして何よりも重要なことは、以上のような生涯学習の形態、内容などを決定するのはあくまでも学習する者自身であるということである。すなわち、自己決定が生涯学習の基本原理である。

したがって、このような自己決定学習が国民的な規模において展開されるためには、そのような能力が社会に出るまでの間に培われていなくてはならないであろう。ゴール・フリーの教育、タイム・フリーの教育の重要性もこのような観点から提言したのであるが、スペース・フリーの教育はこれらのいわば当然の結果である。

ゴールにとらわれない学習を展開するためには教室だけに学習の場を限定してはならないであろう。また、タイムにとらわれないで児童・生徒が学習に取り組むためには、すなわち、決められた授業時間を超えて学習が展開されるには、学習のスペースを教室から図書館に、さらには地域に、家庭になどと拡大する必要がある。活動も学習の重要な形態であるとするならば、学習スペースを教室に限定することが適切でないことはいうまでもないであろう。

以上に述べたように、学習のスペースを教室における座学に限定しないということは、教育課程をいわゆる顕在的カリキュラムに限定するのではなく潜在的なカリキュラムも含めて考えなくてはならないということを意味している。教室も含めた生活の場すべてを学習の場にする必要がある。

4. パースン・フリー

第四の基本原理はパースン・フリー（person free）、すなわち、「人からの自由」、「人にとらわれるな」という原理である。これはいわゆる3Mの一つであるManに当たるが、ここでは中性的なパースンという言葉で考えることにする。

学校経営における重要な要素の一つはパーソンすなわち人であるが、生涯学習という観点からは、この「人」のとらえ方について再考する必要がある。一般的にはこれは教職員であるとして理解されている。しかし、生涯学習という観点からは、教員としての免許を保持し、しかるべき手続きによって採用された教職員のみを学校経営の「人」であるとする固定観念から自由にならなければならないのではないだろうか。これがパーソン・フリーの意味である。

従来は教育というと学校教育のことであり、学校というと教師が児童・生徒に知識や技術を教えるところであると一般に観念されてきた。また、学校は現実にもそのような機関として発達してきた。

しかし、学校が生涯学習の基礎を培う場として再生するためには、教育は生徒と固定された教師との間の関係だけで行われるものだという観念を打ち破らなければならない。

生涯学習はすでに強調したように、本来、国民一人ひとりが自らの必要や社会的な期待に照らして、学習内容を自らが主体的に選択し、自らに適した方法で行うものである。これまでの学校のように決められた教育課程に従って決められた教師から指導されるという形は生涯学習の一つの形態であるにすぎない。

このように内容、方法において多様な生涯学習が社会全体で展開されるようになるには、ただ単に生涯学習の機会が多様に提供されるだけでは十分ではない。誰もが自己教育力を身につけていることが必要になるのである。

そのような自己教育力を育てるには、すでに述べたようにゴール・フリー、タイム・フリー、スペース・フリー、パーソン・フリーという考え方・とらえ方が重要になる。

ゴール・フリーの教育を行うには、子どもを多面的にとらえる目や心が指導する側に必要となるが、一人の教師ではそれには限界がある。子どもを多面的にとらえるには、教師が自分のクラスの子どもだけを指導の対象であると考えるのではなく、当該学年のすべての子ども、さらには自分の学校のすべての子ども、ひいては地域の子どもすべてを視野に入れることが重要なのではないだろうか。

また、教師だけでなく、地域の人々も子どもの人間形成に重要な影響を及ぼす「意味ある他者」であると考える必要がある。

タイム・フリーの教育についても同じである。時間割で決められた指導時間だけが学習の時間であるとするのではなく、生活全体が学習の時間であるととらえるならば、教師は特定の学級、特定の教科だけに指導の目を向けるのでは十分ではない。スペース・フリーの教育についても同様である。要するに、多様な形での協力指導体制、いわゆるティーム・ティーチングの意義をあらためて再考する必要があるということである。重要なことは、目的に応じ、いわゆる地域の人材も含めながら、教科ごとに、学年ごとに、あるいは教科を超えて編成することである。それがパーソン・フリーの基本原理である。

以上をまとめると、ゴール＝G、タイム＝T、スペース＝S、パーソン＝PすなわちＧＴＳＰフリーの教育ということになる。

こうした四つのフリーを実現していくことがこれからの教育経営の課題である。教育経営の第一の原理として計画性をあげたが、その計画性にしてもこの四つのフリーという視点を実現する計画性でなければならない。ラーニング・オーガニゼーション＝学校組織体としての学校の創造は「ＧＴＳＰフリーから」である。

●注

(1) Watkins, Karen E. and Marsic, Victorial J., *Sculpting the Learning Organization*, 1995.（神田良・岩崎尚人訳『学習する組織をつくる』日本能率協会マネジメントセンター）

(2) ハッチンス・R、新井郁男訳「ラーニング・ソサエティ」新井郁男編『ラーニング・ソサエティ』（現代のエスプリ一四六号）至文堂、三一～三二ページ。（原文は、Hutchins, R. M., *The Learning Society*, 1968）

(3) 神田・岩崎訳『学習する組織をつくる』三二ページ。

(4) 同訳書、三五～四五ページ。

●さ 行

●た 行

索 引 (事項索引)

配列は五十音順，*は人名を示す。

●あ 行

●か 行

著者紹介

新井　郁男（あらい・いくお）

一九三五年生まれ

専門：教育社会学、教育経営論、学習社会論

経歴：長野県須坂高等学校、東京大学を経て、
文部省、国立教育研究所、東京工業大学、上越教育大学、
愛知学院大学、放送大学、星槎大学に勤め、
現在、星槎大学特任教授（二〇一六年四月より）、上越教育大学名誉教授
一般財団法人教育調査研究所理事長

主著：『学習社会論』『現学校改革論』『学校教育と地域社会』
『「生き方」を変える学校時代の体験』『学校社会学』
『ゆとりの学び　ゆとりの文化』『人はなぜいじめるのか』（訳）など

教育経営の理論と実際

2016年10月15日　初版第１刷発行

著　者　新　井　郁　男
発行者　小　林　一　光
発行所　教育出版株式会社
〒101-0051　東京都千代田区神田神保町2-10
電話　03-3238-6965　振替　00190-1-107340

印刷・製本　モリモト印刷
落丁・乱丁はお取替いたします。

ISBN978-4-316-80446-0　C3037